古代美術史研究

二編

第23冊

漢譯佛經之美術理論研究
——以漢唐爲中心

侯　艷　著

花木蘭文化出版社

國家圖書館出版品預行編目資料

漢譯佛經之美術理論研究——以漢唐為中心／侯艷 著 — 初版
— 新北市：花木蘭文化出版社，2017〔民106〕
目 2+230 面；19×26 公分
（古代美術史研究 二編；第 23 冊）
ISBN：978-986-322-581-2（精裝）
1. 佛教美術　2. 漢代　3. 唐代
618   103000961

ISBN-978-986-322-581-2

9 789863 225812

古代美術史研究
二 編　第二三冊   ISBN：978-986-322-581-2

漢譯佛經之美術理論研究——以漢唐爲中心

作　者　侯艷
總 編 輯　杜潔祥
副總編輯　楊嘉樂
編　輯　許郁翎、王筑　美術編輯　陳逸婷
出　版　花木蘭文化出版社
社　長　高小娟
聯絡地址　235 新北市中和區中安街七二號十三樓
　　　　　電話：02-2923-1455 ／傳眞：02-2923-1452
網　址　http://www.huamulan.tw 信箱 hml810518@gmail.com
印　刷　普羅文化出版廣告事業
初　版　2017 年 3 月
全書字數　190397 字
定　價　二編 28 冊（精裝）新台幣 75,000 元

漢譯佛經之美術理論研究
——以漢唐爲中心

侯艷　著

作者簡介

侯豔，女，河南鄭州人，1977 年 2 月生，文學博士，欽州學院教師。主要研究方向爲魏晉南北朝文學文獻學、文選學、佛教文獻學。2003 ～ 2006 年就讀於鄭州大學，師從俞紹初先生研習文選學，獲文學碩士學位。2007 ～ 2010 年就讀於福建師範大學，師從李小榮先生研習佛教文獻學，獲文學博士學位。2010 ～ 2012 年任職於福建師範大學閩南科技學院，2012 年 8 月至今，任職於欽州學院。

提　要

　　佛教美術指與佛教活動相關，適應佛教思想信仰，服從佛教偶像崇拜和禮儀要求，適應教化活動或教團生活之需要而產生的美術現象。它具有佛教的意義、內容、用途、功能，同時也涵蓋了一般美術學所涉及的各部門。佛教美術研究是涉及佛教與美術兩個領域的交叉學科，包括了美術、宗教、考古、歷史、中外文化交流等多方面的內容。

　　佛經並非專門的美術理論著作，但其中關於美術的一些論述也是佛教美術理論的構成部分，對我們認識、理解佛教美術理論有重要意義。本書對我國漢唐時期佛教經典中與美術理論相關的文獻資料進行收集整理、分析概括、細緻描述，從而發現其特點與規律，闡釋其在佛經文獻研究中的重要地位及影響。研究內容包括了我國漢唐時期漢譯佛經之美術文獻，兼及文學作品、各種教外文獻資料中與佛經美術理論相關的材料及佛教美術作品圖像與實物資料。首先，從佛教思想、文化內涵的角度分析了佛經美術文獻的宗教意義及佛教思想對美術理論的重要影響。其次，通過考察佛經美術文獻中的美術理論、技法、實例等，研討了佛教美術在實際應用中的發展、傳播、流變。再次，是以文獻爲依據，闡述佛經美術理論在佛教中的應用和地位，以及佛教美術的實用性對美術自身發展的影響。

欽州學院學術著作出版資助基金資助

目次

緒　論

一、中國佛教美術研究綜述

　　佛教又稱「像教」，因其大量製作佛像供信徒瞻禮崇拜，且往往以百姓喜聞樂見的美術作品來進行宣傳教化。這種隨著佛教的產生而出現的應用於佛教活動，滿足教團生活需要，爲宣傳教化活動服務的美術形式就是佛教美術。它具有佛教的意義、內容、用途、功能，同時也涵蓋了一般美術學所涉及的各部門。包括了佛教美術理論、佛教美術文獻、各類佛教美術作品及佛教美術的傳播與影響等多方面內容。

　　翻開中國美術史，釋道類佔據了重要的篇幅。歷史上的著名畫家中有不少專攻釋道畫者，其中又以佛教美術題材爲最。如東晉的戴逵、戴顒父子都以繪塑佛像留名後世，盛唐時「畫聖」吳道子更是在兩京寺院大量繪製佛教壁畫。除了職業畫師和工匠以外，許多文人也積極參與到佛教繪畫的創作中來，留下不少優秀作品。中國還是世界上佛教石窟藝術最爲發達的國家，自東漢以來就開始開窟造像，魏晉南北朝時期更加盛行，直到中唐以後才逐漸衰落，歷時千載。這些遍佈全國各地的大小石窟就是佛教美術的淵藪重鎮。正因爲我國佛教美術作品數量豐富且成就突出，加之上世紀初對敦煌佛教藝術的重新發現和再認識，令佛教美術成爲中國佛教文獻研究和美術研究中一個不可迴避的重要內容。

　　對中國佛教美術的研究至今已經歷了一個較長的發展過程，古代著作中就有不少涉及到佛教美術。北魏楊衒之的《洛陽伽藍記》〔註1〕記述了北魏晚

〔註 1〕　本書綜述所論之專著、論文等，除注明出處者外，其餘版權詳細內容皆見於
　　　　　參考文獻，此處爲保持行文簡潔而不一一標注。

期洛陽諸多佛寺的建築規模、形制，但其主旨不在評介佛寺的建築藝術，只能作爲研究北朝時期佛教建築藝術的重要參考資料，而不能成爲研究佛教藝術之專著。唐代兩京地區是當時的政治經濟文化中心，佛寺眾多，彙聚了各種各樣的壁畫，造像及絹本或紙本畫。《歷代名畫記》與《寺塔記》兩書對唐代兩京佛教美術有較爲集中的記錄。張彥遠的《歷代名畫記》是我國古代非常重要的一部美術史著作，其書結構嚴謹，論列詳明，前半部分介紹了古代繪畫的各個方面，對繪畫理論的論述影響尤大。後半部分按朝代順序記錄了當時流傳的作品，以史筆爲畫家立傳，保存了豐富的畫史資料。此書卷三中列專章《記兩京外州寺觀畫壁》爲中唐以前兩京佛寺的美術作品存照，對西京長安和東京洛陽的寺觀壁畫作了較詳細的記錄。同時期記錄佛寺繪畫的還有段成式的《寺塔記》，其文記載了他遊西京諸寺的見聞，後來收錄在《酉陽雜俎》續集中。《歷代名畫記》成書於唐末大中元年（847），唐武宗會昌五年（845）發生了歷史上著名的也是最酷烈的一次滅法事件，即「會昌法難」。在這次法難中諸多佛寺遭到了滅頂之災，雖然隨後宣宗即位後便下敕恢復寺廟，但此次法難仍對佛教美術造成了巨大的損失。張書雖作成於法難之後，但他特別說明書中把會昌前寺院美術作品的情況也一一記錄下來。段成式《寺塔記》所記之遊是在武宗會昌三年（843），編輯成書時原稿已丟失大半，只餘十九寺遊記，但對每寺所記內容還比較詳細，搜羅了不少奇聞佚事。《歷代名畫記》所記寺院較多，每寺所列條目清楚，用語極簡省，而且對同一寺院的情況兩書所記內容還互有詳略。《歷代名畫記》是美術史著作，對寺廟畫壁是以如實記載爲目的，反映當時繪畫情況的眞實面貌。而段氏《酉陽雜俎》則屬於筆記小說，以獵奇廣聞爲勝，《寺塔記》又是紀遊之作，本爲攬勝寄興而來，所以其書多錄佚事詩文，富於文采情趣，頗能引人入勝。再者《記兩京外州寺觀畫壁》所錄基本上都是壁畫作品，《寺塔記》除寺院壁畫外還兼記一些塑像和絹畫，二者相輔相成，對讀可使人對唐時兩京佛寺繪畫情況有一個較爲立體的感知。其它史料著作如《唐朝名畫錄》、《貞觀公私名畫記》等也都有一些對兩京佛寺繪畫的記錄，可以作爲補充。宋代還有《宣和畫譜》等收集了不少佛教美術作品。宋代以後佛教美術作品漸漸流於程序化、工匠化，佛教美術在我國美術史上的地位大幅滑落，對佛教美術的研究也隨之進入低谷。

近百年來，國際上對中國佛教美術的研究以敦煌學爲中心重又掀起了高

潮，除了本國學者以外，日本、韓、英、法、俄、美等國也都有學者關注這一領域，取得了令人矚目的成績。臺灣故宮博物院李玉珉研究員主編的《中國佛教美術論文索引 1930～1993》就比較集中地反映了 1930 年到 1993 年間中國佛教美術研究中所取得的豐碩成果，是目前最全面的一部有關中國佛教美術的工具書。作者對印度美術、日本美術、中國美術都有系統的瞭解，對英文資料也十分熟悉。全書分為作者篇、朝代篇、類別篇、地區篇、圖像篇五大部分，堪稱巨製。收集的論文包括了中文、日文、英文資料，彌補了國內幾種敦煌學論文論著索引不收外文文獻的缺憾。可以想見只有經過積年的精勤工作，才能完成這樣一部重要著作，既為讀者提供了豐富的資料，也展示了中國佛教美術研究的成果與趨勢。其中所收論著雖不免有所遺漏，但難掩其嘉惠學林之功。

佛教美術本身是一個發展的歷史過程，佛教史與美術史著作中都不能忽略佛教美術。如任繼愈主編的《中國佛教史》中就專章介紹了「南北朝時期的佛教藝術」。湯用彤《漢魏兩晉南北朝佛教史》亦述及北朝的佛教造像。金維諾、羅世平之《中國宗教美術史》是我國第一部較完整的宗教美術史專著，涵蓋了釋、道二教的美術發展史，展示了宗教美術在中國文化發展中的重要地位。除各種美術史著作中的佛教美術專題以外，專門的佛教美術史也已有多部，最著者如戴蕃豫《中國佛教美術史》，收集了大量史料及作者實地考察佛教美術的記錄，堪稱是一部翔實精深的佛教美術史專著。臺灣出版的李玉珉著《中國佛教美術史》非常系統地論述了我國從佛教初傳直到清代的佛教美術發展情況，包括各時期佛教美術的歷史背景、作者及作品特色等。另有王衛明《大聖慈寺畫史考論》等一些就某一具體環境範圍內美術發展歷史做專門考察的著作和論文。

敦煌地區有石窟一千多座，其繪畫和彩塑藝術表現的絕大多數為佛教題材，中國佛教藝術的優秀成果賴以保存，被公認為是世界佛教藝術的寶庫，敦煌藝術成為佛教美術研究中的重要領域。敦煌研究院的前身是建立於 1944 年的國立敦煌藝術研究所，自上世紀 40 年代起就開始了對敦煌石窟的保護和研究，創辦了學術刊物《敦煌研究》，召開多次敦煌學國際研討會，在敦煌藝術和文獻研究等方面都有輝煌業績。上世紀 80 年代以來，敦煌研究院出版了專著與譯著近百種，其中不少與佛教美術相關，涉及到佛教美術領域中的各個方面。如常書鴻等《新疆石窟藝術》，樊錦詩、趙聲良《燦爛佛宮——敦煌

莫高窟考古大發現》，段文傑《敦煌石窟藝術研究》，鄭炳林、沙武田編著《敦煌石窟藝術概論》等是以文物考古為主總論石窟藝術。鄭汝中、臺建群主編《中國飛天藝術》，鄭汝中《敦煌壁畫樂舞研究》，趙聲良《敦煌壁畫風景研究》（中、日文版），殷光明《敦煌壁畫藝術與疑偽經》，沙武田《敦煌畫稿研究》等選取不同角度研究與敦煌壁畫相關的具體問題。在敦煌壁畫研究方面，向達在《唐代長安與西域文明》一書中曾從畫壁制度、粉本比例和天竺傳來的「凹凸花」法等幾個方面對敦煌壁畫與中西壁畫藝術之關係作出過重要探索。趙聲良《敦煌藝術十講》分別闡述了敦煌藝術產生的歷史文化背景，敦煌藝術所體現的中國傳統文化精神，敦煌壁畫與書法的藝術特徵等問題。李最雄編著《絲綢之路石窟壁畫彩塑保護》則從科學技術方面研究分析探討了敦煌壁畫彩塑製作的物質基礎與相應的保護技術。還有《心繫敦煌五十春：段文傑臨摹敦煌壁畫》也是對敦煌壁畫的保護與重新演繹。另外，歷屆敦煌學研討會論文集和《敦煌研究》都收錄有佛教美術類論文。王伯敏2002 年發表在《敦煌研究》的《百年來敦煌美術載入中國美術史冊的回顧》闡述了敦煌美術載入中國美術史冊的過程與重要意義，對敦煌藝術的價值做出了中肯評價。

在中外文化交流的範疇與背景下，研究佛教美術從印度到中國之發展傳播及印度與中國佛教美術關係問題的著作和論文更是不勝枚舉。吳焯《佛教東傳與中國佛教藝術》是最早也較有代表性的一部著作。從佛教藝術這個側面來探討文化傳播的普遍規律，詳述了佛教與佛教藝術的產生，印度及其周邊地區佛教美術的重要流派，佛教美術傳入中國與佛教美術本土化的過程。這本書的內容和體例在學術界產生了很大影響，後來的學者創作了一大批以探討佛像起源問題，介紹佛教美術源流，闡述佛教美術的本土化進程為主要內容的著作和論文，並有不少論及中國佛教美術對東亞諸國的影響，茲不贅述。

藏傳佛教美術主要屬於密教美術系統，20 世紀 80 年代以前，國外學者對藏傳佛教美術的研究走在了國人之前，近年來對這方面的研究也備受國內學者的關注。1988 年出版的安旭編著《藏族美術史研究》是中國第一部少數民族美術史學的專著，介紹了從遠古到現代的西藏美術發展過程，對藏傳佛教美術有所介紹。1996 年出版的毛君周著《藏傳佛教美術》一書則是系統、完整地研究藏傳佛教美術的開始，書中在介紹藏傳佛教發展情況的基礎上，以

西藏地區的寺廟建築、壁畫、唐卡、石刻及雕塑藝術等爲重點，展示了藏傳佛教美術的包容性與獨異性。康·格桑益希《藏族美術史》對藏族美術的內涵作了深入剖析，對藏傳佛教美術及佛教化之前的藏族美術都有介紹，開拓了民族美術研究的新領域。至今，漢藏佛教美術研究國際學術討論會已發表了不少高水平的論文。目前密教美術的研究主要集中在對西藏地區佛教寺塔、壁畫的研究，對密教美術題材的探討，造像藝術風格與技法的分析、對密教經典「三經一疏」的研究以及漢藏佛教美術的比較研究等幾個方面。重要的論文如金申《藏傳佛教造像的流派與樣式》〔註2〕一文介紹了藏傳佛教造像受印度、尼泊爾、巴基斯坦、克什米爾等地佛教藝術影響的情況，明代早期開始又突出顯現了漢文化的影響，對藏傳佛教造像不同流派的形成及特徵闡述詳明。邵竹《漢藏美術比較研究》〔註3〕比較分析了漢藏兩民族美術創作的相同與不同，對促進漢藏美術交流頗有意義。康·格桑益希《西藏阿里古格藏傳佛教壁畫藝術特色初探》〔註4〕從古格壁畫構圖的形式美、紀實性和世俗化的風情美、色彩絢麗、圖紋富於裝飾性、線條勾勒細密、造型生動等方面詳細分析了古格壁畫藝術的特色。霍巍《西藏西部佛教壁畫中的降魔變與西域美術的比較研究》〔註5〕通過對西藏壁畫中「降魔變相圖」這一題材的研究，比較分析了其與西域、敦煌佛教美術的關係。比利時學者魏查理《〈造像量度經〉研究綜述》〔註6〕一文綜述了國外學者對密教經典《佛說造像量度經》及與之相關的梵、藏文經典研究的重要成果，對「三經一疏」的研究有重要參考價值。

　　西夏佛教在漢藏佛教交流中起了重要作用，對西夏佛教藝術的研究也是目前藏傳佛教美術研究的一個熱點。謝繼勝《西夏藏傳繪畫——黑水城出土西夏唐卡研究》是研究黑水城唐卡的專著，在黑水城文獻資料的基礎上，探討了西夏唐卡藝術的發展，並對西夏佛教藝術與藏傳佛教藝術關係作了較深入的的探索。2000 年中國藏學研究中心歷史研究所與《賢者新宴》編輯部聯

〔註2〕　金申：《藏傳佛教造像的流派與樣式（上、中、下）》，《收藏家》，2002.4、5、
　　　　6。
〔註3〕　邵竹：《漢藏美術比較研究》，《中南民族大學學報》，2002.22.5。
〔註4〕　康·格桑益希：《西藏阿里古格藏傳佛教壁畫藝術特色初探》，《康定民族師範
　　　　高等專科學校學報》，2001.10.2。
〔註5〕　霍巍：《西藏西部佛教壁畫中的降魔變與西域美術的比較研究》，《西藏研
　　　　究》，1999.01。
〔註6〕　魏查理：《〈造像量度經〉研究綜述》，《故宮博物院院刊》，2004.02。

合舉辦了主題爲「西夏佛教在藏漢佛教交流中的地位與作用」學術研討會，會議討論了謝繼勝《西夏繪畫與藏傳佛教及藏傳繪畫關係若干問題的探討》，熊文彬《從版畫看西夏佛教藝術對元代內地藏傳佛教藝術的影響》，張亞莎《札塘寺壁畫與河西走廊的關係問題》等多篇論文。通過對西夏唐卡、版畫、壁畫等的研究探討了西夏佛教美術與西藏佛教美術的關係。

關於中國佛教美術研究的其它方面，較著者還有徐建融《佛教與民族繪畫精神》。這部著作從思想史的角度選取「六朝士大夫繪畫」、「絲路石窟藝術」、「民族繪畫格式的確立」、「禪宗畫」、「喇嘛教美術」等幾個方面闡發佛教思想與中國傳統藝術精神的交流。又如金申《佛教美術叢考》等多部著作對美術風格斷代問題做了深入研究，這也是現在佛教美術研究發展的一個重要趨向。徐曉燕《佛教藝術與中國畫色彩》〔註7〕一文從色彩運用技法的角度闡述了隨佛教美術而帶入中原的繪畫風格，介紹了佛教帶來的色彩革命影響中國畫新的民族形式形成的過程。王海明《中國與朝鮮半島美術的交流與相互影響》〔註8〕和歐陽啓名《中國對日本繪畫的影響》〔註9〕則從文化交流的角度介紹了佛教藝術從我國經朝鮮傳入日本對東亞美術產生的巨大影響。

目前可見的有關佛教美術的博士、碩士論文還不多，約三十餘篇。研究內容基本上涵蓋於以上述及的佛教美術研究課題的幾個方面。其中四川大學彭肜博士的學位論文《中國佛教藝術研究》中概述了佛教藝術研究的現狀與存在的問題，力求勾勒出「中國佛教藝術研究」的學術領域，對學科建設具有一定的啓發意義。

經過幾代人一百多年的篳路藍縷，我國的佛教美術研究已形成百花齊放的局面，總的來看，我國佛教美術研究早期以考古和保護爲重，上世紀80年代起較多地關注中國佛教美術與印度及東亞的傳承關係，重視對佛教美術的題材內容解讀，近年則更多地關注於美術風格斷代問題與佛教文化。張總《佛教美術研究五十年》〔註10〕一文介紹了五十年來我國佛教美術研究的情況。包括了對國內眾多石窟和石窟寺的實地勘察及研究成果，《中國石窟》等大型美術圖集出版，《中國大百科全書》中亦編錄了有關佛教美術的內容。最後還特別指出近年來我國佛教美術的研究更呈現出多姿多彩的面貌，在石窟

〔註7〕 徐曉燕：《佛教藝術與中國畫色彩》，《藝術教育》，2004.03。
〔註8〕 王海明：《中國與朝鮮半島美術的交流與相互影響》，《藝術百家》，2007.01。
〔註9〕 歐陽啓名：《中國對日本繪畫的影響》，《美術觀察》，2000.05。
〔註10〕 張總：《佛教美術研究五十年》，國學網網址：www.guoxue.com。

藝術、摩崖刻經、西藏地區的石窟寺院、佛教寺塔及各類專題研究方面都取得了很大在成績。相關的研究成果在趙聲良、久野美樹《十年來日本的中國佛教美術研究綜述》〔註11〕等論文中有所介紹。李玉珉在《中國佛教美術研究之回顧與省思》一文中對我國佛教美術研究的情況作了簡要回顧，分別介紹了歐美與中、日學者的一些研究成果。歸納了二十世紀以來中國佛教美術研究的四項主要內容，包括：

> 考古遺迹的發掘與考古文物的整理，建立佛教美術研究的基礎資料；中國佛教美術風格特色的探討，對作品的斷代貢獻良多；作品圖像的解析和經典根據的追考，奠定佛教美術內容研究的基礎；中國和印度、中亞佛教美術的關係的追溯，增進我們對亞洲佛教文化的認識。一般來說，通論性的研究已粗具規模，可是佛教美術的研究範疇很廣，佛教美術的內容龐雜，雖然中國佛教美術這門學科的發展迄今已有近百年的歷史，但仍有不少尚待開發的課題。〔註12〕

雖然這篇文章發表於1996年，但目前為止，我國的佛教美術研究仍然主要集中在上述幾個方面，還有待開拓新的研究領域和研究方法。

二、選題的意義及研究方法

佛教美術是涉及佛教與美術兩個方面的交叉學科，包括了美術、宗教、考古、歷史、中外文化交流等多方面的內容。然而歷來研究者都將美術研究作為其中最重要的一個方面，往往通過對美術作品、圖像的研究來認識、理解佛教文化。述及佛教典籍時也僅是舉以為證，為佛教美術作品找一些經典依據。綜觀我國佛教美術研究的歷史與現狀，絕大多數都是以美術這一具體形態為立足點來研究佛教美術，較少探討佛教思想與佛經文獻對美術思潮與佛教美術特性的影響。以致於對佛教美術的研究幾乎成了美術研究的專利，研究佛教的學者則少有以深入研究佛教美術為分內之事者。然而佛教美術不同於其它類別美術的特殊之處正在於其佛教意義，從考察佛經文獻中與美術相關的思想內容來研究佛教美術應當也是一個重要方法。佛經中對美術製作的要求規定了佛教美術創作的題材、形式和用途，參與佛教美術創作的人員必然也會有著與其他藝術家不同的宗教心理感受。隨佛經而來的佛教思想與

〔註11〕趙聲良、久野美樹：《十年來日本的中國佛教美術研究綜述》，《敦煌研究》，2004.04。

〔註12〕李玉珉：《中國佛教美術研究之回顧與省思》，《佛學研究中心學報》，1996.01。

美術制度同中國傳統精神的結合影響了美術創作者的心態，進而又通過佛教美術創作表現出來，可以說佛教美術的內在精神與佛經傳譯有著密切的關聯。因而筆者認爲有必要對佛教文獻中有關美術理論、技法、功用及佛教美術審美特質的內容加以梳理，進而探析由佛經翻譯而帶來的佛教美術思潮及其與本土美術精神的互相交融與創新發展。

從兩漢之際佛教來華，我國就開始了翻譯佛經的歷史，經歷了古譯、舊譯、新譯三個階段，並在鳩摩羅什、玄奘等眾多佛經翻譯家的努力下在東晉與唐代掀起了幾次譯經高潮，然而中唐以後卻再沒有出現大規模的譯經。宋代以後不僅佛經翻譯衰微，佛教美術的創作與地位也急劇下降，譯經與佛教美術關係最爲密切之時也正在東漢到中唐之間。在這些漢譯佛典的影響下，中國佛教迅速發展，本土的高僧大德也自己創作了不少佛教典籍，如各種經錄、僧傳、戒律、注疏、禪宗語錄等，甚至還出現了直接以「經」命名的《六祖壇經》。這類佛典雖然不是從梵文、巴利文等翻譯而來的印度原典，但都是受佛經翻譯和佛教在華傳播影響的直接成果，現在也都稱爲佛教經典，其中所包含的美術思想自當以佛經傳譯所帶來之新思潮目之，這類經典中所涉及的美術文獻亦是佛教美術文獻的一個重要組成部分。

隋唐時期，我國佛教的本土化過程已基本完成，中國佛教的各個宗派也多在此時形成。漢唐期間是我國佛經翻譯的黃金時期，經文翻譯量多質高，基本上涵蓋了藏經文獻的各種內容，包括了所有教派的典籍。此期佛經中涉及的美術文獻也是佛教美術文獻中最主要的部分，其內容涉及到佛教研究的各個層面。因而本書選取此一階段的漢譯佛經爲主要研究對象，爬梳剔抉其中與美術研究相關的文獻資料，並以一些唐後譯經或整理、撰寫的佛教著作和美術理論著作及美術創作實踐爲參考，來考察佛經中所涉及的美術理論，以期對我國佛教美術理論有一個更全面、明確的認識。

佛教美術研究的基本方法有二：一是以佛經文獻研究爲中心，通過對佛經中與美術相關的文獻資料進行整理分析，從而總結概括佛教美術的意義、發展源流及其美術史地位，這種研究是佛經文獻研究的一個方面。二是以佛教美術創作爲依據，通過對美術作品、圖像的研究歸納出佛教美術作品的特性，以此來認識、理解佛教文化。或者兼以佛教文獻爲參考，探討佛教美術的性質與宗教意義。綜觀我國佛教美術研究的歷史與現狀，絕大多數都是以美術這一具體形態爲立足點來研究佛教美術的，目前以文獻分析方法來研究

佛教美術理論者還不多，筆者於此想有所彌補和拓展。本書主要探討漢譯佛
經中的美術理論，具體包括「本體論」、「功能實踐論」、「創作論」、「審美論」，
以及漢譯佛經之美術理論對中國佛教美術影響的多種表現。這種分類方法借
鑒了美術理論研究的成果，但各章的觀點及論據都完全是建立在對佛經文獻
深入解讀的基礎上，即由佛經美術文獻入手研究佛教審美本質與特點。所以，
本選題屬於文獻研究的範疇，它是以佛經文獻研究爲內容，以佛經中涉及的
美術理論爲中心，以分析漢譯佛經中與美術相關的思想內容來考察佛教美術
的理論，並輔以相關教外文獻資料爲參證，以期在研究內容和研究方法這兩
方面都對前人的研究範疇有所突破，並對佛教文獻研究之佛經美術理論研究
有所貢獻。〔註13〕

　　佛教經典中涉及到很多美術問題。在佛教傳入中國之前，中國美術已經
歷了較長時期的發展，形成了自己的風格和理論，漢魏時期佛教經典的傳譯
爲中國美術帶來了新的精神理念，對中國美術產生了多方面的影響。首先在
理論方面，佛教教理中雖然沒有明確提出美術理論這一項，但卻十分關注色
相、形神等與美術密切相關的問題。例如佛教認爲「色無自性」，「不應觀色
若常若無常」，就是說不可執著於事物的外在形相。佛教對外在形相有時是持
否定態度的，認爲「色即是空」，「色有差別而本質無差」，其遺形取神、講究
空靈的基本態度對中國美術理論的影響尤大。然而有時佛教卻又十分重視外
在形象及其表現形式，比如《大智度論》等多種經典中就詳細描述了佛陀的
「三十二種大人相」和「八十種隨形好」，另有《造像量度經》等專門規定造
像具體方法的經書，爲製作佛像提供直接的指導，這些都表現出佛教重視形
象教育的一面。

　　再者，佛教美術的內涵十分豐富，不僅包括了美術作品的具體形態和美
術理論，更具有深刻的宗教含義，這在其宗教實用性上表現得尤爲突出。造
作佛像等佛教美術作品的首要目的就是供信眾瞻仰、禮拜、供養，必須考慮
到這類美術作品的宗教實用性，要受到宗教的制約。隨著佛教在中國更廣泛
的傳播，大量畫家與工匠都參與了佛教美術的創作，他們必然要對佛教有所
瞭解，並受到印度和西域的美術技法影響，不僅其佛教美術作品帶有宗教的

〔註13〕本書所引漢譯佛典文獻資料主要來自《中華大藏經（漢文部分）》，因其收錄
　　　　全面，校勘精審，是目前國內外刊行的各種版本大藏經中比較理想的一種。
　　　　個別《中華大藏經》中目前未備之材料，則引自《大正新修大藏經》。

色彩，其它題材的作品也會受到佛教美術的影響。如《觀無量壽經變》中的十六觀圖對中國山水畫的產生和發展就起到了一定的推動作用。中國美術傳統與佛教美術的影響是相互的，如色彩構圖法能更好地表現形象的立體感，增強了眞實性，這種繪畫技法也隨佛教傳來，與我國傳統的線條構圖相結合，使中國美術發展出新的風貌。中國對佛教美術的改造也十分明顯，如佛教人物的相貌和服飾都逐漸漢化，從學習犍陀羅藝術風格的「曹衣出水」到瀟灑飄逸的「吳帶當風」就是佛教美術本土化的實證。

佛教僧團的日常生活及舉行各種宗教儀式都分別需要使用不同類型的美術作品，比如舉行密教儀式使用的各種壇場、曼荼羅，水陸道場中用的水陸畫，配合變文講唱的變相等，漢譯佛經正是這種種佛教美術形式的根源所自。這些美術形式及其所表現的佛教題材對於中國美術而言都是全新的內容。

中國畫家也和文人一樣同時受到儒釋道三家思想的影響。儒家重功利，在美術理論上表現爲重視美術的實際教育作用，視美術爲禮教之附庸，在藝術創作中也嚴格貫徹等級制度，長期以來逐漸僵化定型。道家崇尚自然的審美觀鼓勵了畫家師法造化、返璞歸眞的創作理念。佛教則給中華民族美術帶來了誇張的想像、異域的風情、新鮮的技法、對極樂淨土的美好追求、平等博愛自由的精神。這些無不衝擊著中國的傳統美術，激揚了畫家對藝術的熱情，促進了漢唐時期美術的多元化發展。包容在佛教美術題材中的人文精神也已隨之滲透到了中華民族的文化傳統之中，成爲中國美術精神的一部分。漢唐時期中國美術藝術風格多樣，美術精神中洋溢著清新明朗的氣氛、昂揚奮張的情緒，這都與漢譯佛典中的佛教精神、美術理念有著深刻的因緣。因而通過梳理探析佛經中的美術文獻當可發現其對漢唐時期中國佛教美術的影響途徑。本書即以漢唐時期的漢譯佛典及在其影響下而出現的本土佛教文獻爲研究對象，收集整理其中有關佛教美術的內容，並與此期的佛教美術實證相參詳，從佛教義理、佛經中的美術理論、佛教美術的特性等幾個方面探析漢譯佛經與中古佛教美術的關係，尋繹中國中古時期的佛教思想與佛教美術精神的相互融通。佛教美術在中國藝術史上有著不可替代的重要地位和價值，目前對中國佛教美術的研究已然蔚爲大觀，本書在這些成果的基礎上，盡量詳前人之所略而在佛教文獻研究的範疇中有所發明，希望能在一個新的角度對我國佛教文獻之美術理論的研究略有所補充。

第一章　本體論

　　美術理論是對美術實踐的科學總結，包括了諸如探究美術本質及意義，分析美術作品、技法及其構成要素，探討美術內在規律與審美特性等方面。佛經是用來闡釋佛教義理的，嚴格來說，其中並沒有專門的、成系統的美術理論，但是佛教與美術的關係十分密切，佛經中有些理論是與美術相關的或者是適用於美術的，這是釋家對美術實踐經驗的自然反映。通過對佛經中這些相關理論的整理歸納也就可以尋繹出佛教的美術理論。首先就美術理論之本體論而言，佛教中的一些重要概念和範疇就與其有著內在的因緣，比如「色」、「相」、「形」、「神」等就是美術理論中的一些核心問題，而且佛教對種種外在形色的產生根源、基本屬性與審美本質也有哲學層面的深入思考。如果理解了這些本體論性質的概念與範疇，那麼佛教美術理論與一般美術理論的區別與聯繫及佛教與美術之相互作用關係都會因而顯現。

第一節　「色」、「相」觀

一、「色」與「相」

　　「色」是佛經中出現頻率極高的一個字眼，佛教中與之相關的還有許多重要的名相，如「色界」、「色蘊」、「色法」、「色有」、「色境」、「色相」等不勝枚舉。「色」字本身內涵豐富且最難把握，各種佛學辭典對「色」字有多種解釋和分類，不同的部派或宗派也有各自的認識。

　　首先，在佛教中，「色」常用來指與「心」相對的物質存在，色之聚集就是「色蘊」。將諸法分為五位時，與心、心所、不相應、無為法這四法相對就

稱爲「色法」。這種所謂的「色」之存在必須要佔有一定的空間並且會變壞，「自相如變礙是色。」〔註1〕亦如玄奘大師所譯《阿毗達磨俱舍論》卷一所說的：

> 色復云何欲所惱壞，欲所擾惱變壞生故有說，變礙故，名爲色。若爾極微，應不名色，無變礙故。〔註2〕

此論還將色法分爲五根、五境和無表色三類十一種，並有詳細解說。其中「無表色」又稱「無表業」、「無教色」等，是「色蘊」中比較特殊的一種，《阿毗曇心論經》中對此有一些解說：

> 一者微塵積聚色，二者非微塵積聚色。微塵積聚色者，謂十色入眼乃至觸，非微塵積聚色者，名無教色法，入所攝彼業品，當說此等一切，是色陰相，入色陰數，佛說爲色陰以此觸彼，以彼觸此，是故名色，以此惱彼以彼惱此，義也。如佛所說，如手等觸觸，故名色。問曰：若如是者，除無教色，彼非是色，何以故，非手等可觸，以無對故。〔註3〕

雖然「無表色」也是「色」，但其不可見，無質礙，所以特殊。唯識宗則分色法爲五根、五境、法處所攝色等十一種。法處所攝色是意識之對境，包括極略色、極迥色、受所引色、遍計所起色、自在所生色等。作爲物質存在的總稱之「色」，是一個很大的範疇，雖然包括了作爲客觀存在的美術研究的對象，二者有一定的聯繫，但我們尚不能就此認爲佛經中有關此種「色」的理論即爲美術理論。而其作爲有形有色、可見可感之存在實體來解時，作爲與表象相對的「體」，其相關理論或可適用於美術研究。

在很多情況下，佛教所謂「色」是指眼根所取之境，與聲、香、味、觸相對而言，專指質礙之境中可以爲眼根所攝取識別的對象，也即有形可見之情狀。這種色可概分爲三類，如《瑜伽師地論》卷一云：

> 色有見有對，此復多種，略說有三，謂顯色，形色，表色。顯色者，謂青黃赤白，影光明暗，雲煙塵霧，及空一顯色。形色者謂，

〔註1〕 〔唐〕玄奘譯：《大般若波羅蜜多經》（後文簡寫爲《大般若經》）卷413，中華大藏經編輯局編：《中華大藏經（漢文部分）》（後文簡稱《中華大藏經》）第5冊，北京：中華書局，1984年，頁128上。

〔註2〕 〔唐〕玄奘譯：《大般若經》卷405，《中華大藏經》第5冊，頁47上。

〔註3〕 〔高齊〕那連提耶舍譯：《阿毗曇心論經》卷1，《中華大藏經》第48冊，頁453上。

長短方圓粗細，正不正高下色。表色者謂，取捨屈伸，行住坐臥，
如是等色。又顯色者謂，若色顯了，眼識所行，形色者謂，若色積
集，長短等分別相，表色者謂，即此積集色，生滅相續，由變異
因，於先生處不復重生，轉於異處，或無間或有間，或近或遠差別
生，或即於此處變異而生，是名表色。又顯色者謂光明等差別，形
色者謂長短等積集差別，表色者謂，業用爲依轉動差別，如是一切
顯、形、表色是眼所行，眼境界，眼識所行，識境界，眼識所緣，
名之差別。〔註4〕

此論對眼根所取之「色」概括得比較全面，由此我們亦可看出，這種「色」
的主體基本上都是美術的表現對象與表現手法，如色彩、明暗、形狀等。《阿
毗達磨藏顯宗論》中對顯色和形色兩類還作了詳細而淺顯的解釋：

言色二者，是二種義，謂顯與形，此中顯色有十二種，形色有
八故或二十。顯十二者，謂青黃赤白，煙雲塵霧，影光明暗，於十
二中，青等四種是正顯色，雲等八種是此差別，其義隱者，今當略
釋，地水氣騰，說之爲霧，障光明起於中，餘色可見名影，翻此爲
暗，日焰名光，月星火藥，寶珠電等，諸焰名明。形色八者，謂長
短方圓，高下正不正，此中正者，謂形平等，形不平等，名爲不正，
余色易了，故今不釋。〔註5〕

〔註4〕〔唐〕玄奘譯：《瑜伽師地論》卷1，《中華大藏經》第27冊，頁338上～中。

〔註5〕〔唐〕玄奘譯：《阿毗達磨藏顯宗論》卷2，《中華大藏經》第48冊，頁102
下。案：佛經中還有很多記述此二十種或二十一種色的如《阿毗達磨俱舍
論》卷1：「言色二者，一顯二形，顯色有四，青黃赤白，餘顯是此四色差
別，形色有八，謂長爲初，不正爲後，或二十者，即此色處，復說二十，謂
青黃赤白，長短方圓，高下正不正，雲煙塵霧，影光明闇，有餘師說，空一
顯色，第二十一。此中正者謂形平等，形不平等，名爲不正，地水氣騰爲
霧，日焰名光，月星火藥，寶珠電等，諸焰名明，障光明生於中，餘色可見
名影，翻此爲闇，餘色易了，故今不釋。」與此略同，不過多提了第二十一
種色。《阿毗達磨大毗婆沙論》卷13云：「色處有二十種，謂青黃赤白，長短
方圓，高下正不正，雲煙塵霧，影光明闇。有說色處有二十一，謂前二十及
空一顯色，如是諸色或有顯故，可知非形故謂青黃赤白，影光明闇及空一顯
色，或有形故可知非顯故謂身表業，或有顯形故可知謂余十種色，若非顯形
故可知者無也。」同經卷75又云：「（色處）有二十種，謂長短方圓，正不正
高下，青黃赤白，影光明暗，雲煙塵霧，復有說者，此有二十一，謂二十種
加空一顯色。」其它又如《阿毗達磨順正理論》、《成唯識論述記》等都有提
及，此不煩贅。

顯然，十二種顯色中的「青、黃、赤」正是所謂的三原色，因而此言「青、黃、赤、白」者就相當於所有的色彩，這是美術研究的重要對象。「雲」等八種則是能夠體現色彩濃淡乾濕及形體明暗隱顯等差別性的各種表現手法，這些表現技法與效果在美術實踐中同樣必不可少，同時這裡還體現出了美術創作對外光源的重視。所謂的八種形色正是美術這一造型藝術對形體及比例位置關係的基本認識和分類，可見這二十種色都是與美術密切聯繫的。因而可以認爲佛經中的這類「色境」合於美術之境，與此種「色」相關的理論自然可以作爲美術理論來看待，即使佛經本非有意識地以此來闡發美術理論。「色」還常常與「相」構成「色相」這一名相，就更爲明確地表達了形色相狀之含義。

佛經中的「相」本身就是一個與美術相關的概念，最基本的意思就是形相或狀態，是相對於本質而言的。本質是事物之本性，「相」即其外在表現，種種事物因本質之不同而表現爲不同的外在之「相」，「相」則反映了物性之不同，無相便不能識別事物。即《大乘入楞伽經》所言：「此中相者，謂所見色等形狀各別，是名爲相。」〔註6〕而《大智度論》卷三十一中則對體相，或曰性相關係言之更詳：

> 自相空者，一切法有二種相，總相、別相，是二相空，故名爲相空。問曰：何等是總相，何等是別相。答曰：總相者如無常等，別相者諸法雖皆無常而各有別相，如地爲堅相，火爲熱相。問曰：先已說性今說相，性相有何等異，答曰，有人言其實無異，名有差別說性，則爲說相，說根則爲說性，譬如說火性即是熱相，說熱相即是火性，有人言性相小有差別，性言其體，相言可識。如釋子受持禁戒是其性，剃髮割截染衣是其相，梵志自受其法是其性，頂有周羅執三奇杖是其相，如火熱是其性，煙是其相，近爲性，遠爲相，相不定從身出，性則言其實，如見黃色爲金相，而內是銅，火燒石磨知非金性，如人恭敬供養時，似是善人，是爲相，罵詈毀辱忿然瞋恚便是其性，性相內外遠近初後等，有如是差別，是諸相皆空，名爲相空。〔註7〕

〔註6〕 〔武周〕實叉難陀：《大乘入楞伽經》卷5，《中華大藏經》第17冊，頁784上。

〔註7〕 〔後秦〕鳩摩羅什：《大智度論》卷31，《中華大藏經》第25冊，頁626中。

這裡以幾種事例從物質性相關係方面闡釋了「相」即是能反映物性差別的外在特徵，且總相雖一，而各有別相，種種「相」又皆統一於空。〔註8〕

通過經論中這些解說可以看出「相」與眼根可取之「色」有所同異，同者在於兩者皆為客觀實體之外在表現，能夠直觀。所異在於「色」重在分別各種外貌特徵本身之不同，而「相」還含有由本性生發，並可區別事物性質之用，重在分別事物之間性質本身的不同。「色相」則是對二者的調和與發揮，從《瑜伽師地論》中對「色相」的分類即可知其基本含義：「色相亦三，一、有光影相，二、據方處相，三、積集住相，如是三相，隨其次第。」〔註9〕可見「色相」既是一切物質顯現於外的可見的形質相狀，也是一切事物的本質屬性之一，與「心性」相對，也可寫作「色像」。如《大方等大集月藏經》云：「又如依日光，明見諸色像。」〔註10〕言光照下可見之情形皆是色像。又如《大寶積經》云：「觀此心性，本非色相，無見無對，不可了知。」〔註11〕以及《釋摩訶衍論》卷六：

> 知彼色相莊嚴等事，無去無來……若離業識則無見相，以諸佛法身無有彼此，色相迭相見故。問曰：若諸佛法身離於色相者，云何能現色相。答曰：即此法身是色體，故能現於色，所謂從本已來，色心不二，以色性即智故，色體無形，說名智身，以智性即色故。說名法身，遍一切處，所現之色無有分齊，隨心能示十方世界，無量菩薩，無量報身，無量莊嚴。〔註12〕

〔註8〕案：除此處將「相」分為總相與別相二種之外，「相」還是分別諸法的現象依據，如表現有為法的發展變化規律時，可分為生相、住相、異相與滅相四類。（《阿毗達磨大毗婆沙論》卷39）又有十相之說，即有相、知相、識相、緣相、增上相、因相、果相、總相、別相，及依相等。（《大智度論》卷31）不過四相、十相等說法都是針對法或有為法而言的，並非是對「相」本身的分類，因不詳論。

〔註9〕〔唐〕玄奘譯：《瑜伽師地論》卷53，《中華大藏經》第27冊，頁886上。

〔註10〕〔高齊〕那連提耶舍譯：《大方等大集月藏經》卷3，《中華大藏經》第10冊，頁824上。

〔註11〕〔唐〕菩提流志譯：《大寶積經》卷52，《中華大藏經》第8冊，頁874上。

〔註12〕〔姚秦〕筏提摩多譯：《釋摩訶衍論》卷6，《中華大藏經》第50冊，頁255下。案：同卷對色相的表現、性質、因緣等還有較多闡發，但稍嫌繁複，因錄於茲：一者法身出現色相門，二者顯示智身形相門，三者顯示法身形相門，四者廣大圓滿無際門，五者不可思議殊勝門，是名為五，如其次第說相可觀。問者意樂其相云何，所謂問者作如是疑，尅其法身真實自體，湛湛慮絕，寂寂名斷，色相作業由誰，而有無相現，應決擇分中作如是說，法身無

區別了「心性」、「色體」、「色性」與「色相」，也即質性與外形的關係。這段經論中還體現出「色相」一詞普遍用於表述佛、菩薩色身所示現的外在相貌，是無形之法身，即色體的外現。諸佛、菩薩本無形象，但爲了化度眾生必須要有具體可見之形象，而方便顯示出「色相」，如《佛本行經》就言佛出家前爲太子時其儀容相貌「如諸法色像，忽然而化現。」〔註13〕這種形質關係論表現出佛教對事物本性的高度重視。有時「色」、「相」、「像」、「色相」還可以混用，含義也差可相通：

> 相爲色有像，相亦復爲色，手所獲持亦名爲色，若示他人亦復是色也。〔註14〕

再如《大方等大集經》卷三十二即將這幾個名相互用：

> 我隨意觀，色即是見，色即是我心，我心即色，如我遠離一切色相，觀虛空相，是人爾時修虛空相，是則名爲共凡夫人，如實陀羅尼，若有能作如是觀，色即是虛空。〔註15〕

總之，佛教名相中的「色」、「體」、「相」、「像」、「色相」等包含了色彩、造形、以外觀差別反映事物本質特徵這些內涵，佛教的這些範疇亦屬於美術本體論的範疇，因而佛經中的「色」、「相」觀即是佛教美術理論研究的一個重

相，能現色相，若能出現，種種色相，不可言說，法身空寂，離色像，或如是疑故發起此問，如本問曰，若諸佛法身離於色相者，云何能現色相，故自此已下，即決此疑，言法身出現色相門者，自性法身能爲色相作所依止，善出色相無障礙故，所以者何，能依色法所依心法，從無始來平等，平等無有二體，唯一心量故，如本答曰，即此法身是色體故，能現於色，所謂從本已來，色心不二故，言顯示智身形相門者，以智抒色無一一色而非色故說名智身，如本以色性即智故，色體無形說名智身故，言顯示法身形相門者，以色服智無一一智而非色故，說名法身如本以智性即色故，說名法身故，言廣大圓滿無際門者，如是二身所現色相等，遍一切眾生界門者，如是二身所現色相等遍一切眾生界，一切非情界一切虛空界，一切涅槃界一切如來界中無所不通，無所不至，無所不當，無所不會，無所不作，亦無分際，亦無障礙，純純一一，無相亂故，如本遍一切處所現之色無有分際，隨心能示十方世界無量菩薩，無量報身無量莊嚴，各各差別，皆無分際而不相妨故，言不可思議殊勝門者，如是業用甚深極妙獨尊殊勝非凡夫二乘之所能知故，如本此悲識分別能知，以眞如自在用義故。

〔註13〕 〔宋〕釋寶雲譯：《佛本行經》卷2，《中華大藏經》第50冊，頁316下。
〔註14〕 〔西晉〕竺法護譯：《修行道地經（別本）》卷1，《中華大藏經》第51冊，頁227中。
〔註15〕 〔北涼〕曇無讖譯：《大方等大集經》卷32，《中華大藏經》第10冊，頁415中。

要內容。

二、佛教「色」、「相」觀 〔註16〕

> 蓋聞二儀有像，顯覆載以含生；四時無形，潛寒暑以化物。是
> 以窺天鑒地，庸愚皆識其端；明陰洞陽，賢哲罕窮其數。然而，天
> 地苞乎陰陽而易識者，以其有像也。陰陽處乎天地而難窮者，以其
> 無形也。故知像顯可徵，雖愚不惑，形潛莫?，在智猶迷。況乎佛道
> 崇虛，乘幽控寂，弘濟萬品，典御十方。舉威靈而無上，抑神力而
> 無下，大之則彌於宇宙，細之則攝於毫釐。〔註17〕

這是唐太宗御製的《大唐三藏聖教序》開首之句。貞觀十九年（645），因玄
奘法師取經回還之契機，太宗皇帝下敕譯經，弘揚佛教。此時已經歷了漫長
的接受與改造過程，我們對佛教的認識也越來越理性與成熟。在李世民年僅
七歲時，唐高祖李淵就曾因爲他患病而在佛寺中禮拜造像、發願祈禱，果然
李世民就病癒了，有此因緣，不難料知唐太宗應很早就受到過佛教的影響。
〔註18〕這篇序文就顯示出相當的佛教理論水平，開首即強調了「像」的重要
性，尤其對於涵蓋宇宙又崇尚空寂的佛教來說，如果不以有形之像來體現，
則其旨趣難徵。縱然是以「涅槃寂靜」爲終極追求的佛教也要假經像以爲方
便，因而語言與美術的一般規律也可適用於佛教，但其特殊的宗教含義與特
性又決定了其獨具特色的「色」、「相」觀。

　　佛教認爲一切事物本質皆空，因而美術本身亦是空。玄奘大師所譯六百
卷之《大般若波羅蜜多經》（後文簡稱《大般若經》）可說是言「空」十分透

〔註16〕　案：佛教傳入中國時已進入大乘佛教時期，漢傳佛教一直就是以大乘佛教爲
　　　　　主流的，中國佛教對大乘各宗都有接受，尤以「空宗」思想吸收更多，這在
　　　　　一些造像碑記中即有表現，如《唐處州都縣福田寺三門記》：「悟即色而空，
　　　　　達有作而無作。」本節所言之佛教「色」、「相」觀即以大乘中觀思想理論爲
　　　　　重心。

〔註17〕　〔唐〕李世民撰：《大唐三藏聖教序》，《中華大藏經》第1冊，頁1上。

〔註18〕　參見《大海寺唐高祖造像記》：「鄭州刺史男李世民過染時患，比聞大海寺有
　　　　　雙王像，治病有驗，故就寺禮拜，其患乃除，□於此寺願造石彌勒像一鋪，
　　　　　其像乃□丹青之妙，飾窮巧伎之雕，□相好全真，容顏蘊妙，以斯功德，衛
　　　　　護弟子，唯願福山冥祐，法海長資，諸佛開心，三教之中並□，又願觀音引
　　　　　導，振□價□，高懸彌勒慈憂貴昌，興於萬代，家門大小，永寶長春，蠢動
　　　　　含生，咸登正覺。大業元年□□□。」（〔清〕王昶：《金石萃編》卷40，北京：
　　　　　中國書店，1985年。）

徹的一部典籍，其中就反覆論述了「色即是空」的觀點。如佛爲舍利子講說菩薩有方便善巧修行般若波羅蜜多因緣時，言：

> 舍利子，色、色性空，受想行識、受想行識性空。舍利子，是色非色，空是色，空非色，色不離空，空不離色，色即是空，空即是色，受想行識亦復如是。〔註19〕

> 爲諸有情宣說正法，謂作是言：汝等應知色是空，離我我所，受想行識是空，離我我所。〔註20〕

皆言講色等五蘊皆空就是佛教正法，所謂的色之存在並非實性，離開空便無法說色，離開色也無所謂空，存在即是非存在，二者本無分別。

佛經還從多方面分析了色空之種種表現，從本性而言，佛經云色本性即是空，亦是無自性，如：

> 舍利子問善現言：何者是色自性？何者是受想行識自性？乃至何者是實際自性？善現對曰：無性是色自性，無性是受想行識自性，乃至無性是實際自性。舍利子，由是當知，色離色自性，受想行識離受想行識自性，乃至實際離實際自性。舍利子，色亦離色相，受想行識亦離受想行識相，乃至實際亦離實際相。舍利子，自性亦離自性，相亦離相，自性亦離相，相亦離自性。〔註21〕

> 色即是本性空，本性空即是色，如是乃至諸佛無上正等菩提即是本性空，本性空即是諸佛無上正等菩提。佛告善現，如是如是，如汝所說，諸菩薩摩訶薩甚爲希有，雖行一切法皆本性空，而於本性空常無失壞。善現當知，色不異本性空，本性空不異色，色即是本性空，本性空即是色。〔註22〕

〔註19〕〔唐〕玄奘譯：《大般若經》卷39，《中華大藏經》第 1 冊，頁 390 下。案：與卷帙浩繁的《大般若經》相比，《般若波羅蜜多心經》（後文簡稱《心經》）流傳更廣，其辭頗與此相同：「觀自在菩薩，行深般若波羅蜜多時，照見五蘊皆空，度一切苦厄。舍利子，色不異空，空不異色，色即是空，空即是色，受想行識亦復如是。」以極簡明的語言概括了《大般若經》中一再闡釋的主要道理，因而現在多認爲《心經》即是玄奘法師專爲《大般若經》所作的提要，有一定道理。

〔註20〕〔唐〕玄奘譯：《大般若經》卷 468，《中華大藏經》第 5 冊，頁 643 上。

〔註21〕〔唐〕玄奘譯：《大般若經》卷 409，《中華大藏經》第 5 冊，頁 86 上。

〔註22〕〔唐〕玄奘譯：《大般若經》卷 474，《中華大藏經》第 5 冊，頁 699 下～700 上。

善現當知，色乃至識無所住，色空乃至識空亦無所住，何以故，
色乃至識無自性不可得，色空乃至識空亦無自性不可得，非無自性
不可得，法有所住故，如是乃至一切菩薩摩訶薩行諸佛無上正等菩
提無所住。〔註23〕

對色自性空的認識，來自於對色之情狀的觀察。譬如世有幻象這種現象存在，
即「實無所有而亦可見」〔註24〕者。幻象雖可見，究之卻無實體，可見外現
色與本質空並不矛盾，因而就引發了「色不異幻」之慨。《大般若經》中多次
明確提出這樣的觀點，如佛曾問善現：

色與幻有異不？受想行識與幻有異不？善現答言：不也。世尊，
何以故？色不異幻，幻不異色，色即是幻，幻即是色，受想行識亦
復如是。〔註25〕

幻與色有異無？幻與痛癢思想生死識有異無？須菩提報佛言：
爾天中天，幻與色無異也，色是幻，幻是色，幻與痛癢思想生死識
等無異。〔註26〕

乃至一切法性本性是空，也以色之幻象爲喻，如《說無垢稱經》卷二所言：
「一切法性皆分別心所起影像，如水中月，如鏡中像。」〔註27〕色空法亦
空，即使是法本身也不過是心之幻象而已。再者，禪定之中也可了知色之空

〔註23〕　〔唐〕玄奘譯：《大般若經》卷470，《中華大藏經》第5冊，頁665下。案：
　　　　佛經中論色自性空者甚眾，難以盡述，如《攝大乘論釋》中對此所作之解釋
　　　　較爲詳明，因選錄其文：「彼經言色自性空等，謂即遍計所執自性永無有故，
　　　　爲對治損減散動故，即彼經言不由空故等，謂彼法性是實有故，爲對治一性
　　　　散動故，即彼經言，色空非色等淨不淨，境性各別故，爲對治異性散動故，
　　　　即彼經言色不離空等。謂遍計所執色自性無所有，即是空故，爲對治自性
　　　　散動故，即彼經言此但有名，謂之爲色等。」又如虛空可容受眾色，而其自
　　　　身則無顯色與形色，《大般若經》卷418云：「善現，又如虛空，長短高下方
　　　　圓邪正，一切形色皆不可得，大乘亦爾，長短高下方圓邪正，一切形色皆不
　　　　可得故，說大乘與虛空等。善現，又如虛空，青黃赤白紅紫碧綠縹等顯色皆
　　　　不可得，大乘亦爾，青黃赤白紅紫碧綠縹等顯色皆不可得故，說大乘與虛空
　　　　等。」

〔註24〕　〔隋〕笈多、行矩等譯：《攝大乘論釋論》卷5，《中華大藏經》第30冊，頁
　　　　101上。

〔註25〕　〔唐〕玄奘譯：《大般若經》卷42，《中華大藏經》第1冊，頁414下。

〔註26〕　〔後漢〕支婁迦讖譯：《道行般若波羅蜜經》卷1，《中華大藏經》第7冊，頁
　　　　892上～中。

〔註27〕　〔唐〕玄奘譯：《說無垢稱經》卷2，《中華大藏經》第15冊，頁918下。

性，如《菩薩處胎經》卷一云：「入三禪觀諸色像悉空無所有。」〔註28〕三禪是色界中的三禪天，此天中人人能入禪定深妙，因而此處是說一種入禪的體驗，在進入深妙禪定的狀態下即可洞見肉眼所見之色像原來空無所有。在禪定中的達到了精神超越才能看到更眞實的色，此時則可知色之本性原空，色即是空。

「色」之空還在於時間對物質存在的異化上，就是「色」的變異無常，佛經中常以聚沫等爲喻。如

> 修學安忍，觀色如聚沫，觀受如浮泡，觀想如陽焰，觀行如芭蕉，觀識如幻事。作是觀時，於五取蘊，不堅固想，常在現前。
>
> 〔註29〕

聚沫、浮泡、陽焰、芭蕉等皆是不堅之物，其生、住、異、滅的過程極快，這類轉瞬即逝之「色」亦證明其空性。其實這些物例不過是一切事物迅速異滅的典型代表而已。「色」的本質特點之一就是「壞」：

> 色像之中虛空之界不可毀滅，色像終壞時還歸虛空，而虛空本界無增無減，不動不變。〔註30〕

但是，色壞異滅並非無常的本質因由，

> 不應以色壞故觀色無常，不應以受想行識壞故觀受想行識無常，但應以常無故觀色乃至識爲無常。〔註31〕

西哲曾言，人不能兩次踏入同一條河流。任何事物都不能在時光流逝中保持其外在相狀之恒常，唯有「空」之本性未變，佛教對此認識得更爲透僻，並有深入的解釋。如佛曾對其弟子中解空第一的善現說：

> 過去色、過去色空，未來現在色、未來現在色空。復次，善現，過去受想行識、過去受想行識空，未來現在受想行識、未來現在受想行識空。善現，空中過去色不可得，何以故？過去色即是空，空性亦空，空中空尚不可得，何況空中有過去色可得。善現，空中未

〔註28〕〔姚秦〕竺佛念譯：《菩薩處胎經》卷 1，《中華大藏經》第 22 冊，頁 790 上。

〔註29〕〔唐〕玄奘譯：《大般若經》卷 350，《中華大藏經》第 4 冊，頁 462 中。案：另於《大般若經》卷 459、卷 523，《摩訶般若波羅蜜經》卷 20 等處都有相近觀點，且言辭略同，不贅引。

〔註30〕〔隋〕菩提燈譯：《占察善惡業報經》卷下，《中華大藏經》第 23 冊，頁 300 下。

〔註31〕〔唐〕玄奘譯：《大般若經》卷 558，《中華大藏經》第 6 冊，頁 573 上。

來現在色不可得，何以故？未來現在色即是空，空性亦空，空中空
尚不可得，何況空中有未來現在色可得。善現，空中過去受想行識
不可得，何以故？過去受想行識即是空，空性亦空，空中空尚不可
得，何況空中有過去受想行識可得。善現，空中未來現在受想行識
不可得，何以故？未來現在受想行識即是空，空性亦空，空中空尚
不可得，何況空中有未來現在受想行識可得。〔註32〕

　　復次，善現，前際色不可得，後際中際色不可得，三際平等
中色亦不可得。所以者何？善現，平等中前後中際色皆不可得，
何以故？平等中平等性尚不可得，何況平等中有前後中際色可得。
〔註33〕

前中後際及三際平等中色皆不可得，所謂前中後不過是相對而言，在絕對的
時空中來說，這些本性都是空，更無從得其外色了，甚至色之生滅亦是空。

　　善現，色無所從來，亦無所去，亦無所住。受想行識無所從來，
亦無所去，亦無所住。善現，色本性無所從來，亦無所去，亦無所
住。受想行識本性無所從來，亦無所去，亦無所住。善現，色真如
無所從來，亦無所去，亦無所住。受想行識真如無所從來，亦無所
去，亦無所住。善現，色自性無所從來，亦無所去，亦無所住。受
想行識自性無所從來，亦無所去，亦無所住。善現，色自相無所從
來，亦無所去，亦無所住。受想行識自相無所從來，亦無所去，亦
無所住。何以故？善現，色乃至識，本性真如，自性自相，若動若
住，不可得故。〔註34〕

　　佛告善現，諸色不和合即色不相屬，若色不相屬即色無生，若
色無生即色無滅，若色無滅即色不和合。〔註35〕

正是因為「色」無去無來，無生無滅，本性實空，佛教即能以平等心看待萬
物，破除對事物色相的執著與分別心。如佛問善現：

　　汝頗見色乃至諸佛無上正等菩提可取可執不？善現答言：不

〔註32〕〔唐〕玄奘譯：《大般若經》卷419，《中華大藏經》第5冊，頁184下～185
　　　　上。
〔註33〕〔唐〕玄奘譯：《大般若經》卷420，《中華大藏經》第5冊，頁189下。
〔註34〕〔唐〕玄奘譯：《大般若經》卷419，《中華大藏經》第5冊，頁181上。
〔註35〕〔唐〕玄奘譯：《大般若經》卷512，《中華大藏經》第6冊，頁116上。

也。〔註36〕

諸愚夫迷謬顛倒，起別異想，謂分別色異本性空，或分別受想行識異本性空，如是乃至或分別一切菩薩摩訶薩行異本性空，或分別諸佛無上正等菩提異本性空，是諸愚夫分別諸法與本性空有差別故，不如實知色。不如實知受想行識，由不知故便執著色，執著受想行識，由執著故便於色計我我所，於受想行識計我我所，由妄計故，著內外物受後身色受想行識，由此不能解脫諸趣，生老病死憂愁苦惱，往來三有輪轉無窮。〔註37〕

可見外在形色本質相同，而無智之人自加分別，才顯出種種不同。如不能識破色本性空之理，即爲無智愚夫，若執著於色更會造成不能脫離六趣輪迴之惡果，可見佛教不執著於外在形象之態度是堅定的。然而佛經中以如此多的筆墨來論述「色即是空」，並不等於是說「色」的存在毫無意義，相反，色與性正是物之表裡，事物是不能離色存在的，無色則無空。

不以空不空分別色，亦不以色分別空不空，不以空不空分別受想行識，亦不以受想行識分別空不空，不以有相無相分別色，亦不以色分別有相無相，不以有相無相分別受想行識，亦不以受想行識分別有相無相。〔註38〕

諸菩薩摩訶薩行深般若波羅蜜多，方便善巧教諸有情，遠離二相，復教安住，無相界中，而不令其墮二邊執，謂此是相，此是無色相。〔註39〕

雖然承認「色即是空」，但對於此命題本身來說，亦不能過於執著，不僅執著於「色」是爲執，執於「色空」亦爲執，而應採取既不著於「色不空」，又不著於「色空」的態度。「不應色中求般若波羅蜜，亦不應離色求般若波羅蜜。」〔註40〕這就是「我」空「法」亦空，既不著有，又不著空的佛教中道觀，由此也決定了其必然在不執於色的同時亦不離於色。

佛教雖然認爲本質皆空，但並不否認形色差別，其不離於色表現在將色

〔註36〕〔唐〕玄奘譯：《大般若經》卷511，《中華大藏經》第6冊，頁106中。
〔註37〕〔唐〕玄奘譯：《大般若經》卷474，《中華大藏經》第5冊，頁700中。
〔註38〕〔唐〕玄奘譯：《大般若經》卷82，《中華大藏經》第1冊，頁805上。
〔註39〕〔唐〕玄奘譯：《大般若經》卷471，《中華大藏經》第5冊，頁675上。
〔註40〕〔唐〕玄奘譯：《大智度論》卷55，《中華大藏經》第26冊，頁63下。

相作爲一種善權方便，藉色以悟空。「像顯可徵，雖愚不惑，形潛莫睹，在智猶迷。」〔註41〕有情眾生對於無形不可捉摸之法是難於理解的，只能借助可見可識之形象來體悟。佛教即十分重視以形象來宣傳佛法，這是佛爲了憐愍眾生，引導眾生修行入於眞實法所施設的一種方便法門。

> 如來無色示現色，亦得利於色無染著，若有眾生入佛法，云何當知眞實色，非色聚中有如來，亦不離色有如來，如來已離諸色聚，哀愍眾生故示色，如來哀愍眾生故，以諸相好莊嚴色，實無色相爲眾說，是故如來難思議。〔註42〕

> 無形而現形，亦不住於色，欲以開化眾，現身而有教，佛者無色會，亦不著有爲，皆度一切數，導師故現身，顯相三十二，奇好八十種，以嚴其身體，爲眾講說法，法者則無相。〔註43〕

在諸佛法身與色身關係問題上，這種善權方便體現得最爲顯著，佛經中亦往往通過對諸佛如來示現色相化度眾生來爲「不離於色」作注。〔註44〕「一切佛法身無像，方便示現相好莊嚴，隨諸有情心所好樂，即能方便。」〔註45〕佛之身相就是這樣一種方便施設，如果沒有色身，也無法證明法之存在。

> 既無形色，非相非像，不可見知，不可觸證，誰復於中而行證者？若心得者，是心無色，不可得見，是心無相，不可得知，此心如是，同於幻化。然彼菩提亦爾，無色不可見，無相不可知，無漏無爲亦同幻化，云何可證？云何覺知？而言身心得菩提耶？彼菩薩摩訶薩如是觀時，分明了了，見是身相，不得菩提，亦知是心，不得菩提何以故？諸法無有，以色證色，心證心故。然彼於言說中，知一切法雖無色無形，無相無漏，無可?見，無有證知，亦非無證，

〔註41〕〔唐〕李世民撰：《大唐三藏聖教序》，《中華大藏經》第1冊，頁1上。
〔註42〕〔北涼〕曇無讖譯：《大方等大集經》卷12，《中華大藏經》第10冊，頁139上。
〔註43〕〔西晉〕竺法護譯：《無言童子經》卷上，《中華大藏經》第11冊，頁797下。
〔註44〕案：《大智度論》卷99：「佛有二種身：一者法身，二者色身。法身是眞佛，色身爲世諦，故有佛法身相上種種因緣，說諸法實相是諸法實相，亦無來無去，是故說諸佛無所從來去，亦無所至，若人得諸佛法身相，是名近阿耨多羅三藐三菩提。」另外，《金光明經·如來三身份別品》還詳細解釋了佛的化身、應身和法身三種身。
〔註45〕〔唐〕玄奘譯：《大般若經》卷572，《中華大藏經》第6冊，頁706上。

何以故？以一切諸如來身無有漏故，又諸如來身無漏故心亦無漏，

又諸如來心無漏故色亦無漏。〔註46〕

《大方等大集經賢護分》中的這番話除了解說以形色證法之存在，也即覺知修行之成果，同時還說明了色身與法身的統一性。即法、心、色皆無煩惱，色身雖可見，然其清淨無漏則同於無形之法身。作爲一種方便施設，身相又自非佛之本身，色身亦是虛假不實。因而見諸佛菩薩之色身不能等同於見諸佛與菩薩。如佛問須菩提：

佛可以具足色身見不？不也。世尊，如來不應以具足色身見，

何以故？如來說具足色身即非具足色身，是名具足色身。須菩提，於

意云何，如來可以具足諸相見不？不也，世尊，如來不應以具足諸

相見，何以故，如來說諸相具足即非具足，是名諸相具足。〔註47〕

而且外現的形象，不過是假名，如來本無：

不染於有，亦不見有，現其形象，亦無色相，猶無有佛，況色

相乎。〔註48〕

不僅色身，即使法身等像亦皆無，但有其名耳：

本無如來，無像歸斯本無，是則名曰如來形象。普見一切諸所

色像，是故形象、如來形象，一切本空，是則名曰如來之像。是故

菩薩現一切像，如來未曾造現形象，無像無諍，爾乃普現一切眾相，

不以本無有所成立，以本無業自觀其身，諸身本無，自察法身，一

切諸身，皆無有身。觀如來身，曉一切身，從因緣生，以了法身本

所從行，因與法身，乃成法身。〔註49〕

可見在佛教思想中，一切存在的本質皆是空，外色形相虛幻無常，色相不同，本性實一，然離色相則無以明法，不應執著於色相又不能離色相之方便施設。佛教對美的認識都是以此爲基礎的，佛教「色」、「相」觀也是研究佛教經典之美術理論的重要前提。

〔註46〕〔隋〕闍那崛多譯：《大方等大集經賢護分》卷2，《中華大藏經》第11冊，頁387下。

〔註47〕〔姚秦〕鳩摩羅什譯：《金剛般若波羅蜜經》卷1，《中華大藏經》第8冊，頁302下。

〔註48〕〔姚秦〕佛念譯：《最勝問菩薩十住除垢斷結經》卷8，《中華大藏經》第20冊，頁1008下。

〔註49〕〔唐〕菩提流志譯：《大寶積經》卷8，《中華大藏經》第8冊，頁459上～下。

第二節　「形」、「神」論

一、「形」與「神」

「二十種色」中有「形色」，與「顯色」相對，就是有形之色，是物之形貌。而與本質相對的所謂的「形」就指可見的外在實體性的形態狀貌，可看作與前節之「色」、「相」同義。從佛教意義上來說「神」有多重含義，「精神」與「神靈」是最基本的。「神靈」是指佛教崇拜的超人的偶像，從佛到天龍八部一類都可謂神。「精神」則與肉體相對而言，也可說是「靈魂」，在佛教不同部派與宗派所指亦略有不同，各家也以不同的名相來表述，如早期佛教十二因緣中的「識」（心識對事物的認知作用）；說一切有部提出的「中有」（從死的剎那到下次受生之間的過渡時期的存在形式，輪迴之主體）；犢子部、經量部等稱爲「補特伽羅」（意爲「數取趣」，即多次往返於輪迴之中，承擔因果報應的主體）；後來大乘佛教的瑜伽行派進一步提出有「阿賴耶識」（與眼、耳、鼻、舌、身、意、末那等識合爲八識，又叫「藏識」、「種子」，是承擔因果業報的主體）存在之說。〔註50〕承認這些輪迴相續，不斷承擔果報的主體的存在，是佛教的神不滅說。中國思想史上，自先秦以來，對於「形」、「神」關係的探討一直在持續，中國傳統的儒家思想、道家思想都有這方面的論辨。佛教傳入之後，中國學者更多地接受闡發了其神不滅思想。〔註51〕《弘明集》與《廣弘明集》中集中收錄了大量涉及形神之辯的文章，經過兩千年的論爭，各種思想的交匯碰撞，對於形神關係的哲學探討至今已十分深入，近十年來有關「形」、「神」主題的論文就有數百篇之多，內容不僅包括了哲學本身，還涉及了文學、書法、繪畫、音樂、舞蹈、體育、醫學，甚至營銷、企業管理等各個方面，這一哲學思辨對社會產生了多方面的影響。〔註52〕

〔註50〕案：其實「神」與「識」並不完全等同，臺灣國立政治大學許麗美的碩士論文《唯識學之「識」與六朝神不滅論之「神」的比較》一文曾作辨析。但作爲深細相續的輪迴主體時其意略同，本書之論取其同者。

〔註51〕案：在佛教哲學史上，關於神滅與神不滅的論爭在漢到齊梁之間也一直是一個佔有重要地位的論題，佛教哲學類著作都對此有論述，如方立天《中國佛教哲學要義》一書中即專章討論了「神」的意蘊，此論爭的根源、過程及其與中國固有文化的關係等。

〔註52〕案：前賢對形神關係的哲學論辯已探討良多，筆者亦未有新的建樹，且本書討論的重心在於佛教美術理論，因而就僅以佛教形神論中與美術理論關係最密切者作出歸納整理，餘者從略。

在美術理論中,「形」就是通過美術表現手法所呈現出來的可見的形象狀貌,「神」就是物象的精神內蘊,神韻風采。〔註53〕形神關係主要表現在美術作品應當重形還是重神,能否以形傳神,如何以形傳神的問題上。在中國美術史上,大體經歷了幾個階段,早期比較注重形似,認爲一旦「形具」則可以「神生」,如漢代畫像磚、石雕等表現人物、動物的形體生動形象,讓人感受到其內在的神氣、生氣。到魏晉時期則追求形神兼備的「傳神寫照」論,如顧愷之畫裴楷像以「頰上三毫」傳人物瀟灑之風神。唐末宋元文人畫興起後,「遺形取神」逐漸成爲畫壇主流,十分推崇那些「以神傳形」的作品。同時,這種超然物外,意在筆先的精神也並非完全拋棄對形的塑造,而是更高層次的形神合一,正是這種若即若離、似與不似的精神使中國畫魅力獨具。漢魏以來佛教對中國美術產生了很大的影響,這種影響非常深入,也是多方面的,包括了形神關係等理論,這一點容後再論。隨著佛教在中國的傳播與本土化進程,佛教與中國固有文化相互影響改造,但佛教形神論仍有很多特點

漢畫像石鬥牛搏虎及其拓片

圖像來源:南陽漢畫館藏(攝影:侯艷)。

〔註53〕案:因本書的研究是以漢譯佛經爲根本依據展開的,因而即使是以佛教美術理論爲中心來探討形神關係,也不能完全脫離「形」、「神」在佛教中本來的含義,並以分析闡述佛教「形」、「神」論爲研究佛教美術的前提之一。

與獨特的理論價值。佛教以有神、無神，神滅、神不滅爲核心主要討論了形神相離還是形神相即等問題，通過歸納漢譯佛經中的相關美術理論，可以發現佛教美術理論對於「形」、「神」關係的表述本身就存在諸多矛盾，但又能夠異中見同。佛教理論本就是在矛盾中不斷發展的，其不同部派與宗派對神滅、神不滅就有不同的解說，中國佛教更傾向於對矛盾的調和。因而佛教美術理論之「形」、「神」關係就表現得十分複雜，漢譯佛經中就兼容了「形神分離」說與「形神相即」說，並以「形神並重」思想來調和二者關係。

二、形神分離

「形神分離」說認爲形與神各自是獨立的存在，二者有時分離，如馬鳴菩薩所作《佛所行贊》明確寫道：「如人命根壞，身死形神離。」〔註54〕有時還可以自由組合互相依附，形神分離的觀點在佛經中有多方面的體現。其一，經文中舉出不少例子表達了形同神異或神同形異的理念，表明了相同的形不一定包蘊相同的神，相同的神也可以表現出不同的形。譬如佛與轉輪聖王的外貌同樣顯現出三十二種大人之相，〔註55〕而他們的主體與精神都大有不同。就是《金剛般若波羅蜜經》中所說的：「若以三十二相觀如來者，轉輪聖王則是如來。」〔註56〕《大般若經》也有近似的說法：

> 佛告善現：於汝意云何可以諸相具足觀如來不？善現答言：如我解佛所說義者，不應以諸相具足觀於如來。佛言：善現，善哉善哉，如是如是，如汝所說，不應以諸相具足觀於如來。善現，若以諸相具足觀如來者，轉輪聖王應是如來，是故不應以諸相具足觀於如來。如是應以諸相非相觀於如來。爾時，世尊而說頌曰：諸以色觀我，以音聲尋我，彼生履邪斷，不能當見我。應觀佛法性，即導師法身，法性非所識，故彼不能了。〔註57〕

〔註54〕〔北涼〕曇無讖譯：《佛所行贊》卷2，《中華大藏經》第50冊，頁422中。

〔註55〕案：三十二相是指轉輪聖王與佛的色身所具有的超出常人的殊勝容貌，其顯而易見者共有三十二種，又作三十二大丈夫相、三十二大士相等。《中阿含經》、《大般若經》、《菩薩善戒經》、《大智度論》、《瑜伽師地論》等多種經論都對此三十二相有具體的解說，內容也大略相同，下文對此還有專門介紹，因不煩引。

〔註56〕〔姚秦〕鳩摩羅什譯：《金剛般若波羅蜜經》卷1，《中華大藏經》第8冊，頁303上。

〔註57〕〔唐〕玄奘譯：《大般若經》卷577，《中華大藏經》第6冊，頁762中。

佛的法身與色身可以分別看作是佛之「神」與「形」，佛經以出世間的佛與人間的轉輪聖王之異同來舉例，說明以外在形色之同判斷內在精神本質亦同是不可取的，以「形」觀「神」還是造成錯誤認識的根由。比如佛與善現的一段對話：

> 復次，善現，如人求見轉輪聖王，見已不識，捨至餘處，見凡小王，取其形象，作如是念，轉輪聖王形象威德與此何異，於汝意云何，是人有智不？善現答言：是人無智。〔註58〕

無智之人僅憑想像中的轉輪聖王之形象威德而誤以小王爲轉輪聖王，可知形貌之未能盡顯其神。

佛經中還經常提到惡魔波旬等爲了破壞諸菩薩和比丘的修行而變成佛像或比丘像、父母像等來欺騙他們的事例。魔的變化正是由於這種「形」與「神」的不吻合造成的，《大般若經》卷四四一中就列舉了一連串以幻象來擾亂菩薩修行的魔事：

> 有諸惡魔作苾芻像至菩薩所，宣説二乘所學所行，内外空等，或四念住四正斷四神足五根五力七等覺支八聖道支，或三解脱門等。説是法已，謂菩薩言：大士當知，且依此法精勤修學，取預流果，若一來果，若不還果，若阿羅漢果，若獨覺菩提，遠離一切生老病死，何用無上正等菩提，由此因緣令是菩薩不得書寫受持讀誦修習思惟，爲他演説甚深般若波羅蜜多，當知是爲菩薩魔事。復次，善現，有諸惡魔作苾芻像，威儀庠序形貌端嚴，至菩薩所，菩薩見之，深生愛著，由斯退減一切相智，不獲聽聞書寫受持讀誦修習思惟演説甚深般若波羅蜜多，當知是爲菩薩魔事。復次，善現，有諸惡魔作佛形象，身眞金色，常光一尋，具三十二大丈夫相，八十隨好，圓滿莊嚴，至菩薩所。菩薩見之，深生愛著，由斯退減一切相智，不獲聽聞，書寫受持讀誦修習思惟演説甚深般若波羅蜜多，當知是爲菩薩魔事。復次，善現，有諸惡魔化作佛像，苾芻圍繞宣説法要，至菩薩所，菩薩見之深生愛著，便作是念，願我未來當成如來，應正等覺，苾芻圍繞宣説法要，與今所見平等平等，由斯退減一切相智，不獲聽聞書寫受持讀誦修習思惟演説甚深般若波羅蜜多，當知是爲菩薩魔事。復次，善現，有諸惡魔化作菩薩摩訶薩像，

〔註58〕〔唐〕玄奘譯：《大般若經》卷303，《中華大藏經》第4冊，頁21中～下。

若百若千乃至無數，具無礙辯相好莊嚴，自變其身作佛形象，爲化
菩薩摩訶薩眾宣說法要，教修習布施波羅蜜多乃至般若波羅蜜多現
如是相，至菩薩所，菩薩見之深生愛著，由斯退減一切相智，不獲
聽聞書寫受持讀誦修習思惟演說甚深般若波羅蜜多，當知是爲菩薩
魔事。〔註59〕

在一定的條件下惡魔能以佛的形象示人，連菩薩都不能分別，而誤將魔作
佛。然而惡魔的種種幻形即使十分逼眞，但其本質與其所變化的對象肯定還
是不同的。而且此處言一魔能作種種形，亦是神同形異的一個例證。佛教本
來就認爲「色相」虛幻不實，相同色相中可以蘊含著不同的精神主體，佛經
中此類幻化神通實際上表明了在佛教視野中「形」與「神」是可以分離並重
組的。除了惡魔的變化形象之外，這種形神重組的事例更普遍地表現爲諸
佛、菩薩爲度濟眾生而方便示現各種化身，最著名者當數《妙法蓮華經》中
所塑造的觀音菩薩之三十三身了。〔註60〕在中國佛教美術中，觀音的形象最
多，除三十三身像之外還有千手觀音、不空羂索觀音及密教中的各種度母
等，不同的宗派還各有區別。佛教這樣賦予同一人物眾多不同的外貌形象，

〔註59〕〔唐〕玄奘譯：《大般若經》卷441，《中華大藏經》第5冊，頁386下～387
　　　上。案：佛經中言魔幻作種種形象擾惱菩薩者甚多，如《大般若經》卷485：
　　　「有惡魔作佛形象，來教菩薩厭離六種波羅蜜多，作是言，善男子，何用修
　　　此波羅蜜多。復有惡魔作佛形象，來爲菩薩宣說開示聲聞獨覺相應之法，所
　　　謂契經乃至論義，分別顯了，令專修學。復有惡魔作佛形象，至菩薩所，作
　　　如是言，汝非菩薩，無菩提心，不能安住不退轉地，不能證得所求無上正
　　　等菩提。復有惡魔作佛形象，至菩薩所，作是言，善男子，色乃至識空，無
　　　我無我所，眼乃至意空，無我無我所，色乃至法空，無我無我所，眼識乃至
　　　意識空，無我無我所，眼觸爲緣所生，諸受乃至意觸爲緣所生，諸受空，無
　　　我無我所，布施乃至般若波羅蜜多空，無我無我所，四念住乃至十八佛不
　　　共法空，無我無我所，何用無上正等菩提。復有惡魔作獨覺形象，至菩薩
　　　所……復有惡魔作聲聞形象，至菩薩所……復有惡魔作親教軌範形象，至菩
　　　薩所……復有惡魔作父母形象，至菩薩所……復有惡魔作苾芻形象，至菩薩
　　　所……」，其它如《光讚般若波羅蜜經》、《大智度論》等經論中都載述了此類
　　　魔事。
〔註60〕案：《妙法蓮華經》觀世音菩薩普門品第二十五雲觀世音菩薩於難中救人，爲
　　　度不同慧根之人而現不同形象，如佛、辟支佛、聲聞、梵王、帝釋、長者、
　　　長者居士宰官婆羅門婦女乃至天龍八部等三十三種化身。而在《大佛頂首楞
　　　嚴經》卷6中有觀世音三十二種化身，即三十二應身，與普門品相較，此經
　　　分說辟支佛身爲二：獨覺身和緣覺身，又有四天王身、四天王國太子身、女
　　　主身，而無毗沙門身、長者居士宰官婆羅門婦女身及執金剛神身，天龍八部
　　　中少了迦樓羅，並將人身與非人身都計入應身之數。

不僅拓展了佛教美術的表現範圍，更啓發了美術家想像與創新的熱情，極大地豐富了佛教美術的內涵，可以說佛教神同形異的觀點對美術創作是有一定積極意義的。

另外，佛經中的樹影、燈光之喻也是神同形異的表現：

> 譬如閻浮提種種好樹，若干種色，若干種葉，若干種花，若干種果，其色各異，種種莖節，枝葉花實，其蔭無異，無有差別。〔註61〕

> 譬如閻浮利地上種種好樹若色，種種各異，葉葉各異，華華各異，實實各異，種種枝披，其影無有異，其影如一影。〔註62〕

> 如然燈器金則黃光，銅則赤光，其色雖異，光無差別。〔註63〕

何止若干樹種花葉，凡有形之物其影皆同，萬物雖殊形而其神爲日光所攝時則呈現出相同的面貌，燈焰之光色雖有異而其光無差，正是神幻萬形，亦可理解爲同形異質。離與合在「神」、「形」在之間的徘徊造就了繽紛的形色與暢想的神趣，爲美術實踐增添了不少表現魅力。

其二，佛經中還有大量「形」與「神」不相依附，各自存在的現象，即「有形無神」或「有神無形」，更直接地證明了「形神相離」。「有形無神」的情況多表現爲幻化之物或圖畫之形，內中並無精神實體。

> 譬如工幻師若幻師弟子，多人處立，幻作種種形色。男女象馬，端嚴園林及諸廬館流泉，浴池衣服臥具，香花瓔珞，肴饌飲食，作眾伎樂以樂眾人。又復幻作人令布施、持戒、忍辱、精進、禪定、修智慧。是幻師復幻作刹利大姓，婆羅門大姓，居士大家，四天王天處，須彌山三十三天，夜摩天，兜率陀天，化樂天，他化自在天，以示眾人。復幻作梵眾天乃至非有想非無想天，又幻作須陀洹、斯陀含、阿那含、阿羅漢、辟支佛，菩薩摩訶薩從初發意行檀那波羅蜜、尸羅波羅蜜、羼提波羅蜜、毗梨耶波羅蜜、禪那波羅蜜、般若波羅蜜，行初地乃至行十地入菩薩位，遊戲神通，成就眾生淨佛國土，遊戲神通，解脫三昧行佛十力四無所畏四無礙智十八不共法，

〔註61〕〔西晉〕無羅叉譯：《放光般若經》卷7，《中華大藏經》第7冊，頁102上。

〔註62〕〔後漢〕支婁迦讖譯：《道行般若經》卷2，《中華大藏經》第7冊，頁908下。案：其它如《大明度經》等一些般若類經典中也有此譬喻。

〔註63〕〔北涼〕曇無讖譯：《大方等大集經》卷13，《中華大藏經》第10冊，頁160上。

> 大慈大悲，具足佛身三十二相，八十隨形好，以示眾人。是中無智
> 之人，歎未曾有。是人多能巧爲眾事，娛樂眾人，種種形色乃至三
> 十二相八十隨形好，莊嚴佛身。其中有智之士，思惟言未曾有也。
> 是中無有實事，而以無所有法娛樂眾人，令有形相，無事事相，無
> 有有相。〔註64〕

如此筆墨說得這麼一番熱鬧景象，不過是幻化之形，中無實事，有智之人自
能看破，可見幻象就是脫離了「神」單獨顯現的「形」。鏡中映像與圖畫眾像
也可以這樣來認識，

> 鏡中有見像，頗爲有行，頗有五趣生死報不？對曰：不也，世
> 尊。所以者何？鏡中像者，無所有也。凡夫爲惑，自呼所有，鏡中
> 像者，亦無五趣，無作無行。須菩提，鏡中像爲有道念有著斷不？
> 對曰：無有，所以者何？無形之法，無所造作，亦無著斷，亦無
> 有處。〔註65〕

> 譬如壁上彩畫眾生，無有覺知。〔註66〕

> 譬如畫師以眾雜綵畫作眾像，若男若女若牛若馬，凡夫無知，
> 見之則生男女等相，畫師了知無有男女。〔註67〕

鏡象與圖畫等有形色可觀而無內在實體，所畫之物並無生命神氣，但這些經
文還未涉及到圖畫的技巧對神韻的表現力，因暫不置論。

　　「有神無形」則多以如來無形色之身來體現，因爲諸佛如來皆是法身，
所以不能以色身相見，

> 如來身者，不可以色求，不可以相求，不可以好求。如來身者，
> 不可以心求，不可以意求，不可以識求。如來身者，不可以見求，
> 不可以聞求，不可以念求，不可以了別求。……如來身者，不可以
> 顯色求，不可以相貌求，不可以形色求。〔註68〕

〔註64〕〔姚秦〕鳩摩羅什、僧睿譯：《摩訶般若波羅蜜經》卷24，《中華大藏經》第
　　　　7冊，頁647下～648上。

〔註65〕〔西晉〕無羅叉譯：《放光般若經》卷19，《中華大藏經》第7冊，頁264下。

〔註66〕〔武周〕實叉難陀譯：《大乘入楞伽經》卷1，《中華大藏經》第17冊，頁737
　　　　下。

〔註67〕〔北涼〕曇無讖譯：《南本大般涅槃經》卷20，《中華大藏經》第14冊，頁
　　　　722上。

〔註68〕〔唐〕菩提流志譯：《大寶積經》卷37，《中華大藏經》第8冊，頁716中。

> 莫以像色觀如來佛者法身，法身巨見無聞無養。〔註69〕

無疑，沒有佛就沒有佛教，無論是歷史真實中的釋迦牟尼佛還是無見無求的法身佛在佛教中都是一種真實的存在，法身才是諸佛之真實，然而「法身無像，至道難名」，〔註70〕此種真實存在的「空」恰恰是不能以形色來顯示的，其方便示現的色身與法身絕不可等同，色身是虛而可見，法身實有而無形，這就是佛教中存在的可以獨立於形體之外的神。也正因如此，就可以在無形或形滅時神還一直留存下來，「如金銀器破已更作餘器，捨形不捨色。」〔註71〕薪火相傳所表達的意思也與此相同，形神相離就是形滅神存的前提條件，也是佛教的輪迴因果得以成立的基礎。

再者，佛經中還明確地以「神不假質，精不託形」〔註72〕來描述神的獨立存在。此語出自鳩摩羅什所譯《提婆菩薩傳》，講述了提婆菩薩到廟中見大自在天像之事。其像爲黃金鑄成，玻璃爲目，提婆入視天像，責問此像不應以黃金玻璃來炫惑世人眼目，而當以威德服人，並在眾人面前登梯取下了天像左眼中的玻璃珠子，以此來曉喻世人「神不假質，精不託形」的道理。說明真正的精神離於形體之外的，是能夠感染人、感動人的無形力量，外觀情狀並不是都能恰當地表現這種內涵。

> 三乘名教皆以生盡照息，去有入空，以此爲道，不得取像於形
> 器也。〔註73〕

其實，佛經中有關形神分離的這些觀點，不論是形同神異、神同形異，還是有形無神、有神無形，似乎都在表達形神不一，形不能傳神或者說形不能準確傳神的理念。畫瓶喻就集中表述了內外不同，形不傳神的理論。

印度藝術之風甚盛，連淨瓶也要畫上鮮好的圖畫，其外色與內容形成了鮮明對比，因而畫瓶就成爲一種典型，畫瓶之喻也在經文中廣爲應用。或以畫瓶比好的形體而以其內容物比心之不端，或以其表裡不一來警示人們深入觀察，或言人如口慧心癡則如空瓶之外色美好而內不充實。如

〔註69〕〔西晉〕竺法護譯：《諸佛要集經》卷上，《中華大藏經》第 21 冊，頁 40 上。
〔註70〕〔清〕王昶：《金石萃編·續編》卷 2，北京：中國書店，1985 年，第 4 頁。
〔註71〕〔宋〕僧伽跋摩等譯：《雜阿毗曇心論》卷 11，《中華大藏經》第 48 冊，頁 726 下。
〔註72〕〔姚秦〕鳩摩羅什譯：《提婆菩薩傳》，《中華大藏經》第 52 冊，頁 398 中。
〔註73〕〔蕭齊〕曇摩伽陀耶舍譯：《無量義經序》，《中華大藏經》第 15 冊，頁 490 下。

形體雖好而心不端，譬如畫瓶中盛臭毒，將以自壞。〔註74〕

見是事已，便生染著，不解觀察，譬如畫瓶，但飾其外，凡愚臭穢，亦復如是，不淨所薰，屎尿充滿，不知觀察，如是等相，便生樂著，而起染心。〔註75〕

云何知口欲心癡者，言語柔和，其心冥冥，不能益人，亦不欺損，譬如畫瓶，神表甚好，裏空且冥，口欲心癡亦猶如此，於是頌曰：口言有柔和，而心懷冥癡，當知此輩人，口淫而心愚，觀其口如慧，心中冥如漆，外好如畫瓶，其內空且冥。〔註76〕

總之，佛經中這些事例論證了形神分離的觀點，爲哲學思辨之「言不盡意」提供了理論依據，還對美術及文學都產生了一定的影響，「旨道圓明，言像所未臻，文學不能述。」〔註77〕對佛教美術的創作發展也有重要的理論參考價值。

三、形神相即

佛教宣揚的因果輪迴必須使神能夠離開形體獨立存在，成爲承擔輪迴的主體，但如果完全沒有形神相即的情況，則其業報理念就不能成立，善因與善果，惡因與惡果的對應關係就無法落實。因而在佛教世界中，雖然形神分離與形神相即存在矛盾但又能並存，而且只有這樣其輪迴業報理論才能更完善。佛教中闡述「形神相即」觀點的論據也有很多，其一可以歸納爲「形由神生」，如佛色身之相好皆由法而生。

諸佛世尊皆從般若波羅蜜生，何以故？三十二大人相不從摩耶生，天子般若波羅蜜，如是學般若波羅蜜佛母身，三十二大人相皆從學般若波羅蜜。月天子白佛言：我熟思惟般若波羅蜜無所生無所滅，云何世尊言般若波羅蜜是諸佛之母乎？佛報言，如天子所言，菩薩當學，菩薩所學逮般若波羅蜜便得佛身相，三十二大人之

〔註74〕〔西晉〕竺法護譯：《普曜經》卷6，《中華大藏經》第15冊，頁435中。

〔註75〕（僧祐錄云安公涼土異經在北涼錄第二譯）《不退轉法輪經》卷4，《中華大藏經》第16冊，頁857中。

〔註76〕〔西晉〕竺法護譯：《修行道地經》卷2，《中華大藏經》第51冊，頁242中。案：佛經中此類譬喻極多，如《禪要經》、《佛般涅槃經》、《出曜經》、《諸經要集》等都有，多以畫瓶之內外不一表現形與神異之理。

〔註77〕〔清〕王昶：《金石萃編》卷34，第2頁。

相。〔註78〕

> 所有三十二大士相，八十隨好，微妙色身，皆由如是甚深般若
> 波羅蜜多而得生。〔註79〕

摩耶夫人非佛母而般若波羅蜜甚深之法方爲眾佛之母，生佛諸相，而且以本
願之力亦得現此佛身相好：

> 如如智本願力故，是身得現，具三十二相，八十種好，項背圓
> 光。〔註80〕

形相由法理和願力之神而生，殊勝之神生出此殊勝之形，二者相即相應，這
是唯心主義所表現的一個特徵，佛經中眾多述及畫由心生的事例也是如此。

> 譬如巧畫師，及畫師弟子，布彩圖眾像，我說法亦爾，彩色本
> 無文，非筆亦非器，爲眾生悅故，綺錯畫眾像。〔註81〕

圖畫是畫家的創作成果，色彩本身不成圖像，畫師以自己的心識所願來分佈
調和色彩繪畫圖像，畫作不可避免地帶上了畫師自身的心迹特徵，心與畫色
不可分別。反之如果畫師爲心魔所擾時，心識不能正確發揮作用，則雖有外
界條件亦不能成像，

> 譬如畫師畫作眾像，隨手大小，雖因緣合有採有板有筆，畫師
> 不能成像，四魔如是心已堅固，便無所起，則無四魔，所以者何，
> 五陰無處，四大本無，十二因緣，無有端緒，曉了如是則無魔事。
> 〔註82〕

畫色還常被作爲一種比喻，來喻世間事理也如畫師作畫一樣，離不開心識的
作用，是由心性與法理之不同才產生萬物之異狀，甚至包括諸佛如來，

> 譬如工畫師，分佈諸彩色，虛妄取異色，四大無差別。四大非
> 彩色，彩色非四大，不離四大體，而別有彩色。心非彩畫色，彩畫
> 色非心，離心無畫色，離畫色無心。彼心不常住，無量難思議，顯

〔註78〕〔西晉〕安法欽譯：《佛說道利足無極變化經》卷2，《中華大藏經》第16冊，
頁513中。

〔註79〕〔唐〕玄奘譯：《大般若經》卷441，《中華大藏經》第5冊，頁390中。

〔註80〕〔唐〕義淨譯：《金光明最勝王經》卷1，《中華大藏經》第16冊，頁258
下。

〔註81〕〔元魏〕菩提流支譯：《入楞伽經》卷2，《中華大藏經》第17冊，頁635下。

〔註82〕〔西晉〕聶承遠譯：《佛說超日明三昧經》卷上，《中華大藏經》第21冊，頁
288上～中。

現一切色，各各不相知。猶如工畫師，不能知畫心，當知一切法，其性亦如是。心如工畫師，畫種種五陰，一切世界中，無法而不造。如心佛亦爾，如佛眾生然，心佛及眾生，是三無差別。諸佛悉了知，一切從心轉，若能如是解，彼人見眞佛。心亦非是身，身亦非是心，作一切佛事，自在未曾有。若人欲求知，三世一切佛，應當如是觀，心造諸如來。〔註83〕

又如畫工料理壁板，諸所畫處，如法端潔，隨意所爲，圖繪眾像。則工之識智俱無形色，而爲種種奇容異狀，如是識智無形而生六色，謂因眼見色，眼識無形，因耳聞聲，聲無形色，因鼻知香，香無形色，因舌知味，味無形色，因身知觸，觸無形色，法入諸境，皆悉無形，識無形色，亦復如是。〔註84〕

一切眾生猶如畫像，種種異形皆由心畫，所說諸法皆如實際，於一念中遍滿十方。〔註85〕

無像之色亦曰心色。〔註86〕

心能造作一切業，由心故有一切果。如是種種諸心行，能得種種諸果報。心爲一切巧畫師，能於三界起眾行。爲心所使遍諸趣，處處受生無窮已。心爲第縛解脫本，是故說心爲第一。〔註87〕

色無形象即是心色，心與畫色相生無別，諸法於一念中就可遍滿十方，心念之間佛與萬物即應之而生，神異則形不同，可見形對神的依附。心神在佛教中被賦予無與倫比的造物之力，佛教視野中的畫由心生論與美術關係十分密

〔註83〕〔東晉〕佛陀跋陀羅譯：《大方廣佛華嚴經》卷9，《中華大藏經》第12冊，頁107下。

〔註84〕〔唐〕地婆訶羅譯：《大乘顯識經》卷上，《中華大藏經》第9冊，頁960上～中。案：此類譬喻十分常見，如《雜阿含經》卷10，「譬如畫師，畫師弟子，善治素地，具眾彩色，隨意圖畫，種種像類。」《大乘入楞伽經》卷2「譬如工畫師，及畫師弟子，布彩圖眾像，我說亦如是，彩色中無文，非筆亦非素，爲悅眾生故，綺煥成眾像。」

〔註85〕〔東晉〕佛陀跋陀羅譯：《大方廣佛華嚴經》卷9，《中華大藏經》第12冊，頁113上。

〔註86〕〔西晉〕聶承遠譯：《佛說超日明三昧經》卷下，《中華大藏經》第21冊，頁313中。

〔註87〕〔元魏〕瞿曇般若流支譯：《正法念處經》卷20，《中華大藏經》第35冊，頁46中。

切，促進畫家最大限度地發揮主體作用，展現獨特心識活動的軌迹，引導了藝術的個性化發展方向。

其二，因緣和合是「形」與「神」互相結合依附的條件，形神遇合之際方能充分展現風采神韻。形神遇合也有很多條件，如鏡與形遇就有像現，缺一不可。

> 譬如善成就好明鏡見面形，非無其面得見面形，亦非無明鏡可有面形。如明鏡及面，兩緣和合，得有面形，而其面形無有色亦無受亦無有識，但隨身轉動，其鏡內形亦轉動，如身言語移徒轉動申縮俯仰，隨所作者，其鏡內面形亦作如是事相顯現，……因人身體故，現彼鏡中，如是形隨其身色，面亦有如是色，彼形亦如是色，或諸根具足或不具足，彼面形於明鏡中亦復如是現其形相。〔註88〕

> 如人面影現之於鏡，非淨非明面像不現，鏡明面對影像乃現，鏡中之像無受無念，而隨人身屈申俯仰，開口談謔，行來進止，種種運動。賢護，影像現誰之力也？賢護白佛言：是人之力，由有面故而有面影，影像之色如面之色，根具不具咸悉如面。佛言：面爲影因，鏡爲影緣，因緣和合，故有影現。〔註89〕

鏡明面對而影自現，鏡象無知而言動如形，形動影即隨，一因一緣兩兩遇合，形神之關聯可謂密切。畫師作畫也是一種因緣和合，形神相生爲用而成眾像。

> 譬如畫師，畫作人像，屋室捨宅，象馬車乘。未畫作時，不見處所，工治壁板，素筆採繪，具眾緣合，共會乃成之。〔註90〕

因緣和合促成形神際遇，形神際遇又成爲形神相即的因緣。

其三，形神相即還表現爲形當隨著神而變動，《阿育王傳》中記了這樣一

〔註88〕 〔唐〕菩提流志譯：《大寶積經》卷109，《中華大藏經》第9冊，頁347下。
〔註89〕 〔唐〕地婆訶羅譯：《大乘顯識經》卷上，《中華大藏經》第9冊，頁962上。
案：鏡象之喻一般都從因緣講起，譬喻識神遷運亦與形隨，在佛經中還有多例，如《大寶積經》卷110「佛告大藥：如人影像現之於水，此像不可執持非有無辨，如舅洛迦形，如渴愛像。大藥王子白佛言：世尊，云何渴愛？佛言如人對可意色，眼根趣之，名爲渴愛。猶持明鏡，視己面像，若去於鏡，面像不現，識之遷運，亦復如是，善惡業形，與識色像，皆不可見。」又如《釋摩訶衍論》卷4等也有相近言論。
〔註90〕 〔西晉〕聶承遠譯：《佛說超日明三昧經》卷上，《中華大藏經》第21冊，頁291上～中。

件趣聞：阿闍世王在恒河中作鐵劍輪保護舍利，阿恕伽王想辦法阻住轉輪機關去取舍利，但河中還有龍王來阻撓他，於是他就向大臣詢問戰勝龍王之法：

> 王時問言：何由可得龍王福勝？無由可得。問言：云何知彼福勝？以金鑄作龍像及以王像，以秤秤之，重者福勝。即時秤量，龍像倍重。王見此事，即勤修福，既修福已，復更鑄像，復更稱量，王像龍像稱量正等。王更修福，復更鑄像稱看，王像轉重。王知像重，將諸軍眾，往到水邊，龍王自出，獻種種寶。〔註91〕

故事裏鑄龍像和王像本身所用金量沒有改變，而隨著龍與王的福德大小對比的改變就會發生重量變化。佛教中種種玄妙難思議之事，多是有其自身的理論來支撐的，此處的金像分別代表了龍與王的形象，王修福德引起的變化能在金像中反映出來，這種故事正是在形神一體、形隨神變理論的影響下產生的。而且，不僅形隨神動，神亦能隨形而變，形有所改變，神也會隨之而動。「譬如有人得甘露漿，而以洗沐，息除勞苦，形神休暢。」〔註92〕洗沐休整身體，心神即與之俱暢。

前已言及畫由心生，而畫師精神意志力的轉移也能使畫作發生很大變化，這一美術現象也是佛教理念中形隨神變的注腳。「譬如醉畫師，畫作諸形象，醒已覺其惡，除減作勝者。」〔註93〕畫師在醉中的一種精神狀態與醒後

〔註91〕〔西晉〕安法欽譯：《阿育王傳》卷7，《中華大藏經》第52冊，頁122中。案：失譯人名附東晉錄的《天尊說阿育王譬喻經》所述與此略有不同，其事主人公是阿育王，他統領諸國，而唯有龍王不屬他管，他為了使龍王臣服，就採用智臣所說的鑄像稱重的辦法來衡量福德：「等稱二斤金，鑄作二像，一作王像，一作龍王像，復取秤之，龍王像重，大王像輕，是以知龍王福德多，大王福德少。王心甚解，歡喜無量，告天下侍養孤老，周窮濟乏，所在郡縣，興立天尊祠及置天尊舍利供養。眾三年之中復取龍像王像秤之，龍像便輕，王像便重。智臣白王，龍可伏矣。便設鹵簿如前，後復到海邊，龍王化作年少婆羅門，於王前長跪，問訊起居，貢獻海中所有珍寶奇好寶，自稱臣妾。率土之民，無不歡喜。」此經只一卷，開篇即言此事，且比《阿育王傳》言之更詳，以阿育王為主人公，還具體說到他修福德的政策措施，甚至鑄像所用黃金之數都交待清楚，雖失譯人名，但要之當比《阿育王傳》晚出，很有可能其中故事就是據《阿育王傳》敷衍而來的。

〔註92〕〔唐〕提雲般若譯：《大方廣佛華嚴經修慈分》，《中華大藏經》第13冊，頁533中。

〔註93〕〔後秦〕鳩摩羅什譯：《大莊嚴論經》卷6，《中華大藏經》第29冊，頁659上。

不同，因而其醉中所作畫與平時所畫必定不同，醒後就感覺到這些畫不合心意，因而可以隨己所欲除去不滿意的而改作新畫。他筆下的形象完全隨心而變，欲其有則有，欲其無則無，而另有一類畫師則愚昧可笑，竟會被自己所畫的形象嚇倒。

> 譬如畫師作羅刹像，像甚可畏，畫師見像，自生怖畏，覆面不敢看，失心顛狂。迦葉，如是凡夫由自所作色等諸塵，流轉生死，於如是法不能通達如實道理，此譬爲顯何義，爲明色等諸塵非是實有，但以妄想分別所作。如彼畫師，自分別作羅刹惡像，見還生怖。〔註94〕

此畫師自心有怖畏而觀畫色之形，遂由其自心生出妄想，自己賦予畫羅刹恐怖之威神，而以其神爲眞。畫色之形隨其心神而發生質變，在畫師眼裏就形神合一，成了眞正的羅刹惡神。

再者，佛教論形滅神存處有之，論形神同滅處亦有。形神相即說決定了形與神的依賴並存，形是神存在的物質條件，神又統帥了形的狀態與變動，不少經文中就有形神共存而同滅的例證。有一些譬喻也表達了這種理念，如以壁畫與牆壁分喻神與形來揭示二者關係，表明立場。

> 譬如畫壁滅，彩畫皆亦亡。以其業盡故，天報亦隨滅。〔註95〕

> 如畫不離壁，離板等無影者，是世間中能依所依二法相應，已見不相離，如畫色依壁，離壁無別住。〔註96〕

> 如破畫壁，畫亦隨滅，惡業壁畫，亦復如是。〔註97〕

壁畫依附壁面，壁滅之時，畫即隨滅，因果業報也同壁畫一樣，一旦惡因滅盡，惡果亦不復存在，業力隨滅，形神同時消亡。以上所舉佛經中這些觀點歸納起來就是形神不異，相生相即，其適用於美術理論則是以形傳神、形具神生，「圖盡神明，像窮變現」〔註98〕之意。

〔註94〕〔陳〕眞諦譯：《佛性論》卷4，《中華大藏經》第30冊，頁415中。案：《大寶積經論》卷2、卷3還有此類畫師之喻，一些禪宗語錄也有引用此喻者，如《景德傳燈錄》卷18。都表明畫色無實，分別皆由心生。

〔註95〕〔元魏〕瞿曇般若流支譯：《正法念處經》卷62，《中華大藏經》第35冊，頁496上。

〔註96〕〔陳〕眞諦譯：《金七十論》卷中，《中華大藏經》第52冊，頁355上。

〔註97〕〔唐〕釋道世集：《諸經要集》卷11，《中華大藏經》第53冊，頁674中～下。

〔註98〕〔清〕王昶：《金石萃編》卷34，第1頁。

然而**佛教之形神分離與形神相即**看來是有分歧的，但又和諧共存於佛教理論之中，正是不一不異的中道思想調和了這種若即若離的「形」、「神」關係。

四、形神並重

前節已論佛教之「色」、「相」觀的核心是空，而且大乘佛教更是徹底地空形亦空神，不論「形」、「神」有多少同異，是離還是即，最終都統攝於空這一最高境界。但形神俱空與形神並重也並不矛盾，因緣合宜時就表現出相應的思想。如其在美術理論與實踐中就或表現爲以形傳神，或爲以神傳形，又或形神兼備，抑是物我兩忘、形神合一。經文中的相關論述，有些探討了以形傳神的條件，有些闡發形神合一之因緣，也有些表現出佛教對遺形取神的偏愛、似與不似的追求。

首先，在佛教之平等觀的觀照之下，諸種形色與其神明本身就是平等不異的，即《持心梵天所問經》所云：

> 若志求佛道，未曾慕於色。如色道亦然，斯爲意慕道。色與道
>
> 無異，行者亦如茲。〔註99〕

形神不異是探討以形傳神之條件的理論前提，而以形傳神的直接條件則是形象性、真實性，也即形色與神理的根本契合點。「譬如善巧畫師，能畫平壁起凹凸相，實無高下，而見高下。」〔註100〕雖然此喻形容了畫師技藝高超，所作之畫真實感強，但佛經中一般以之來比愚夫對平面之畫生出妄想作立體之狀來表明心識對外物的曲解，如「譬如畫像無高無下，愚夫妄見作高下想。」〔註101〕高明的畫師能以精湛的繪畫技巧使所畫之物具有立體的視覺效果，此類畫作本身是平面的，但以色彩明暗的協調搭配就可以盡可能充分地傳達事物之神貌，形具神生，令人觀形知意。反之如果違背了事物形象的規律，就不但不能傳神而且與形同謬矣，就連最推崇以神傳形的禪宗也有分析繪畫如果脫離實際臆想造作，則必然是形神俱失的言論。如《嘉泰普燈錄》中錄酒

〔註99〕〔西晉〕竺法護譯：《持心梵天所問經》卷3，《中華大藏經》第17冊，頁76下。

〔註100〕〔唐〕波羅頗蜜多羅譯：《大乘莊嚴經論》卷6，《中華大藏經》第29冊，頁538上。

〔註101〕〔武周〕實叉難陀譯：《大乘入楞伽經》卷3，《中華大藏經》第17冊，頁755上。

仙和尚偈讚十首之一：

> 貴買朱砂畫月，算來枉用工夫。醉臥綠楊陰下，起來強説眞如。
>
> 泥人兩三叮囑，莫教失卻衣珠。〔註102〕

再者，因緣和合方致形神合一之境，心性與形象的默契是爲因緣，如信仰佛教者心中有如來，則視泥像彩畫皆有神明。「大慈與大悲，是二恒無絕，眾生若有信，佛像即現前。」〔註103〕如人觀瞻佛像時，心神皈依者，自覺其威神，而無所想者，則空睹其形。

> 見佛像者爲作禮，佛道威神豈在像中？雖不在像中亦不離於像，但有想者，謂有威神，觀之了無所有也。〔註104〕
>
> 如來語舍利弗：若初見佛形象不？舍利弗言見之。人悉爲佛像作禮，其佛威神無有，不歸之者，其中有道威神無。舍利弗言：威神在何所？如來言：亦不在像中，亦不離於像，但有想者，言有威神耳，觀之了無威神。〔註105〕

究其本質，佛像不過是木石圖繪，像本身並未眞正含有神靈，但是對佛教的虔誠信仰令人心中之神與佛像合一，賦予了佛像莊嚴崇高之生命，自然見像如神，這是一般的非佛教信徒所難以體會的一種精神感應。如有些造像碑碑文云：「法身凝寂，非妙信無以感其像。」〔註106〕古代眾多的佛教造像正是這種熱忱信仰的精彩創造。

> 非形第一體，非嚴莊嚴意，故莊嚴有二種，一者形相，二者第一義相。〔註107〕

形神並重、形神合一形成了佛教注重藝術之形神兼備的態度，並在佛教美術實踐中不斷發展，如敦煌繪塑、大足石刻等都是形神兼備的藝術典範。而宋元以來興起的中國文人畫則受禪宗影響極大，更重以神傳形、遺形取神，如

〔註102〕〔宋〕僧正受編：《嘉泰普燈錄》卷29，《中華大藏經》第75冊，頁256下。

〔註103〕〔唐〕波羅頗蜜多羅譯：《大乘莊嚴經論》卷3，《中華大藏經》第29冊，頁511中。

〔註104〕〔西晉〕竺法護譯：《無極寶三昧經》卷上，《中華大藏經》第18冊，頁149下。

〔註105〕〔東晉〕祇多蜜譯：《佛説寶如來三昧經》卷上，《中華大藏經》第18冊，頁172上。

〔註106〕〔清〕王昶：《金石萃編》卷30，第1頁。

〔註107〕〔元魏〕菩提流支譯：《金剛般若波羅蜜經論》卷上，《中華大藏經》第27冊，頁138中。

揚州齊謐首座的門人曾為其繪製肖像，請他來作讚語，其語云：

> 個漢灰頭土面，尋常不欲露現，而今寫出人前，大似虛空著箭，
> 怨怨，可惜人間三尺絹。〔註108〕

把形象之展現視作可以拋棄之末事，也是他們非經毀像之流響。形具神生就是指形如果達到高度的真實就自然能夠傳神，而以神傳形則不求形似，追求似與不似之間流露出的神采。禪宗往往重視這種遺形取神的審美傾向，如開福德賢禪師畫像之贊曰：

> 清儀瘦兮可瞻可仰，仰之非親，妙筆圖兮可擬可像，像之非真。
> 非親非真，秋月盈輪。有言無味兮的中的，既往如在兮覓焉覓。當
> 機隱顯兮絲髮殺訛，金烏卓午兮迅風霹靂。〔註109〕

　　總之，佛教對「形」、「神」關係的討論可謂深入，其對我國美術發展的影響也十分廣泛而深遠。佛教空形亦空神，而其中道之「色」、「相」觀又決定了不能脫離對形神的解釋，尤其對於藝術，離形就根本無從談起。在美術理論中，東晉顧愷之提出的「以形寫神」正體現了這種「形神並重」的關係，他認為對形的忠實描摹恰可表現神態或神氣以及內在的精神氣質，而為了傳神畫家還應適度地發揮創造和想像的自由性。宗炳提出的「聖人含道映物，賢者澄懷味象」也體現了物之形神之互為依存、互相映照，而只有聖人賢者這些能夠正確體認兩者關係的人，才能在實際應用研究中達到「應會感神、神超理得」的境界。最終通過對自然物象之體悟而達到「暢神」的目的，從而真正實現形神合一，逍遙自在，在美術作品中表現出形神兼備的特性。總體而言，中國美術創作在宋以前較重視以形傳神，追求形具神生、形神兼備的藝術風格占主流地位，這也是本書闡述的重點。

第三節　佛教美術之美學內蘊

> 因了西域傳來的宗教信仰的刺激及新技術的啟發，中國藝人擺脫了傳統禮教之理智束縛，馳騁他們的幻想，發揮他們的熱力。線條、色彩、形象，無一不飛動奔放，虎虎有生氣。「飛」是他們的精神理想，飛騰動盪是那時藝術境界的特徵。〔註110〕

〔註108〕〔明〕居頂編：《續傳燈錄》卷23，《中華大藏經》第74冊，頁875上。
〔註109〕〔宋〕惟白編：《建中靖國續燈錄》卷3，《中華大藏經》第74冊，頁427下。
〔註110〕宗白華：《美學散步》，頁154，上海：世紀出版集團，1981年。

這是宗白華先生論述敦煌壁畫價值與意義的一段文字。他還論中國藝術有三個方向與境界，其一是三代以至漢魏時期禮教的、倫理的方向，其二是唐宋以來的「自然主義」方向，第三就是從六朝到晚唐宋初的豐富的宗教藝術。然而這個宗教的方向與境界往往沒有受到足夠的重視，這七八百年間所創造的佛教藝術卻是空前絕後、絢麗動人的。宗教藝術亦須植根於藝術規律之土壤，並以其時代之精神理想爲基礎，同時其美學內蘊還具有特定的宗教內涵與境界。宗白華先生從敦煌壁畫中看來，認爲我國漢唐之間的佛教藝術有「飛騰動蕩」之特徵，這是很有典型性與概括性的論斷。而從此間的漢譯佛經之中還能體察出許多佛教藝術不同於其它藝術的審美特質，如體現佛教崇高神秘境界的廣大包容之美，蘊含深邃空寂之情的清淨平等之美等。

一、圓滿和諧、廣大包容之美

任何宗教所創造的神性都具有超越現實的崇高與神秘，因其內在之圓滿和諧、廣大包容之美，令世人頂禮膜拜、深心追仰。這種美之特質，在佛經中處處有所昭示。

圓滿無缺的形象才能代表中道不偏，是事理圓融，圓照圓覺，也是佛教最高智慧的象徵，佛經中就往往以滿月喻無上之智。《華嚴經旨歸・示經圓第十》中更是概括出佛教的十大圓通，表現了佛教對圓滿完美的強烈追求。圓滿無缺與和諧圓融是佛教界定美的第一要素，佛與菩薩的形象都具備此基本條件。

> 善現，若不退轉位菩薩摩訶薩，世間五根常無缺減，所謂眼根耳根鼻根舌根身根，出世五根亦無缺減，所謂信根精進根念根定根慧根，善現，是菩薩摩訶薩身支圓滿，相好莊嚴，心諸功德，念念增進，乃至無上正等菩提。善現，若成就如是諸行狀，當知是爲不退轉菩薩摩訶薩。〔註111〕

如菩薩能行悟入法界迴向則「能圓滿一切智道相智一切相智，亦以圓滿三十二大士相八十隨好。」〔註112〕圓滿具足三十二相八十隨好方成佛相，方成正等菩提。印度佛教美術造像繪畫中普遍喜好圓形構圖，或許正是藉此來表現佛教之熱愛圓滿完美的心理。

〔註111〕〔唐〕玄奘譯：《大般若經》卷327，《中華大藏經》第4冊，頁247上。
〔註112〕〔唐〕玄奘譯：《大般若經》卷376，《中華大藏經》第4冊，頁714上。

在圓滿無缺之外，更要圓融無礙才能使紛紜複雜的世間萬象和諧統一於至眞之神理。

> 善現當知，如有情類，雖有種種身色差別，若往親近妙高山王，咸同一色。如是前五波羅蜜多，雖有種種品類差別，而爲般若波羅蜜多所攝受故，皆由般若波羅蜜多修成滿故，皆入般若波羅蜜多不可施設差別名姓。〔註113〕

> 譬如有人得隨意摩尼珠，在大眾中欲使珠之威德青黃白黑，亦使眾人同其色像。菩薩摩訶薩亦復如是，隨眾人心意所思念輒演道智無窮之法，各令歡喜，志崇佛道，盡導將示智慧法門，益於眾生而發大道。〔註114〕

妙高山王與如意摩尼珠能令周圍物色咸與其同，熔融物象，攝其神理，使之和諧圓融，入於佛道。一張綴滿摩尼珠的因陀羅網就是這種和諧圓融的象徵物。此網一一結都有一如意寶珠，一一珠可映現其它寶珠影像，像中之珠又顯重重映像，如此交錯反映，層層復現，以至無窮。整張網就是一與多的和諧共處，《華嚴經》中就以此因陀羅網之喻來比事理圓融無礙。這張華麗炫彩的珠網每一粒珠，每一重像都閃爍著佛教的圓融之美。

萬物和諧圓融，美在其中，宗教之美是超越自然的信力之美，其質廣大，其心有容，佛教即對廣大包容之美十分推崇。佛色身三十二大士相中最爲重要的一種相就是無見頂相，是說佛身無量廣大，無人能見佛頭頂之肉髻。

> 欲解達佛身，猶如喻虛空。樂得知邊際，以捨所造作。過此百千億，無量江河沙。上越若干土，欲見佛身頂。過到無限土，至蓮華佛界。樂得身邊限，不睹見佛頂。其彼國土佛，名曰蓮華上。見我心所念，便以分別說。假使引眾喻，講諸佛世尊。便不順佛教，則爲誹謗聖。若欲知譬喻，諸佛法平等。頌宣虛空限，實無有邊際。設猶如虛空，佛戒禁若斯。寫意智慧業，解脫度知見。猶虛空無際，身色亦如是。欲睹世護頂，等譬如虛空。如虛空所周，佛身遍如是。如虛空所遍，光明照亦然。其光照所至，有言辭若茲。如言辭所至，心遍亦復如。如心所遍至，慈心布如是。如慈心所遍，慧周等無異。

〔註113〕〔唐〕玄奘譯：《大般若經》卷524，《中華大藏經》第6冊，頁238上。

〔註114〕〔姚秦〕佛念譯：《最勝問菩薩十住除垢斷結經》卷9，《中華大藏經》第20冊，頁1017下。

　　　　　如慧之所周,身所周若斯。功德亦如是,道心無有二。如道心功德,

　　　解色亦如是。充滿於虛空,所度復越是。〔註115〕

越過百千億佛土,到了蓮華佛界才得見佛身之邊限,但仍不能見佛頂相,因
佛身遍於虛空,無所不在。佛身之形量只能想像與心念同在而不能爲人所盡
觀,此超自然的廣大是與宗教神秘性必然聯繫的。最高佛理與智慧都如虛空
無際,佛雖以色身示現而其色身實無可了知,

　　　　　三十二大士相無邊故,當知般若波羅蜜多亦無邊。八十隨好無

　　　邊故,當知般若波羅蜜多亦無邊。〔註116〕

如來無邊無際之身更是無所不容之身,正所謂有容乃大,佛身之大不僅僅是
以百千億由旬來計數的,而見之於其與虛空相等的包容性。

　　　佛教中至尊完美的佛有容納萬象之身,甚至《瑜伽師地論》中還以能卷
舒眾像入身作佛之定義。

　　　　　卷舒眾像入身者謂佛。菩薩依定自在,能以種種現前,大眾及

　　　以一切村色聚落,草木叢林,諸山大地,一切色像,內己身中,令

　　　諸大眾,各各自知,入其身內,是名眾像入身,同類往趣者謂佛。

　　　〔註117〕

　　　　　如來之身,如虛空也,是無邊身,無障礙身,廣身法身,無相

　　　貌身,無量身耶。諸男子,如來若欲內一切物所謂國土城邑,村屯

　　　聚落,山河樹木,置身中者,亦無障礙。是故如來不可思議。善男

　　　子,十方世界,無量淨土,無量菩薩,來詣如來,聽大集經,成就

　　　妙色,具二十八大人之相,如來亦內置其身內。〔註118〕

虛空本無所有而能容受眾色,佛身與至道都可與之相類,成就了佛教中道觀
之以空爲本,以容爲美的典範。

　　　　　又如虛空,長短高下,方圓邪正,一切形色,皆不可得,大乘

　　　亦爾。長短高下,方圓邪正,一切形色,皆不可得故,說大乘與虛

　　　空等。善現,又如虛空,青黃赤白,紅紫碧綠,縹等顯色,皆不可

〔註115〕〔唐〕菩提流志譯:《大寶積經》卷10,《中華大藏經》第8冊,頁475上～
　　　　中。
〔註116〕〔唐〕玄奘譯:《大般若經》卷400,《中華大藏經》第4冊,頁942下。
〔註117〕〔唐〕玄奘譯:《瑜伽師地論》卷37,《中華大藏經》第27冊,頁709下。
〔註118〕〔北涼〕曇無讖譯:《大方等大集經》卷12,《中華大藏經》第10冊,頁148
　　　　中～下。

得，大乘亦爾。青黃赤白，紅紫碧綠，縹等顯色，皆不可得故，説大乘與虛空等。〔註119〕

又如虛空，非有色非無色，非有見非無見，非有對非無對，非相應非不相應，大乘亦爾。非有色非無色，非有見非無見，非有對非無對，非相應非不相應故，説大乘與虛空等。〔註120〕

虛空含受一切十方萬物，爲一切色，顯現己體，不可稱計，現苞一切有形之類，虛空行業已無所礙。〔註121〕

我乃至見者無所有故，當知色亦無所有，色無所有故，當知虛空亦無所有，虛空無所有故，當知大乘亦無所有。〔註122〕

大乘即虛空，虛空即大乘，形色顯色不在虛空又不離虛空，色無所有，虛空無所有，大乘亦無所有，非有非無之中大道即焉。大海能現一切色像亦與虛空相類，

譬如大海，普能印現，四天下中，一切眾生，色身形象。是故共説，以爲大海。諸佛菩提，亦復如是，普現一切眾生心念根性樂欲，而無所現，是故説名諸佛菩提。〔註123〕

包容萬象成就了海天之美，而眾影斯現的因緣亦不能離其清虛明淨、皎潔無瑕之質。佛經中對空寂清淨之美也有多方面的討論。

二、清淨光明、平等空寂之美

得清淨之身，入清淨之地，是佛教修行的目標之一，能行善業則可生天道爲天身，其地園林寶樹清淨無比，是佛教所創造的超凡美景。如《正法念處經》中所描繪的情景就是如此：

行善業人，生彼天已，以作微細業因緣故，所得天身，隨其所念，鉅細隨心。其地園林，七寶爲樹，第一清淨，自業成就。其七寶林，長二十由旬，廣十由旬，河泉流水。園林具足，見者愛樂。清淨無垢，猶如明鏡。其樹枝葉，清淨無垢。如融金色，金銀琉璃，及

〔註119〕〔唐〕玄奘譯：《大般若經》卷418，《中華大藏經》第5冊，頁172上。

〔註120〕〔唐〕玄奘譯：《大般若經》卷418，《中華大藏經》第5冊，頁172下。

〔註121〕〔唐〕菩提流志譯：《大寶積經》卷13，《中華大藏經》第8冊，頁511上。

〔註122〕〔唐〕玄奘譯：《大般若經》卷418，《中華大藏經》第5冊，頁174上～中。

〔註123〕〔唐〕實叉難陀譯：《大方廣佛華嚴經》卷52，《中華大藏經》第13冊，頁182中。

餘種種雜色之樹，以爲園林。天子入林，於諸寶樹枝葉之中，皆悉自
見身之色像，如一樹中自見其身，百千樹中自見其身，亦復如是。

一一天子，身之色相，悉現眾樹，以善業故，得相似果。〔註124〕

經中反覆言明天境之清淨無垢，云其樹因清淨而能如明鏡照物，悉現眾色於
其中，也是清淨方能包容之意。造無量善業而得至此，足見此清淨之難得，
而愈顯其地之美超絕塵世。究其根由，法性至理亦以清淨爲本，

色乃至識本性無縛無脫，若法本性無縛無脫，此法非色乃至非
識，何以故，色乃至識畢竟淨故。廣説乃至諸有爲法及無爲法，本
性無縛無脫，若法本性無縛無脫，此法非有爲非無爲，何以故，有
爲無爲畢竟淨故。〔註125〕

日月光明等都是清淨法理，佛教智慧的外現，

於佛教法，不由他悟。其智宏深，譬之巨海。菩提高廣，喻若
須彌。自身威光，超於日月。凡所思擇，與慧相應。猶如雪山，其
心潔白。光明普照，無邊功德。〔註126〕

宏深高廣，潔白光明都是菩提之智，質性清淨因光明之普照而宣之於外傳之
久遠。

　　世界多種宗教都有光明崇拜，而佛教尤甚，佛經中就有因一燈之奉而得
來世成佛的本生故事。還有佛之色身能放光明，並有隨身之常光，許多佛的
名字就與光明有關，如阿彌陀佛又叫無量光佛，毗盧遮那佛即是大日如來。
《大智度論》中還有專門的《放光釋論》來解說佛身的種種光明。佛教美術
往往通過造做佛像背光來表現對光明之美的熱烈追求。佛陀因以往累世的修
行業緣而獲得了不同常人的美好相貌，佛光就是佛身的一部分，也是佛教造
像中佛像的一個重要組成部分。佛的光輝甚至超過日月，能照徹三千大千世
界。環繞佛身，周圍各一丈之光爲常光，亦稱丈光。如《大智度論》解釋佛
三十二相之丈光相，云佛身

四邊皆有一丈光，佛在是光中端嚴第一，如諸天諸王寶光明
淨。〔註127〕

〔註124〕〔元魏〕瞿曇般若流支譯：《正法念處經》卷29，《中華大藏經》第35冊，
　　　　　頁149上。
〔註125〕〔唐〕玄奘譯：《大般若經》卷531，《中華大藏經》第6冊，頁312下。
〔註126〕〔唐〕菩提流志譯：《大寶積經》卷18，《中華大藏經》第8冊，頁555中。
〔註127〕〔姚秦〕鳩摩羅什譯：《大智度論》卷4，《中華大藏經》第25冊，頁180中。

佛將說妙法或欲爲後世能作佛的眾生授記就會從面門、頸項或眉間白毫放大光明。每佛大放光明之時，就會普照十方，利樂一切有情。如佛將欲說般若波羅蜜妙法時，即

> 於中夜時放大光明，青黃赤白雜頗梨色，普照十方無量世界。一切眾生觸此光者，皆從臥起，見此光明，皆得法喜，咸生疑惑，此光何來？普遍世界，令諸眾生，得安隱樂。作是念已，於一一光復出大光明，照耀殊特勝於前光，如是展轉乃至十重。一切菩薩，及諸比丘比丘尼優婆塞優婆夷，天龍夜叉乾闥婆阿修羅迦樓羅緊那羅摩睺羅伽人非人等，咸皆踴躍，得未曾有。各各思念，必是如來放此光明，我等應當疾至佛所，禮拜親近恭敬如來。是時文殊師利及諸菩薩摩訶薩眾，遇此光者，歡喜踴躍，充遍身心，各從住處到祇洹門。〔註128〕

佛經中對佛光的描寫與造佛光功德的渲染，促成了佛教美術對佛光創作的熱情，產生了許多閃耀著智慧之光的優秀作品，也正是這藝術園地中富麗絢爛的佛像背光，直觀形象地詮釋著佛教審美特質之光明之美。

> 大法光明，以法光明，住平等見。見一切法，及法理趣，如淨虛空，如影如像，平等無垢。〔註129〕

光明之法平等無垢，可顯物理根本之平等，法理平等則物色平等。若菩薩摩訶薩修行靜慮波羅蜜多，得具足不退轉之神通就可等見紛繁諸色及色與無色，

> 此神通者，等見諸色，色無色中平等見故。〔註130〕

> 如來解脫力，於彼普現身。法身同虛空，無礙無差別。色形如影像，種種眾相現。影像無方所，如空無體性。智慧廣大人，了達其平等。佛身不可取，無生無起作。應物普現前，平等如虛空。
> 〔註131〕

色相有別，本質無差，色與無色等，非智慧廣大之人無可知見，

〔註128〕〔梁〕僧伽婆羅譯：《文殊師利所說般若波羅蜜經》卷1，《中華大藏經》第8冊，頁262下。

〔註129〕〔唐〕菩提流志譯：《大寶積經》卷24，《中華大藏經》第8冊，頁610下。

〔註130〕〔唐〕菩提流志譯：《大寶積經》卷49，《中華大藏經》第8冊，頁846上。

〔註131〕〔唐〕實叉難陀譯：《大方廣佛華嚴經》卷6，《中華大藏經》第12冊，頁680中～下。

> 譬若天子，於無色像，悉見諸色。是色亦無等如虛空也。如是
> 天子於法界爲甚清淨，而無瑕穢，如明鏡見其面像，菩薩悉見一切
> 諸法，如是諸法及於法界等淨如空。〔註132〕

清淨無瑕之色皆知愛樂，平等空寂則深蘊其中，生於虛空又同歸於寂。

> 於一切法由有勝義自性，無相平等性故，言說造作影像，無相
> 平等性故，即由此相自然不生平等性故，亦不生平等性故，自然與
> 因皆不生故，畢竟本寂平等性故。〔註133〕

平等是形，性空是神，以平等爲美即以空寂爲美，於空寂則不應生愛著心，

> 勿於三十二大士相生貪愛，勿於八十隨好生貪愛。所以者何？
> 三十二大士相，八十隨好非可貪愛。何以故？一切法自性空故。
> 〔註134〕

佛教創造美、欣賞美，但無論佛教美術崇尚哪些審美特性，本質都統一於其空無的「色」、「相」觀，其審美的終極境界是涅槃法境。「生滅滅已，寂滅爲樂。」雪山童子曾捨身求此半句偈言，於佛教之美學內蘊而言，圓滿和諧、廣大包容，清淨光明、平等空寂，名有別而實無異，在經歷生滅之過程輪迴以後，無餘涅槃之永遠寂滅才是眞美。審美取向不過是輪迴中事，於任何美及法都不生貪愛才是眞正的審美。

三、美的緣起

美學研究美的本質與意義，美是如何產生的也是美的本質問題之一。對這個問題，宗教自有其特定的答案。佛教之大乘中道般若思想對於世界本原的認識以「緣起性空」理論爲依據，〔註135〕美的產生也可以用緣起來理解，

〔註132〕〔西晉〕竺法護譯：《佛說須眞天子經》卷4，《中華大藏經》第20冊，頁702下。
〔註133〕〔唐〕玄奘譯：《瑜伽師地論》卷48，《中華大藏經》第27冊，頁828上。
〔註134〕〔唐〕玄奘譯：《大般若經》卷445，《中華大藏經》第5冊，頁426中。
〔註135〕案：對世界本原的探索是人類共同的興趣和追求，對此科學從觀察自然規律與社會實踐出發尋求結論，宗教則從人類自身出發來尋找答案，得出了唯心的結論。關於本體是「有」是「空」，原始部派佛教與大乘佛教是有不同認識的。如說一切有部提出「我空法有」，以爲法是實有的，把一切存在解析爲「地」、「水」、「火」、「風」這「四大」，萬物皆由「四大」生，「四大」是實有之本體。後來大乘「有宗」即從此基礎發展，偏重於現實形相之有，而大乘「空宗」則主張我空法亦空，若有固定的實體則事物就不能緣合，只有性空才能緣起。中國佛教的本體論認同了「四大」說，並與我國固有的以「氣」

佛教之美的創造規律也因而派生。「緣起」是指諸法及一切事物都是由於種種
條件和合而生的,「性空」就是說由緣起而生的諸法與事物本質是空,無有自
體。諸法與物色都不過是特定的一些條件,暫時的相互依存,這種依存本身
就是偶然的遇合,是隨時變化,無常性空的,因而世間無常恒之生滅。

> 中觀學派所講的空,空性是標示世界本質的哲學範疇,是有其
> 特定內涵和豐富意蘊的,並不是通常講的「無」。中觀學派說的空,
> 空性不是無本體,非本體;而是即本質,即本體。〔註136〕

在佛教世界裏,美的本質是性空,美又在生活中以緣起的姿態進入俗世輪
迴。

美術表現物質之形體,形體的顯現取決於因緣之和合,佛經中對此解說
頗多,鏡象之喻即是其例,又如畫師作畫也是眾緣得遇方能成像。

> 譬如畫師,畫作人像,屋室捨宅,象馬車乘。未畫作時,不見
> 處所。工治壁板,素筆採繪,具眾緣合,共會乃成之。〔註137〕

> 譬如印泥,泥中無印,印中無泥,要因泥印,文像可睹。依止
> 根境,有眼識生,三事和合,說為能見。境不在識,識不在境,根
> 境識中,本無有見,分別妄計,境界相生。〔註138〕

有畫師、壁板、畫筆、彩色等諸因聚集才能成就畫作,有印有泥有眼根生識,
才能有印文之像,一定之因自然得生一定之果。

> 若離於色因,色則不可得。若當離於色,色因不可得。色因者
> 如布因縷,除縷則無布,除布則無縷,布如色,縷如因。問曰:若
> 離色因有色有何過?答曰:離色因有色,是色則無因,無因而有色,
> 是事則不然。〔註139〕

為本的觀念相結合,認為「氣」是更根本的「四大」統一體,是世界之本體。
「心」本原說也在中國佛教佔有重要地位,以為心造萬物,心生萬象,而心
本亦空。本書在論及佛教美術產生與創造規律時以介紹大乘中道般若思想之
本體論為主,其它宗派之理論或有略及。

〔註136〕方立天:《中國佛教哲學要義》,北京:中國人民大學出版社,2002 年,頁
727～728。

〔註137〕〔西晉〕聶承遠譯:《佛說超日明三昧經》卷上,《中華大藏經》第21冊,頁
291 上～中。

〔註138〕〔唐〕地婆訶羅譯:《方廣大莊嚴經》卷5,《中華大藏經》第15冊,頁275
中。

〔註139〕〔姚秦〕鳩摩羅什譯:《中論》卷1,《中華大藏經》第28冊,頁841下。

而此因果一貫之說看似與佛教之性空說有所矛盾，佛教對此有詳細的解釋。

> 如提婆達欲造牆壁，則取泥土，不取彩色。欲造畫像，則集彩
> 色，不取草木。作衣取縷，不取泥木，作舍取泥，不取縷綖。以人
> 取故，當知是中各能生果。以能生果故，當知因中必先有性。若無
> 性者，一物之中應當出生一切諸物，若是可取可作可出，當知是中
> 必先有果，若無果者，人則不取不作不出，唯有虛空無取無作故，
> 能出生一切萬物，以有因故，如尼拘陀子住尼拘陀樹。乳有醍醐，
> 縷中有布，泥中有瓶。善男子，一切凡夫無明所盲，作是定說色有
> 著義，心有貪性，復言凡夫心有貪性，亦解脫性，遇貪因緣心則生
> 貪，若遇解脫心則解脫。雖作此說，是義不然。有諸凡夫復作是
> 言，一切因中悉無有果，因有二種，一者微細，二者粗大，細即是
> 常，粗則無常。從微細因轉成粗因，從此粗因轉復成果，粗無常
> 故，果亦無常。〔註140〕

此因果流程明顯可見，凡夫可識，故而有人認爲能顯現物性不同，各得其果
的是爲粗因，而細微之本質之因仍是平等空性，這就是佛教之所謂因緣。諸
法與外色一樣，也應作因緣觀。

> 須菩提謂舍利弗，其觀諸法形象瑞應，色聲香味細滑之法，其
> 內外法有爲無爲，所有無所有，形象瑞應，了無因緣，是爲觀法。
>
> 〔註141〕

然而，眞正大慧如諸佛菩薩者則不定說因果，不以因果觀因緣。

> 善男子，諸佛菩薩終不定說因中有果，因中無果，及有無果，
> 非有非無果，若言因中先定有果，及定無果，定有無果，定非有非
> 無果，當知是等皆魔伴黨，繫屬於魔，即是愛人，如是愛人，不能
> 永斷生死繫縛，不知心相及以貪相。善男子，諸佛菩薩顯示中道，
> 何以故？雖說諸法非有非無而不決定，所以者何？因眼因色因明因
> 心因念識則得生，是識決定，不在眼中色中明中心中念中，亦非中
> 間非有非無從緣生故，名之爲有，無自性故，名之爲無，是故如來
> 說言諸法非有非無。善男子，諸佛菩薩終不定說心有淨性及不淨

〔註140〕〔北涼〕曇無讖譯：《南本大般涅槃經》卷 23，《中華大藏經》第 14 冊，頁
762 下。

〔註141〕〔西晉〕竺法護譯：《光讚般若波羅蜜經》卷 9，《中華大藏經》第 7 冊，頁
819 下。

性，淨不淨心住處，故從緣生貪故，說非無本無貪性故說非有。善
男子從因緣故，心則生貪，從因緣故，心則解脫。善男子因緣有
二，一者隨於生死，二者隨大涅槃。〔註142〕

諸佛菩薩以中道開示因緣之義，一者流於因果，一者終歸無餘涅槃。佛教美
術即以前者得以成立，表現形色與精神，又以後者爲最高境界。

比丘當知，若畫師若畫師弟子，作如是言，我能以種種雜色畫
虛空中，乃至廣說，此中說虛空界是虛空，如偈說：麋鹿歸林，鳥
歸虛空，法歸分別，羅漢歸滅。〔註143〕

中國佛教本體論還對「四大造色」之說表示認同，並結合我國固有的以「氣」
爲本觀念，認爲「氣」乃地、水、火、風這「四大」之根本，也是世界之本
原。因而漢譯佛經中相關「四大造色」的理論最易爲中國佛教信眾理解。然
而，此說包含一定的唯物因素，是在早期部派佛教中比較流行的，與大乘空
宗思想不同。因而佛經中又說此含有唯物思想的「色」乃是有形可見之色，
尚非無形的色之本原，無形之色仍是空，非關「四大」。如釋迦佛爲最勝菩薩
說無色定時云：

所謂無色者，非有色也。四大造色，乃謂爲色。彼無此色，乃
謂無色。夫色有五，乃成四大，唯無形色故謂無色痛色想色行色識
色，非是凡夫五通所？，唯有如來阿維顏菩薩乃見彼色。〔註144〕

普通人所說的「色」就是有形有質之色，是由地、水、火、風構成的，應是
不謬。又言常人不能睹見的無形之色，其性爲空，這樣就沒有否定中道空觀
思想。後來密教以地、水、火、風、空並列爲「五大」，其實就是把兩種色的
本原構成合併在一起而言的。可以說緣起性空仍是佛教本體論的根本，而把
有形之色歸結爲「四大」則對美術理論有重大意義。

〔註142〕〔北涼〕曇無讖譯：《南本大般涅槃經》卷 23，《中華大藏經》第 14 冊，頁
　　　　763 上～中。
〔註143〕〔北涼〕浮陀跋摩、道泰等譯：《阿毗曇毗婆沙論》卷 39，《中華大藏經》第
　　　　44 冊，頁 794 上。
〔註144〕〔姚秦〕佛念譯：《最勝問菩薩十住除垢斷結經》卷 10，《中華大藏經》第 20
　　　　冊，頁 1037 上。案：佛經中論及「四大造色」者甚眾，如《瑜伽師地論》卷
　　　　53 云：「所有諸色皆是四大種，及四大種所造相者，略有三種，一清淨色，
　　　　二清淨所取色，三意所取色，又變礙相是色，共相識執不執者，若識依執名
　　　　執受色。」還有《雜阿含經》卷 3，《大乘阿毗達磨雜集論》卷 16，《阿毗達
　　　　磨大毗婆沙論》卷 128、卷 129、卷 132、卷 133、卷 135 等。

地性堅、水性濕、火性熱、風性動，這是對萬物最基本屬性的四種歸納，因言萬物皆爲此「四大」之種。美術就是要通過形象塑造來表現物理，這就必須正確分析瞭解物性。美術所表現的形色不同於現實之形色，只能是對現實中形色的概括反映，美術創作的技法是有限的，要盡可能以有限的技法展現豐富的物象，就要盡可能地把事物的性質準確歸類。因而這種將紛繁複雜的事物按性質不同分類的做法對於美術技法的創造與應用是有推進意義的，不過即使是這種帶有唯物色彩的「四大」說在美術實踐中也可以看作是促成美術作品成功的因素之一。在佛教視野中美術創作是因緣和合，美術創作所能達到的審美效果也要取決於多方面因素的結合，美即緣起。

通過對佛教美術理論之本體論的尋繹梳理，可見佛教美術理論與爲禮教的、爲自然的美術理論是有很多不同理念的。佛教認爲物質世界本性是空，有形的存在不過是因緣和合。有形與性空，物質與法理，形象與神韻，都在不即不離之間統一於中道般若思想之中。佛教重視美術，又不過分追求刻意的美術審美；瞭解美術的創作規律，又能把美術形式與宗教內核圓滿結合；不專門地闡述美術理論，而能在闡發佛理時與美術理論互爲參證。佛教美術理論本身就是美術理論的一個重要組成部分，對佛教美術理論的研究也是我們更好地欣賞佛教藝術的前提。

第二章　功能實踐論

　　　　夫畫者，成教化，助人倫，窮神變，測幽微，與六籍同功，四
　　時並運。〔註1〕

張彥遠在《歷代名畫記》中對繪畫功能論作了歸納，他在評論山水畫時又加
上了「怡悅情性」〔註2〕這一審美功能特性。可見在中國文化傳統中美術的地
位是很高的，其社會功能被認爲可比六經。佛教美術屬於宗教藝術的範疇，
但並非脫離社會生活的獨立存在，同樣具備美術的認識、教育、審美等社會
功能，同時還具有宗教的一些特質。佛教美術功能之宗教特質與社會功能的
關係正如黑格爾所說：

　　　　宗教卻往往利用藝術，來使我們更好地感到宗教的真理，或是
　　用圖像說明宗教真理以便於想像；在這種情形之下，藝術確是在爲
　　和它不同的一個部門服務。〔註3〕

佛教大量以形象藝術作爲宣傳手段，圖畫和造像可以講解佛經內容，使佛、
菩薩的形象和佛經含義更加易於爲普通百姓理解，同時還爲信眾提供了瞻仰
崇拜的偶像。在佛教僧團的生活中也少不了佛教美術，舉行各種宗教儀式的
過程中往往需要不同的美術作品來配合。圖像也確實爲佛教的普及宣揚起到
了重大作用，眾多寺院、石窟中的壁畫、造像等美術作品就是重要的佛教宣
化陣地。佛教美術的功能在宗教實踐中得到充分地發揮，也成爲美術實踐的

〔註1〕　〔唐〕張彥遠：《歷代名畫記》，北京：人民美術出版社，1963 年，頁 1。

〔註2〕　〔唐〕張彥遠：《歷代名畫記》，頁 134。

〔註3〕　〔德〕黑格爾著，朱光潛譯：《美學》第 1 卷，北京：商務印書館，1981 年第
　　　　2 版，第 130 頁。

一部分。據傳吳道子在景雲寺畫地獄變相時：

> 京都屠沽漁罟之輩，見之而懼罪改業者，往往有之，率皆修
> 善。〔註4〕

可見佛教美術對人的道德規箴、感化教育作用非常直觀而深刻。

　　佛經中眾多因作壁畫而得福報的本生、本事故事同樣能打動人心，令人發心向佛，並積極製作佛畫。還有很多圖像感應故事啓發後人創作了名目繁多的圖像靈應記。佛經勸人造作佛像等美術作品以求福消災，這些作品的內容又形象地宣揚了佛教思想，令更多的人受到佛教教育和影響，二者是互相促進的。這或許就是歷代佛教美術作品極多且藝術價值較高的一個重要原因。

　　佛教美術不僅在佛教儀程和教團中扮演重要角色，而且在社會政治活動和日常生活中也有一定的意義。因而佛教美術之功能也分為幾個層面，各有其用。首先是佛教僧團對佛教美術的應用與需求，其不同宗派之中佛教美術功能的體現還有所不同；其次是統治階級與文人士大夫階層對佛教美術的接受與闡揚，他們都表現出對佛教美術的熱情，或出於政治目的之利用與排斥，或是對佛教審美境界的理解與學習改造；再者，對於普通百姓來說，對佛教美術的認識則更多地出於自身的社會生活經驗，通過佛教美術來認識佛教，甚至因而成為佛教信徒，以宗教來慰藉心靈。美術本身的一些特性也被寫入佛經，用來闡釋佛理，這也可說是以文字的形式來表現美術，令人不禁要探究體會藝術規律與佛理的內在共通性。

第一節　弘法傳道、修行禮拜

> 菩薩摩訶薩又作是念，彼諸如來滅度之後，我當為一一如來所
> 有舍利各起寶塔，其量高廣與不可說諸世界等，造佛形象亦復如
> 是，於不可思議劫，以一切寶幢、幡蓋、香花、衣服而為供養，不
> 生一念厭倦之心，為成就佛法故，為供養諸佛故，為教化眾生故，
> 為護持正法、開示演說故。〔註5〕

〔註4〕　〔唐〕朱景玄撰，溫肇桐注：《唐朝名畫錄》，成都：四川美術出版社，1985年。

〔註5〕　〔唐〕實叉難陀譯：《大方廣佛華嚴經》卷55，《中華大藏經》第13冊，頁211下。

眾位大菩薩願在佛滅後爲佛舍利建立佛塔，並造作佛像，以眾寶供養。佛教中的僧寶指佛教的修學和傳播者，除佛以外，諸菩薩與僧尼都是僧寶，對於他們而言，實踐佛教美術在修行佛法，禮敬供養諸佛，教化眾生，以及護持佛法，爲眾生開示演說佛法之中都很有意義。佛教美術之功能在教團中表現得最充分也最爲重要，僧伽的日常生活、各種佛教儀式、各個教派的修行等都有對佛教美術的應用。

一、教團日常生活中的美術應用

追求美的本能，又因了生活的實際需要，就產生了藝術，任何美術的形式也都是由生活用品開始的，新石器時代的生活陶器已有裝飾紋樣，人類的審美意識在美化自己的生活中積累提高。可以說藝術首先當有實用性，美術功能的現實意義也從日常生活開始，實用建築與器物之美是人們首先關注的問題。

> 壽丘里閭，列刹相望，祇洹鬱起，寶塔高淩。四月初八日，京
> 師士女，多至河間寺。觀其廊廡綺麗，無不歎息；以爲蓬萊仙室，
> 亦不是過。入其後園，見溝瀆寒產，石磴礁嶢，朱荷出池，綠萍浮
> 水，飛梁跨閣，高樹出雲，咸皆唧唧；雖梁王兔苑，想之不如也。

〔註6〕

這是北魏楊衒之在《洛陽伽藍記》中的一段記述，在佛教興盛、經濟發達的時期，寺塔建築之恢宏精美可見一斑。佛教僧伽要完成很多宗教活動，他們同樣也離不開衣食住行，佛教美術在僧伽的這些日常生活中發揮著重要作用。僧伽是佛教教義的踐行者和宣傳者，他們非常善於利用美術的認識功能和教育功能來弘法傳道，爲眾生宣揚佛教精神也是他們日常生活的重要組成部分。

僧伽的衣食住行都離不開美術，與他們的生活相關的美術實踐也是佛教美術的組成部分。因僧伽不能參與生產勞動，因而寺中還專門雇用一些爲僧伽料理日常生活事物的工人，其中就有畫工。

> 若治眾僧房舍，若泥工木工畫工，料理眾僧物事者，應與前食
> 後食。〔註7〕

〔註6〕〔北魏〕楊衒之：《洛陽伽藍記》，北京：中華書局，2006年，頁179～180。
〔註7〕〔東晉〕佛陀跋陀羅、法顯譯：《摩訶僧祇律》卷3，《中華大藏經》第36

從佛經中的一些描述還可看出，美術在生活中的方方面面都有應用，如前文所揭之淨瓶皆有彩畫。僧伽居住之僧房則需「雕文刻鏤極好，莊嚴成已。」〔註8〕出行時則「有船彩畫姝好，以四寶金銀琉璃水精作之。」〔註9〕還有與美術關係更爲顯見的佛教石窟，如著名的敦煌莫高窟就是一個佛教藝術的寶庫。石窟是僧伽靜坐修行之所，尤其在偏遠的山中十分普遍：

> 有山名軋陀摩訶術，中有兩窟，一者名畫，二者名善畫。以七
> 寶作之，金銀琉璃水精赤眞珠車渠馬瑙細軟如繻衣。〔註10〕

早期的石窟很小，有些僅容一人端坐，後來發展出多種樣式，空間更大，成爲繪畫、雕塑的良好環境，眞是佛教藝術之淵藪。

佛經中還有一些涉及到僧伽衣食住行之美術需要的細節與戒律。如佛教規定比丘應著壞色衣，以與在家人相區別，因其衣染污所以也叫「糞掃衣」，並且不能隨意圖畫出家人的衣服。譬如「有比丘作衣畫作葉，佛言不聽畫作葉。」〔註11〕佛教的清規戒律規定非常細緻甚至繁瑣，這不僅便於人員管理，還體現了佛教的相對獨立性，並能增強教團內部的凝聚力。佛教雖然不提倡講究衣食，但戒律中還是包括了衣食等事的，與其它戒律一樣都不能逾矩。如《十誦律》中就記有一段因服飾中的圖案引發的一段官司，並因此增加了一條有關製衣的戒律。這件事講述的是舍衛國的掘多比丘尼請迦留陀夷爲其製衣，掘多比丘尼將衣料交給迦留陀夷後離去，

> 迦留陀夷即取，舒展割截簪刺，當衣脊中作男女合像，縫已卷
> 牒著本處。掘多比丘尼來問：大德，與我割截作衣竟未？答言：已
> 作。此是汝衣，持去莫此間舒，還比丘尼寺中可舒。即取持去，於
> 諸比丘尼前言：看我師與我作是衣好不？諸比丘尼言：好。誰爲汝
> 作？答言：大德迦留陀夷。可舒看。即爲舒看。當中條有男女和合
> 像。中有年少比丘尼喜調戲笑者，見已語：言是衣好，自非迦留陀

冊，頁 506 下。

〔註8〕〔東晉〕佛陀跋陀羅、法顯譯：《摩訶僧祇律》卷2，《中華大藏經》第36冊，頁 480 中。

〔註9〕〔西晉〕法立、法矩譯：《佛說樓炭經（別本）》卷1，《中華大藏經》第33冊，頁 880 上。

〔註10〕〔西晉〕法立、法炬譯：《大樓炭經》卷1，《中華大藏經》第33冊，頁 816上。

〔註11〕〔東晉〕佛陀跋陀羅、法顯譯：《摩訶僧祇律》卷28，《中華大藏經》第36冊，頁 962 下。

夷，誰能爲汝作如是衣。時有長者比丘尼樂持戒者，作是言：云何
名比丘故污比丘尼衣？種種因緣，訶已，語諸比丘以十利故，與比
丘結戒，從今是戒，應如是説，若比丘與非親裹比丘尼作衣，波逸
提。〔註12〕

這條與衣服圖案有關的戒律其實是與佛教色戒相聯繫的，佛戒中的不邪行就
包括：「若於畫中見婦女像，心不生念。」〔註13〕比丘甚至也不能畫婦女像或
觀看其畫，佛的表弟難陀剛出家時因爲思念妻子並畫其像而受到眾比丘詬
病，佛也因此給畫婦女形象或是觀看其像的比丘定了個違戒之罪。〔註14〕僧
伽也不能坐臥高廣大床，不能過於追求彩畫等裝飾：

> 若有沙門梵志食信施食，坐高廣琦床，處於寶床，所行求應莊
> 挍，擒筵採畫，文蓐錦繡，若好繒彩，驚起毛豎，執持幢拂，乘象
> 車馬，志求好食，常在名色，沙門道人皆遠離是。〔註15〕

> 有異道人受人信施食，在高廣綺床上臥起，以金銀好畫之。
> 上布綩綖及諸象馬、畜生、諸飛鳥之毛以布座上，佛皆離是事。
> 〔註16〕

並且，因爲僧伽不能手觸金銀等物什，戒律還規定連寺中的金銀佛像都不能
由僧人手持，「乃至菩提不捉金銀生像，離捉金銀生像想。」〔註17〕佛像之於
佛教具有神聖的意義，是有生命內涵的，因而供奉在佛像前的物品也是不能

〔註12〕 〔後秦〕弗若多羅、羅什譯：《十誦律》卷 12，《中華大藏經》第 37 冊，頁
333 上。

〔註13〕 〔元魏〕瞿曇般若流支譯：《正法念處經》卷 40，《中華大藏經》第 35 冊，頁
265 中。

〔註14〕 案：《佛本行集經》卷 56 云：「（難陀）恒畫彼女孫陀利像。後於一時至阿蘭
若空閒之處，或取磚瓦或取木板，畫此釋女孫陀利像，如是觀看，便過一日。
而諸比丘其有見者，心生慊恨而相謂言，長老難陀，云何在於阿蘭若處，或
取磚瓦，或取木板，畫婦女形竟日觀看。時諸比丘即將此事往至白佛。爾時
世尊以此因緣，集諸比丘。在於眾內，問難陀言，汝實在於阿蘭若處或取磚
瓦，或取木板畫婦女形，竟日看不？難陀白佛，實爾，世尊。爾時佛告長老
難陀，作如是言，汝爲此事是不善也。出家比丘豈得畫其婦女形象而觀看乎？
爾時世尊告諸比丘，作如是言，汝諸比丘從今不得畫婦女形，若實若虛，以
著欲心，畫已觀看。若有如是故畫看者，得違戒罪。」

〔註15〕 〔東晉〕竺曇無蘭譯：《佛説寂志果經》，《中華大藏經》第 33 冊，頁 588 下。

〔註16〕 〔吳〕支謙譯：《佛説梵網六十二見經》，《中華大藏經》第 33 冊，頁 598 上。

〔註17〕 〔梁〕僧伽婆羅譯：《文殊師利問經》卷上，《中華大藏經》第 23 冊，頁 118
中。

隨意處理的，比如：

> 若苾芻尼知與此佛像物回與餘佛像……得惡作罪。〔註18〕

> 若到佛像塔寺眾僧所，恭敬供養，乞食之食分作四分，一分與同梵行者，第二分與窮下乞食之者，第三分與諸鬼神，第四分自供身食。〔註19〕

佛像在僧伽的生活中有如佛本身，一處佛像就是一位眞佛在關注著僧伽的行爲，非佛教信仰者可以說佛像不過是藝術品而已，而在僧團內部來說，佛像就是佛的化身，是代替佛來度化眾生的。「敬佛像如佛身，則法身應矣。」〔註20〕有這樣一個實體的「佛」存在，很多佛教的理論和儀式就能得到落實了，美術功能的內涵也在宗教氛圍中得到了最大限度地釋放。

寺廟是僧伽居住生活的地方，然而，寺廟首先是佛教宣化的基地，是安置經像、供奉神明並舉行佛教活動的場所。佛教寺廟的建築別具特色，其中的佛像、壁畫與佛塔往往具有較高的藝術價值，其在生活中實用性的美術功能也是顯而易見的。除僧舍、齋堂、庫房等僧伽活動區以外，奉佛像與舉行宗教活動的眾多殿堂也各有分工。如大雄寶殿是寺中的正殿，供奉釋迦文佛，有時還同奉三世佛、五方佛，但不同宗派供奉的主尊不同，如密宗大殿供奉大日如來，淨土宗有的在大殿供奉阿彌陀佛。天王殿主奉彌勒佛，四大天王分立兩側，彌勒佛後還有韋馱天像。羅漢堂一般供奉十六羅漢或十八羅漢，有些較大的寺廟甚至在羅漢堂中全部繪塑出五百羅漢的形象。漢化佛教非常重視觀音菩薩信仰，所以很多寺中還專建觀音堂。還有一些殿堂如法堂用來舉行宗教儀式，藏經閣用來存放藏經。總的來說，佛寺中殿堂的主要意義就是安置供奉佛教中的諸佛、天神：「寺寺皆有好形象。」〔註21〕「於塔廟諸形象前而設供養。」〔註22〕這些高踞殿堂之上的佛、菩薩、羅漢等塑像是佛寺殿堂中的主角，是僧人與信眾瞻仰禮拜供養的對象。

〔註18〕〔唐〕義淨譯：《根本說一切有部苾芻尼毗奈耶》卷10，《中華大藏經》第38冊，頁855中。

〔註19〕〔梁〕曼陀羅仙譯：《寶雲經》卷5，《中華大藏經》第16冊，頁692下。

〔註20〕〔梁〕釋慧皎撰，湯用彤校注：《高僧傳》，北京：中華書局，1992年，頁496。

〔註21〕〔東晉〕法顯譯：《佛說雜藏經》，《中華大藏經》第34冊，頁401上。

〔註22〕〔高齊〕那連提耶舍譯：《佛說施燈功德經》，《中華大藏經》第22冊，頁915下。

菩薩像 羅漢像

「菩薩像」圖像來源：玄奘、辯機原著，宋強譯：《大唐西域記》，上海社會科學院版（詳見參考文獻，下同）。

「羅漢像」圖像來源：梁思成：《中國雕塑史》。

僧人每日的重要功課就是拜佛誦經，在佛像前供養香花燈炬，在無佛之世，佛教美術的首要功能就是造作佛像，以爲衆生的崇拜偶像。然而佛陀在世時是不提倡偶像崇拜的，釋尊生前是沒有佛像的，〔註23〕原始佛教還明確規定不能造作佛的形象。《十誦律》中云：

> 爾時給孤獨居士信心清淨，往到佛所，頭面作禮，一面坐已，
> 白佛言，世尊，如佛身像不應作，願佛聽我作菩薩侍像者善。佛言
> 聽作。〔註24〕

因知最初佛是不允許繪塑佛身形象的，菩薩像反而先於佛像出現。大乘佛教出現之前，佛教信徒只能對著一些佛的象徵物，如菩提樹、法輪、佛的足迹等，來表達對佛的景仰之情。

〔註23〕 案：佛典中雖然也有一些關於佛陀生前畫有佛像的記載，但與《十誦律》「佛身像不應作」的規定相矛盾，可能是後來不斷編定佛經過程中補入的，並不可靠，考古材料中也未發現紀元之前的佛像。

〔註24〕 〔後秦〕弗若多羅、羅什譯：《十誦律》卷48，《中華大藏經》第37冊，頁898上。

禮拜佛的足迹

圖像來源：〔美〕羅伊·C·克雷文著，王鏞、方廣羊、陳聿東譯：《印度藝術簡史》。

對佛教象徵物的供奉當以禮拜佛塔爲最，且佛塔本身也是很有特色的一種佛教藝術形式。釋迦牟尼佛涅槃之後出現了供奉佛舍利的佛塔，在印度稱作窣堵波，佛經中還譯作支提、制底等〔註25〕。眞正的佛舍利極爲難得，後來一般的佛塔中僅供奉佛像而已。這是由古代印度諸王墳墓發展而成的一種圓丘形塔。到阿育王時代，其形制固定成爲覆鉢式，上有平頭及竿和傘，下有

山奇大塔

圖像來源：〔美〕羅伊·C·克雷文著，王鏞、方廣羊、陳聿東譯：《印度藝術簡史》。

臺座的模式，舍利就存放於平頭之內。最初建窣堵波的目的一是收藏佛舍利，一是令人們「皆見佛塔，思慕如來法王道化。生獲福利，死得上天。」〔註26〕犍陀羅有一塊敬禮窣堵波場面的浮雕表現的就是這種情況。

〔註25〕案：據《摩訶僧祇律》中說有舍利者爲窣堵波，無舍利者爲支提，後來多混用。

〔註26〕〔後秦〕佛陀耶舍、竺佛念譯：《長阿含經》卷3，《中華大藏經》第31冊，頁34中。

　　由此開始，對佛陀象徵物的崇拜出現於藝術作品中，這類藝術品中現存最早的當屬公元前三世紀中葉印度孔雀王朝阿育王所建的石柱，柱頭上圓雕獅子象徵佛祖，柱身浮雕法輪及牛、象、馬等動物，象徵佛祖初轉法輪和五比丘。公元前二世紀到公元前一世紀，出現了本生與佛傳故事的雕刻，著名的山奇大塔上精美的浮雕就是其代表。

阿育王石柱　　　　　　　山奇大塔北門

圖像來源：〔美〕羅伊・C・克雷文著，王鏞、方廣羊、陳聿東譯：《印度藝術簡史》。

　　傳說阿育王分佛舍利爲八萬四千份，並在世界各地爲每份舍利都建佛塔一座，中國也有二十一座這樣的塔。雖然傳說並不可信，但佛塔最初的實用功能是用來存放佛舍利則是可以肯定的。如離垢日月光首如來滅度後，眾生喜見菩薩即爲供奉其舍利而

> 修造寶瓶八萬四千，立七寶塔，高至梵天，莊嚴幢蓋，懸眾寶鈴。心自念言，吾已供養世尊舍利，當復更事，超過於前。告諸菩薩，及大聲聞，諸天龍神，一切人民，諸族姓子，咸共思念世尊，舍利普共供養。於是佛告宿王華菩薩，當爾世時，眾生喜見菩薩，勸率眾人，供奉舍利，八萬四千塔，於塔寺前建立形象，百福德相。然無數燒香散華光盛道法供養奉事七萬二千歲。〔註27〕

〔註27〕　〔西晉〕竺法護譯：《正法華經》卷9，《中華大藏經》第15冊，頁718上。

佛塔是寺廟中的主要建築，中國佛教對印度的窣堵波進行了改造，與傳統的飛簷樓閣形式相結合，成爲現在比較常見的多角樓閣式密簷高塔，塔中供養舍利及佛像，一般建在寺廟門前或是寺中寬敞的院內。《洛陽伽藍記》中就不吝筆墨描繪了巍峨壯觀的永寧寺塔：

> 中有九層浮圖一所，架木爲之，舉高九十丈。有刹復高十丈，合去地一千尺。去京師百里，已遙見之。……刹上有金寶瓶，容二十五石。寶瓶下有承露金盤三十重，周匝皆垂金鐸。復有鐵鎖四道，引刹向浮圖四角；鎖上亦有金鐸，鐸大小如一石甕子。浮圖有九級，角角皆懸金鐸，合上下有一百二十鐸。浮圖有四面，面有三戶六窗，戶皆朱漆。扉上有五行金鈴，其十二門二十四扇，合有五千四百枚。復有金環鋪首。殫土木之功，窮造形之巧，佛事精妙，不可思議，繡柱金鋪，駭人心目。至於高風永夜，寶鐸和鳴，鏗鏘之聲，聞及十餘里。〔註 28〕

這就是一個典型的中式佛塔，具有較高的藝術價值，傳說當年菩提達摩亦對其讚歎不已，展示了藝術與宗教熱情的直接聯繫。〔註 29〕從佛塔造型的藝術形式來看，印度佛塔主體一般爲近似於半圓形的覆缽，上有平頭和高聳的塔刹，整體有一種衝向天空的氣勢，中原佛塔也是呈向上發展趨勢的錐形，相比之下，「藏密」佛塔塔身上大下小的形式則顯得非常另類。傳說西藏的地形如一位魔女，西藏最初建佛塔是爲了鎮壓妖魔，所以就把印度的半圓形覆缽塔身改造爲上寬下窄的形式，顯示出一種強大的向下趨勢的力量，體現了鎮壓的象徵意義。藏式佛塔獨特的造型也是一種優秀的佛塔藝術形式。

佛經中對供養舍利、修建禮拜佛塔記載較多，如佛遣阿難去禮拜一處供奉佛前世修菩薩道時的舍利之塔：

> 往塔所禮拜供養，開其塔戶，見其塔中有七寶函。以手開函，見其舍利，色妙紅白。而白佛言，世尊，是中舍利其色紅白。佛告阿難，汝可持來，此是大士眞身舍利。〔註 30〕

〔註 28〕〔北魏〕楊衒之：《洛陽伽藍記》，頁 11～12。

〔註 29〕案：《洛陽伽藍記》頁 13：「時有西域沙門菩提達摩者，波斯國胡人也。起自荒裔，來遊中土，見金盤炫日，光照雲表，寶鐸含風，響出天外，歌詠讚歎，實是神功。自云年一百五十歲，歷涉諸國，靡不周遍；而此寺精麗，閻浮所無也。極佛境界，亦未有此。口唱南無，合掌連日。」

〔註 30〕〔隋〕寶貴合：《合部金光明經》卷 8，《中華大藏經》第 16 冊，頁 404 中。

《大乘大方等日藏經》中言：

> 諸菩薩隨所住處，於當來世是中，皆應起立塔寺，造做法堂，
> 安置舍利經法形象，以種種七寶而修供養，所謂金銀琉璃硨磲碼瑙
> 玻璃眞珠，珂貝璧玉及上繒彩，種種衣服床榻臥具，種種幡蓋，袈裟
> 法服，種種瓔珞，華香末香塗香燒香，作諸音樂禮拜供養。〔註31〕

又如《大般若經》云：

> 彼諸如來應正等覺及弟子眾，般涅槃後，取設利羅，以妙七寶
> 造立高廣諸窣堵波，晝夜精勤禮敬右繞，復以種種上妙花鬘，塗散
> 等香衣服瓔珞，寶幢幡蓋諸妙珍奇，妓樂燈明，供養恭敬尊重讚
> 歎。〔註32〕

可見佛塔應高大寬廣，其中安置佛像，當在無限的時空中虔敬供養不停息，
並教化眾生守護佛塔與佛法，

> 彼諸如來滅度之後，我當悉取捨利而起塔廟，其塔高廣與不可
> 說諸世界等，造如來像巍巍高大，如不可思議世界，於不可思議劫，
> 以眾妙寶幢幡繒蓋華香而供養之，乃至不生一念休息之心，教化眾
> 生，受持守護，讚歎正法，亦無一念休息之心。〔註33〕

除釋迦牟尼如來以外，其他諸佛菩薩及僧人舍利與靈骨都可起塔接受瞻仰供
養，如《佛說菩薩本行經》中就提及定光如來與辟支佛等舍利之塔：

> 定光如來至眞等正覺明行成爲善逝世間解無上士道法御天人
> 師，有大慈哀眾祐一切，爲於眾生作大依怙，興出於世，教化人天，
> 皆令成道，乃取滅度，分佈舍利起於塔廟。〔註34〕

> 供養一辟支佛塔，受其功德不可窮盡，何況供養如來色身及滅
> 度後舍利起塔，作佛形象供養之者，計其功德過踰於彼百千億倍，
> 不可計倍，無以爲喻。〔註35〕

普通的僧人圓寂後也可以塔作墓，如《佛說華手經》說到長者爲法師起塔供

〔註31〕〔隋〕那連提耶舍譯：《大乘大方等日藏經》卷1，《中華大藏經》第10冊，
　　　　頁699上。

〔註32〕〔唐〕玄奘譯：《大般若經》卷433，《中華大藏經》第5冊，頁318中～下。

〔註33〕〔東晉〕佛陀跋陀羅譯：《大方廣佛華嚴經》卷33，《中華大藏經》第12冊，
　　　　頁399上～中。

〔註34〕佚譯人名：《佛說菩薩本行經》卷上，《中華大藏經》第22冊，頁647中。

〔註35〕佚譯人名：《佛說菩薩本行經》卷中，《中華大藏經》第22冊，頁659下。

養其舍利之事：

> 法師常隨時，於此中說法。爲眾作大利，乃至終其壽。是樂善
> 長者，加供奉其屍。積眾香闍維，起塔百由旬。七體七寶塔，以盛
> 師舍利。安置大塔中，常華香供養。〔註36〕

在我國，有些歷史較長，規模較大的寺廟還會形成塔林建築群，如著名的少林寺塔林就是保存歷代高僧靈骨的舍利塔，留有唐代以來的造型各異的靈骨塔兩千多座，集中展示了我國的佛塔建築藝術。

造立佛塔供養佛舍利與佛像的內涵已不僅僅是宣揚宗教有神論與偶像崇拜，敬禮塔像還可以成爲眾生的一種精神寄託，表達對佛的思念與敬仰之情，有如中國儒教的厚葬、宗廟祭祀之傳統。佛教之「敬佛像如佛身」與儒家傳統之「祭神如神在」正冥合者。有教外之人言塔像爲泥瓦木石，不應有靈，佛教徒即與之辯論：

> 邪惑問曰：西域胡人，因泥而生，是以便事泥瓦塔像爾？方外
> 對曰：此又未思之言也。夫崇立靈像，模寫尊影，所用多途，非獨
> 泥瓦。或雕或鑄，則以鐵木金銅。圖之繡之，亦在丹青縑素，復謂
> 西域士女，遍從此物而生乎？且又中國之廟，以木爲主則謂制禮，
> 君子皆從木而育耶？親不可忘，故爲宗廟。佛不可忘，故立其影像，
> 以表罔極之心，用如在之敬，欽聖仰德，何失之有哉？若塔廟是泥
> 木之像，不可敬者，則國廟木主之影，亦不可敬耶！〔註37〕

塔像確實是泥木磚石、金銅縑素，即使是佛舍利亦無情感靈魂，不過對於生者而言，先祖圓寂之後，其尊親之情則不能長久壓制無處排遣，因向遺物木主等禮拜以爲寄託，安撫自己的心緒。佛陀涅槃之後，諸佛菩薩也無人能親見者，佛法更是無形無像不可捉摸，佛教之塔像就成爲一種精神上的象徵，也是佛教的象徵，使僧伽和信眾可以通過有形物象與可踐行的儀式，來感受佛法的存在，表達對宗教的熱情。經過兩千多年的不斷建設發展，塔形成了多種結構樣式，塔這種建築形式也成爲佛教美術中實用功能很強又很有藝術價值的一部分。

最早的佛像出現在公元一、二世紀貴霜王朝迦膩色迦王一世的硬幣上。

〔註36〕〔後秦〕鳩摩羅什譯：《佛說華手經》卷9，《中華大藏經》第22冊，頁308上。

〔註37〕〔唐〕道世著：《法苑珠林》卷55，《中華大藏經》第72冊，頁68中～下。

其時正當大乘佛教興起之際，佛滅已 500 餘年〔註38〕，佛教學說在不斷傳播中發生了很大變化，而且

> 不僅僅是佛教，印度的其他宗教——特別是當時變化很大的婆羅門教——其思想理念均在變化著。古代沿襲下來的吠陀獻祭的行為，已經加進去了一些新的東西：祈禱和禮拜。從而使原本是神愛和尋求庇慰之宗教變成了向神像祈禱。那些不認為佛陀有固定的形象、整日處在禪定之中以及從不進行偶像崇拜的佛教僧伽們，也無法長期逃避這一趨勢。〔註39〕

迦膩色迦王一世硬幣上的釋迦牟尼立像

圖像來源：〔日本〕村田靖子著，金申譯：《佛像的系譜》。

造出具體的佛像供信徒禮拜祈禱已成為佛教積極宣傳、擴大影響的迫切需要。到寺廟中瞻禮佛像也逐漸成為佛教的一個重要特色，僧俗皆可

> 往精舍中，見甚希奇微妙佛像，安住不動。以金薄莊身，或純金作諸相具足，支節充滿，於圓光中有無量佛，妙飾間列，結加趺坐，入三摩地，即於像前恭敬禮拜。〔註40〕

造作佛像的意義正如《法苑珠林》中所總結的：

〔註38〕　案：關於佛滅年代的說法有很多種，中國一般採用眾聖點記說，認為佛滅於公元前 486 年。

〔註39〕　〔德〕赫爾穆特・吳黎熙著，李雪濤譯：《佛像解說》，北京：社會科學文獻出版社，2002 年，頁 35。

〔註40〕　〔唐〕提雲般若譯：《大方廣佛華嚴經不思議佛境界分》，《中華大藏經》第 13 冊，頁 564 上。

　　　　原夫上聖垂慈，至人利物，意欲導四生於寶所，運三有於大
車。師弟異軌而同規，法俗殊途而一致。所以立像表眞，彝訓常
俗。〔註41〕

除了各類造像以外，佛教美術的認識功能與教育功能更要依賴佛寺和石窟中
的大量壁畫來展現。壁畫有著更廣闊的表現空間和內涵，如前揭吳道子在景
雲寺畫地獄變相之事，就形象地展現了佛教所設置的地獄景象，宣傳了輪迴
果報思想。佛經中對壁畫的描述也尤多，表現了對繪製佛教壁畫的支持。原
始佛教的一些戒律中還詳細介紹了佛祖對寺中各處分別當畫什麼題材內容的
規定，以及對可能會破壞損毀壁畫的行爲作了限制。如《根本說一切有部毗
奈耶雜事》中講述給孤獨長者布施園林給佛作寺，向佛請示寺中各處當作何
種畫，佛給出了詳細指示。

　　　　寺中應遍畫，然火並洗浴。缺水不蹈業，連鞋食不應。給孤長
者施園之後，作如是念，若不彩畫便不端嚴，佛若許者，我欲莊飾。
即往白佛。佛言隨意當畫。聞佛聽已，集諸彩色並喚畫工，報言此
是彩色，可畫寺中。答曰，從何處作，欲畫何物。報言，我亦未知，
當往問佛。佛言長者，於門兩頰應作執杖藥叉，次傍一面作大神通
變，又於一面畫作五趣生死之輪。簷下畫作本生事。佛殿門傍畫持
鬘藥叉。於講堂處畫老宿苾芻，宣揚法要。於食堂處畫持餅藥叉。於
庫門傍畫執寶藥叉。安水堂處畫龍持水瓶，著妙瓔珞。浴室火堂，依
天使經法式畫之。並畫少多地獄變於瞻病堂，畫如來像躬自看病。大
小行處，畫作死屍，形容可畏。若於房內應畫白骨髑髏。是時，長
者從佛聞已，禮足而去，依教畫飾。既並畫已時，有不作意苾芻，隨
處然火，煙薰損畫。苾芻白佛，佛言，我聽苾芻作然火堂，若有須
者，於此然火，非於餘處。作者得越法罪。時有病人要須然火於房
簷下，不敢輒然。佛言，可寺外或寺中庭然，待煙盡方持火入。……
苾芻於簷下洗浴，濕損壁畫，佛言，不應。爾可於寺內近一角頭面
向佛像而爲澡浴，或可別作洗浴之室，室中有泥，佛言安磚，應爲
水寶，若有不淨時時洗決，或近水渠爲澡浴事。〔註42〕

〔註41〕〔唐〕道世著：《法苑珠林》卷20，《中華大藏經》第71冊，頁495上。

〔註42〕〔唐〕義淨譯：《根本說一切有部毗奈耶雜事》卷17，《中華大藏經》第39
　　　　冊，頁147下～148上。

佛祖考慮得非常周到，各處所畫都是十分應景的事物，並盡可能讓僧人的日常活動不要破壞到壁畫，可見佛對繪畫之事是很重視的。〔註43〕佛言當在門旁作五趣生死輪之圖是讓大眾瞭解五趣輪迴觀念。本生故事講述釋迦佛成佛之前的經歷，教育大眾行善因方得善果。其它如在講堂畫講法高僧，在食堂畫持餅藥叉，在倉庫畫持寶藥叉，水堂畫龍持水瓶，這些都很有意趣，像是指示圖標，一望即知所在，更為入寺禮佛的信眾及遊客提供了方便。在寺中診所還要畫上佛親自坐堂看病的情景，既讓病人感受到慰藉，也令如來的大醫王形象更加深入人心。在僧舍中畫白骨髑髏是幫助僧伽修不淨觀，讓僧伽在寢室內也不忘人生無常之苦，不要貪圖安逸，弛廢修行。寺廟壁畫與修行佛法緊密結合，在僧伽的日常生活中時刻起到提示和教育作用。而給孤獨長者所說的如果不在寺中繪畫便顯得不夠端嚴，則體現出佛教美術之審美功能。追求美是人之常情，給孤長者並不滿足於布施房舍園林，還希望在寺內繪畫裝飾一同布施。他最初的動機很單純，就是為了美化環境，使寺院更加光輝莊嚴。佛也非常贊成這種做法，他所指示的繪畫內容，除了引導僧伽修行以外，還有不少是有裝飾性質的。如在水堂所畫的龍還要著妙瓔珞來為形象增色添彩。

後來佛寺中還繪畫一些與佛教內容無關的純裝飾性壁畫，吸引了普通百姓和許多文人雅士來遊覽或作畫，如段成式所作《寺塔記》本有紀遊的性質，文中就提到寺廟中有不少無佛教色彩的風景畫，如常樂坊的趙景公寺中就有「院門上白畫樹石，頗似閻立德。」〔註44〕安邑坊立法寺「西壁有劉整畫雙松，亦不循常轍。」〔註45〕平康坊菩薩寺有「吳道玄畫《消災經》事，樹石古險。」〔註46〕從他這些帶有藝術賞析品評性質的記述中可以明顯看出，文

〔註43〕 案：關於不准僧伽破壞壁畫的戒律有很多，如《十誦律》卷 39 中說：「有一比丘，不著襯身衣，倚新畫壁立，彩畫剝落。是事白佛，佛言，從今比丘不著襯身衣倚畫壁者，突吉羅。」再如《毗尼母經》卷 6 中說：「有一時，諸比丘在僧房中，新塗治彩畫，為寒故煙薰，彩色皆壞。佛聞之不聽，若寒者，教露地燃火自炙。諸比丘後時白世尊，露地燃火自炙，炙前後寒，炙後前寒，不能令溫。佛聞之，聽房中燃火自炙，但使無煙。」還有對修補脫色壁畫的規定，如《根本說一切有部目得迦》卷 8 中有：「諸彩畫壁不分明者，苾芻生疑，不敢重畫。佛言，應可拂除，更為新畫。」可見佛教壁畫的普遍使用和在僧伽日常生活中的重要性。

〔註44〕 〔唐〕段成式：《酉陽雜俎》，北京：中華書局，1981 年，頁 249。

〔註45〕 〔唐〕段成式：《酉陽雜俎》，頁 251。

〔註46〕 〔唐〕段成式：《酉陽雜俎》，頁 252。

人遊寺賞畫時所持的欣賞審美之態度。

可以說，在僧伽的日常生活中，佛教美術充分發揮了其認識功能與審美功能，具有很重要的實用性。

二、佛教儀式中的美術應用

佛教美術還在眾多的佛教儀式中扮演了重要角色，如果美術形式缺席，很多佛教儀式就無法舉行了。教團在宗教生活中首先必須要禮拜佛像，還有如受戒儀式，浴像儀式等，都會根據需要陳列張掛不同的佛像或其它形式的佛教美術品。

正式出家的人必須要受戒，為立志向佛者舉行受戒儀式是佛教發展壯大的一個重要象徵。受戒儀式應在佛像前舉行，以顯示虔誠，表示皈依。

> 若佛子佛滅度後，欲以好心受菩薩戒時，於佛菩薩形象前自誓受戒。〔註47〕

> 我於大德乞受菩薩戒，大德於我不憚勞者，哀愍聽許。作是請已，褊袒右肩，於三世十方佛及大地菩薩前，恭敬作禮，念其功德，起軟中上淳淨心，於智者前謙下恭敬，長跪曲身在佛像前作是言，惟願大德授我菩薩戒，作是語已，一心念住，長養淨心，我今不久，當得無盡無量無上大功德。〔註48〕

受戒之後再在佛像前申明證言，請佛像為證。

> 智者三說授彼戒已，受者不起。爾時智者於佛像前，敬禮十方世界諸菩薩眾，如是白言，某甲菩薩於我某甲前三說受菩薩戒，我為作證，一切十方無量諸佛第一無上大師，現知見覺者，於一切眾生，一切法現知見覺亦如是，白某菩薩於我某甲前三說受菩薩戒，第二第三亦如是白。〔註49〕

《大方等陀羅尼經》中還說道有菩薩二十四重戒，行此戒儀時當用二十四形象：

> 受此戒時，應請一比丘解此戒相者，請諸眾僧，隨意堪任，不問多少。復應請二十四形象，若多無妨，作種種肴膳飲食供養眾僧。

〔註47〕〔後秦〕鳩摩羅什譯：《梵網經盧舍那佛說菩薩心地戒品第十》卷下，《中華大藏經》第24冊，頁782下。

〔註48〕〔北涼〕曇無讖譯：《菩薩地持經》卷5，《中華大藏經》第24冊，頁461中。

〔註49〕〔北涼〕曇無讖譯：《菩薩地持經》卷5，《中華大藏經》第24冊，頁461下。

及此比丘，五體著地，在形象前及諸尊僧，至心禮敬。〔註50〕

佛教行像儀和浴像儀都以佛像爲儀式主體。關於浴佛儀，有《佛說浴像功德經》、《浴佛功德經》、《佛說灌洗佛像經》等多種經典詳細介紹了浴像儀式。各經所言相近，今僅以西晉沙門釋法炬所譯之《佛說灌洗佛像經》爲例略作說明。傳說釋迦牟尼佛誕生時有二龍吐水爲其澡浴，因而每在佛誕日

> 諸天下人民共念佛功德，浴佛形象，如佛在時。〔註51〕

> 四月八日，浴佛法，都梁，藿香艾納合三種草香，接而漬之，此則青色水，若香少，可以紺黛秦皮權代之矣。鬱金香手接而漬之，於水中接之，以作赤水，若香少，若乏無者，可以面色權代之。丘隆香搗而後漬之，以作白色水，香少可以胡粉足之，若乏無者，可以白粉權代之。白附子搗而後漬之，以作黃色水，若乏無白附子者，可以梔子權代之。玄水爲黑色，最後爲清淨，今見井華水名玄水耳。右五色水灌如上疏。以水清淨灌像訖，以白練若由綿拭之矣。斷後自占更灌，名曰清淨灌。其福與第一福無異也。〔註52〕

經中言浴佛之法甚明，浴佛儀式中所用的佛像都是一手指天、一手指地的太子誕生像，表現了釋尊出生時的情形。僧伽及信眾以各種香草製成五色水清洗這尊佛像，表達在佛誕日對佛的紀念。舉行浴佛儀式所得的供養錢款也有特定用途，除了供養比丘僧眾生活以外，大部分還要用來建設佛寺、造立佛像。

> 灌佛形象所得多少當作三分分之，一者爲佛錢，二者爲法錢，三者爲比丘僧錢。佛錢繕作佛形象，若金若銅，若木若泥，若壞若畫，以佛錢修治之。法錢者架立樓塔精舍，籬落牆壁，內外屋，是爲法錢。〔註53〕

如此安排確實周到合理，想必佛祖當初爲了後世教徒的生活及自身形象之不朽眞是煞費苦心了。

行像儀是指將寺中佛像載出在市中巡行，僧俗都可瞻像禮拜，供奉香

〔註50〕〔北涼〕法眾譯：《大方等陀羅尼經》卷1，《中華大藏經》第22冊，頁346中。

〔註51〕〔西晉〕法炬譯：《佛說灌洗佛像經》，《中華大藏經》第19冊，頁321下。

〔註52〕〔西晉〕法炬譯：《佛說灌洗佛像經》，《中華大藏經》第19冊，頁322中～下。

〔註53〕〔西晉〕法炬譯：《佛說灌洗佛像經》，《中華大藏經》第19冊，頁322上。

花，一般都在佛誕節前後舉行此儀式，持續近半月。《法顯傳》詳細介紹了行像過程：

> （于闐）國中十四大僧伽藍，不數小者，從四月一日，城裏便灑掃道路，莊嚴巷陌。其門上張大幃幕，事事嚴飾，王及夫人、採女皆住其中。瞿摩帝僧是大乘學，王所敬重，最先行像。離城三四里，作四輪像車，高三丈餘，狀如行殿，七寶莊校，懸繒幡蓋。像立車中，二菩薩侍，作諸天侍從，皆金銀雕瑩，懸於虛空。像去門百步，王脫天冠，易著新衣，徒跣持華香，翼從出城迎像，頭面禮足，散華燒香。像入城時，門樓上夫人、採女遙散眾華，紛紛而下。如是莊嚴供具，車車各異。一僧伽藍則一日行像。白月一日爲始，至十四日行像乃訖。〔註54〕

于闐國行像的場面可謂壯觀。北魏時洛陽長秋寺中有像作世尊乘六牙白象之形，其寺行像時常用此像，

> 四月四日，此像常出，辟邪、師子導引其前。吞刀吐火，騰驤一面。彩幢上索，詭譎不常。奇伎異服，冠於都市。像停之處，觀者如堵。迭相踐躍，常有死人。〔註55〕

行像時配合各種近於雜耍的表演大概就是中國特色，〔註56〕不過因觀像而致人死亡誠可悲歎。西域也有在其它時間舉行行像儀的，如玄奘大師記錄了屈支國舉行行像儀的情況，

> 每歲秋分數十日間，舉國僧徒皆來會集。上自君王，下至士庶，捐廢俗務，奉持齋戒，受經聽法，渴日忘疲。諸僧伽藍莊嚴佛像，瑩以珍寶，飾之錦綺，載諸輦輿，謂之行像。〔註57〕

〔註54〕〔東晉〕法顯撰，章巽校注：《法顯傳校注》，上海：上海古籍出版社，1985年，頁14。

〔註55〕〔北魏〕楊衒之：《洛陽伽藍記》，頁44。

〔註56〕案：對當時行像時用伎樂雜技等情況的描寫，同書中還有很多，如：「（頁53，昭儀尼寺）有一佛二菩薩，塑工精絕，京師所無也。四月七日常出詣景明。景明三像，恒出迎之。伎樂之盛，與劉勝相比。」「（頁76，宗聖寺佛像）此像一出，市井皆空，炎光輝赫，獨絕世表。妙伎雜樂，亞於劉勝。」「（頁82，景興尼寺金像）像出之日，常詔羽林一百人舉此像。絲竹雜伎，皆由旨給。」等等。

〔註57〕〔唐〕玄奘，辯機原著，季羨林等校注：《大唐西域記校注》，北京：中華書局，2000年，頁61。

　　密教是佛教中興起發展較晚的一個階段，它比以往更注重宗教儀式。密教的許多儀式都是在壇場中舉行的，即築土為壇，其中安置或畫上諸尊像及其法器真言等，儀式完畢後就會清除其迹。建立壇場就是劃出一個區域，為實施儀式的具體行為提供了一個有形的空間，神佛盡在其中，邪魔不能進入。壇場又作曼荼羅，音譯有很多種寫法，中國與日本多是在紙或帛上繪畫曼荼羅，儀式過後還可保存。〔註58〕

彩砂曼荼羅

圖像來源：王惕：《佛教藝術概論》。

　　壇場本身就是建築與繪畫的藝術形式，不同壇場的具體形制做法也有不同，形色都有各自的規定。〔註59〕如建立不空羂索菩薩壇場之法：

　　　　清淨洗浴著淨衣服，食三白食，作曼挐羅，中嚴寶彩法座，其
　　　　座方圓高下一肘，正於座上置像索戟，其索寬盤，像置索中，誦母
　　　　陀羅尼真言，秘密心真言，加持像索戟二十一遍而安置之，當加持
　　　　塗香，塗於像上索上戟上，種種末香亦遍散上，又加持白芥子亦散

〔註58〕案：有一種在舉行法會等活動時製作的彩砂曼荼羅，活動結束時要清掃彩砂，相當於打掃壇場。

〔註59〕案：《大毗盧遮那成佛神變加持經》卷7：「復次本尊之所住，曼荼羅位之儀式。如彼形色壇亦然，依此瑜伽疾成就。當知□地有三種，寂災增益降伏心。分別事業凡四分，隨其物類所當用。純素黃赤深玄色，圓方三角蓮華壇。北面勝方住蓮座，淡泊之心寂災事。東面初方吉祥座，悅樂之容增益事。西面後方在賢座，喜怒與俱攝如事。南面下方蹲踞等，忿怒之像降伏事。若知秘密之標識，性位形色及威儀。奉花香等隨所應，皆當如是廣分別。」

其上，以諸香花香水飲食果蓏，隨心供養，四角置香水瓶，四門座前置香水碗，每日六時面東依法而坐，於座觀心寂靜燒焯香王，結印誦母陀羅尼眞言，秘密心眞言，加持像索戟上，作是法者當斷言論，外來飲食皆不應食，是食穢觸，每初夜時後夜時一加持白芥子一先打戟索，三十六旬，精進持法，無間時日，初夜中夜五更曉時，其像索上一時放光若放火光，當成世間地之法，若放種種雜色光明，當成出世地三昧。〔註60〕

除修行供養以外，此壇場還有祈雨之用，

若欲龍天降澍雨者，及止雨者，如法作壇供養像索，視天誦念眞言，旋索做法，須雨則雨，須止則止。〔註61〕

《牟梨曼陀羅咒經》對祈雨壇描述得更爲詳細：

若欲祈雨，取青牛糞泥作一龍，一身三頭，朱染脊背，金裝胸臆，先作方壇若高臺，平地隨時作之。又以青綠塗畫其壇，壇上施龍，其壇四角各一水瓶，各一香爐，一燒薰陸香，一燒栴檀香，一燒酥合香，一燒安香，又接壇外更作一壇，縱廣四肘，牛糞塗上，四角安瓶，一盛水和乳，一盛水和酪，一盛水和乳粥，一盛水和脂。又於壇內燃燈八盞，又以腳極實唎及麨莊嚴其壇，又於四角各插一箭，又以五色線繫圍箭上，又作五色幡子懸其箭頭，又將七種穀散其壇內，又用五朦朧莊飾供設壇上，又以當時所有種種花果盡設壇內。〔註62〕

莊嚴宏偉的壇場聚集眾佛及其眷屬，在壇場中做法事行儀自然功德倍增。壇場在密教儀式中的作用自不待言，密教儀式名目繁多，壇場形制複雜，其例甚多，不煩再舉。中國藏密藝術中最優秀的代表就是繪製在絹帛上的曼荼羅畫，有時甚至可以說其審美價值已遠遠超越了其在宗教儀式中的實用性。

其它佛教儀式還有很多和佛教美術關係密切者，如水陸道場中必須供奉水陸畫以爲配合。水陸畫的內容主要是神佛諸尊像、山河海嶽、眾生等像，

〔註60〕〔唐〕菩提流志譯：《不空羂索神變眞言經》卷5，《中華大藏經》第19冊，頁384中～下。

〔註61〕〔唐〕菩提流志譯：《不空羂索神變眞言經》卷5，《中華大藏經》第19冊，頁385上。

〔註62〕佚譯人名：《牟梨曼陀羅咒經》，《中華大藏經》第23冊，頁742下～743上。

每次法會陳設少則十餘幅，多則二百餘幅。據李小榮師考證，水陸法會的廣泛流播始於宋，且南宋之前內典中罕有記錄水陸齋事及水陸畫者，〔註63〕因而此種美術形式與佛經之關係不在本書討論範圍之內，僅略及於此。

三、弘法傳道與美術

僧伽在修行佛法的同時還要向民眾宣傳佛教思想，他們十分善於利用佛像及佛教故事畫來增強宗教宣傳的效果和影響力。尤其是在中國，佛教的早期傳播

> 主要是通過佛像，而不是經典；人們最初對於這一外來宗教的認識，也是通過祭祀、禮拜佛像獲得的。〔註64〕

《後漢書・楚王英傳》中載：

> 英少時好游俠，交通賓客，晚節更喜黃老，學爲浮屠，齋戒祭祀。〔註65〕

楚王英與漢明帝是同父異母的兄弟，他祭祀浮屠之事漢明帝十分清楚，此事與流傳很廣的漢明感夢金人之說當有一定聯繫。劉英將浮屠與黃老並列，說明當時國人還不清楚佛教教義的具體內涵，僅是將其當作一種偶像來崇拜祭祀而已。此前佛像當已爲國人所知見，而明帝所夢到全身金色，項佩日光的佛陀形象更不會是完全出於他個人臆想的。因而早期中國佛教信徒更多地是把佛的形象認爲是佛教的本身，畢竟以形象來進行說教更易爲人接受。

康僧會是較早來我國宣教的天竺僧人，他在東吳赤烏十年（247）時來到中國，史籍與僧傳上都記有他傳法的事迹。中國佛典中最早的經錄《出三藏記集》中說他來到建業後「營立茅茨，設像行道」〔註66〕，取得了很好的宣傳效果。佛典中即有一記言佛在世時以佛陀畫像來宣傳佛教，吸收信眾的具體過程。其時佛在王舍城向大眾說法，引用了一個故事，講述的是勝音城的仙道王向王舍城的影勝王贈送了一身寶甲，影勝王十分喜愛卻發愁沒有相當的禮物可以酬謝回贈給仙道王，於是大臣就給他出主意，說現今佛在王舍城，可畫一幅佛像作爲回禮。因而影勝王就來見佛稟白此事，徵求佛的

〔註63〕案：參見李小榮：《水陸法會源流略說》，《法音》2006（4），頁42～52。
〔註64〕吳焯：《佛教東傳與中國佛教藝術》，杭州：浙江人民出版社，1991年，頁184。
〔註65〕〔南朝宋〕范曄：《後漢書》，北京：中華書局，1973年，頁1428～1429。
〔註66〕〔梁〕僧祐撰：《出三藏記集》卷13，《中華大藏經》第54冊，頁41中。

意見，

> 佛言：大王，善哉妙意，可畫一鋪佛像送與彼王，其畫像法，先畫像已，於其像下書三歸依，云我從今日乃至命存，歸依佛陀兩足中尊，歸依達摩離欲中尊，歸依僧伽諸眾中尊。次書五學處，一不殺生，二不偷盜，三不欲罪行，四不妄語，五不飲諸酒。次書十二緣生流轉還滅，所謂此有故彼有，此生故彼生，從無明緣行乃至積集而生，此無故彼無，此滅故彼滅，從無明滅乃至積集俱滅，皆廣書之，復於像上邊書其二頌曰：汝當求出離，於佛教勤精。降伏生死軍，如象催草舍。於此法律中，常修不放逸。能竭煩惱海，當盡苦邊際。如是畫訖，授與使人，應報彼曰：汝持畫像至本國時，可於廣博之處懸繒幡蓋，香花布死，盛設莊嚴，方開其像，若有問，云此是何物？應答彼言，此是世尊形象，捨轉輪王位而成正覺。又問此下字義云何？答曰是歸依三寶，爲出離因。次下云何？答曰教持五戒，生人天道。次下云何？答曰是十二緣，生明三界五趣流轉還滅因果道理。若問於上二頌，其義云何？答曰斯之二頌，明勸諸有情，依教修行，破生死軍，勿爲放逸，速趣菩提。時影勝王奉佛教已，歡喜頂受，禮足而去。王即畫像，上下具書其事。以種種妙香遍薰尊像，然後細卷內金函中，次以金函內銀函中，次以銀函內銅函中，復以上妙香疊密裹此函，置香象上。嚴整衢路，幢幡道從，出王舍城。時影勝王並作策書報仙道王曰：雖未相見，使至覽書，蒙贈寶甲，世所希有，令畫世尊形象，三界最尊，令使持將，冀申供養。既至彼已，可去王城，有兩驛半，平治道路，嚴飾城隍，躬領四兵，幢幡花蓋，於廣博處，張設尊儀，懇勤供養，獲大福德。既封書已，持付使人，策曰：如我所囑，當須憶念，盡可爲之。〔註67〕

沒想到的是，仙道王看了影勝王的信後非常生氣，在大臣的勸說下才勉強按信上交待的做了，當他們在街衢之中打開畫像時，產生了戲劇性的一幕：

> 王開畫像瞻仰，而住於時，中國商人共來觀像，咸皆合掌，異口同音，俱出大聲，唱言南謨佛陀也，南謨佛陀也。其仙道王既彝尊

〔註67〕 〔唐〕義淨譯：《根本說一切有部毗奈耶》卷45，《中華大藏經》第38冊，頁698上～下。

儀，聞佛陀號，見所未見，聞所未聞，遍體身毛悉皆驚豎。〔註68〕

　　勝音城仙道王見佛形象，得悟眞諦。〔註69〕

一幅佛像，竟然收到這麼好的勸化效果，可見僧人們「設像行道」是有經典淵源的。形象往往比文字更有魅力，富於感人的力量，尤其是對於文化水平有限的普通百姓來說，美更能直接地打動他們的心靈。唐以來配合變文講唱使用的經變畫就是佛教美術在僧伽的宣教過程中更爲廣泛的應用，佛教美術的教育作用也於此表現得極爲充分。

四、僧伽修行中的美術因素

　　佛教美術是僧伽宣教的必要手段，佛教美術對大眾的教育作用同時也適用於僧伽的修行，因追求美、欣賞美而對佛象生敬慕之心，仰視崇高完美的佛像，佛法在僧伽心目中的地位也更加崇高。佛教美術激發了僧伽的信仰心、精進心、踐行心，對僧伽的修行起到一定的促進作用，甚至因而覺悟，所以思惟佛形象亦成爲修行之一種。

　　　歡喜愛樂佛菩提，發心願求無師賓。建立如來大慈像，相好具足坐蓮花。讚歎最勝諸功德，因是得成喜光明。又放光明名愛樂，彼光覺悟一切眾。〔註70〕

造作佛像亦是僧伽的修行，是修菩薩行四事之一，造佛像可修得人人喜見之貌，若造佛像坐蓮臺上還可修得化生於蓮花之福報。

　　　須摩提受教而聽佛言菩薩有四事法，人見之皆歡喜，何等爲四，……四者作佛形象，是爲四法。菩薩用是四事故，人見之常歡喜。……佛語須摩提菩薩，復有四事法得化生千葉蓮華中，……三者作佛形象使坐蓮華上……菩薩用是四事故，常得化生千葉蓮華中，立法王前。〔註71〕

佛教信徒因長期反覆思量所見之佛像，或可形成幻象，以至難以分別佛像與

〔註68〕　〔唐〕義淨譯：《根本說一切有部毗奈耶》卷45，《中華大藏經》第38冊，頁699上。

〔註69〕　〔唐〕義淨譯：《根本說一切有部毗奈耶》卷45，《中華大藏經》第38冊，頁699下。

〔註70〕　〔東晉〕佛陀跋陀羅譯：《大方廣佛華嚴經》卷6，《中華大藏經》第12冊，頁66中。

〔註71〕　〔姚秦〕鳩摩羅什譯：《佛說須摩提菩薩經》，《中華大藏經》第9冊，頁792下～793上。

佛，因而敬重佛像如佛本身。佛經中對於因敬仰佛像或其它佛教畫而生信仰佛教之心，終於精進修行得成正果之事，也頗有渲染。如《佛說雜藏經》中有目連講述一位天女因見佛相好而生信敬，終得福報之事：

> 目連復見一天女坐一蓮華上，縱廣百由旬，此華獨妙，殊於餘者。所欲資生之具，堂殿飲食，隨念欲得，盡從華出，進止隨身。目連問言：作何善行，受報如此？天女答言：迦葉佛滅度後，遺全舍利，諸弟子輩，建七寶塔，塔高廣四十里。時我作女人，出見寶塔中佛像相好，信敬情發，念佛功德，脫頭上華，奉獻於像。以是因緣故，受報獨妙如此。〔註72〕

再如《大方廣如來不思議境界經》中對由審美而信敬的過程言之更詳，其文云善男子與善女人若能

> 詣精舍中，睹佛形象，金色莊嚴，或純金成，身相具足。無量化佛，入於三昧，在圓光中，次第而坐。即於像前，頭面禮足，作是思惟，我聞十方無量諸佛，今現在世，所爲一切義成佛，阿彌陀佛，寶幢佛，阿閦佛，毗盧遮那佛，寶月佛，寶光佛等。於彼諸佛隨心所樂，尊重之處，生大淨信。想佛形象，作彼如來眞實之身，恭敬尊重如現前見，上下諦觀，一心不亂。往空閒處，端坐思惟，如佛現前，一手量許，心常繫念，不令忘失。若暫忘失，復應往觀。如是觀時，生極尊重恭敬之心，如佛眞身現在其前，了了明見，不復於彼作形象解。見已即應於彼佛所，以妙花鬘末香塗香，恭敬右繞，種種供養。彼應如是，一心繫念，常如世尊現其前住。然佛世尊一切見者，一切聞者，一切知者，悉知我心如是。審復想見成已，還詣空處，繫念在前，不令忘失。一心勤修，滿三七日，若福德者，即見如來現在其前，其有先世造惡業障，不得見者，若能一心精勤不退，更無異想，還得速見。〔註73〕

《大方廣佛華嚴經》中普賢菩薩勸妙眼女修補佛像之事亦是其例，妙眼女從普賢之教修補蓮花座上年久已損壞的佛像，

> 既修補已，而復彩畫，既彩畫已，復寶莊嚴，發阿耨多羅三藐

〔註72〕 〔東晉〕法顯譯：《佛說雜藏經》，《中華大藏經》第34冊，頁399上。

〔註73〕 〔唐〕實叉難陀譯：《大方廣如來不思議境界經》，《中華大藏經》第13冊，頁557下～558上。

三菩提心。〔註74〕

在莊嚴的佛境，反覆瞻視相貌完美、又威儀赫奕之佛像，人們內心深處的夢想、期望，乃至畏懼之情在不斷地奔湧振蕩，於是佛像愈加崇高，人愈加渺小，人在佛像前不禁心神俱移，甘心俯首。甚至還有於夢中見佛相好而發心修行者，如往古意普玉王如來時有一國王，其二太子各十六歲時，

> 適臥寐，於夢中見如來形象，端正姝好，紫摩金色相好莊嚴，
> 威德巍巍，不可限量，光照十方，夢中見是心中踊悅，欣然無量，
> 其二太子從夢覺已，心中坦然，各以宿懷識道正真而歎頌曰：我今
> 夜夢見，天人中最勝，體紫摩金色，百福成其相，以在其夢中，觀
> 一切功勳，以得觀尊顏，懷悅豫無量，觀聖神光明，猶日演暉曜，
> 意中甚歡樂，超越一切眾，威光極高峻，猶如寶山王，若目睹其形，
> 靡不抱欣喜。〔註75〕

他們因夢中感如來形象而出家修行，後來歷劫下生世間，仍復夢中見如來而淨修梵行，如此反覆，終成正覺。此事中反覆出現二太子夢見如來形象的情節，強調了佛像引人發心修佛道的感召力量。

正是掌握了藝術審美功能的規律，因而僧伽即自覺地利用佛教美術來幫助修行，觀佛也是僧伽入門修行的第一步，大精進菩薩出家時就是首先通過觀看佛像之修行而開悟的。

> 大精進菩薩持畫疊像入於深山，寂靜無人，禽獸之間，開現畫
> 像。取草為坐，在畫像前結加趺坐，正身正念，觀於如來。諦觀察
> 已，作如是念，如來如是希有微妙，畫像尚爾，端嚴微妙，況復如
> 來正遍知身。復作是念，云何觀佛？爾時，林神知彼菩薩心之所念。
> 白菩薩言：善男子，汝如是念，云何觀佛，若欲觀佛，當觀畫像，
> 觀此畫像不異如來，是名觀佛，如是觀者名為善觀。時大精進作如
> 是念，我今云何觀此畫像與如來等。復作是念，如來像者，非覺非
> 知，一切諸法，亦復如是，非覺非知，如是像者，但有名字。一切
> 諸法，亦復如是，但有名字，如是名字，自性空寂無所有。如來之
> 身，其相如是，如此畫像，非證非得，非果非證者，非得者非得果

〔註74〕　〔東晉〕佛陀跋陀羅譯：《大方廣佛華嚴經》卷70，《中華大藏經》第13冊，頁354下。

〔註75〕　〔西晉〕竺法護譯：《持人菩薩經》卷2，《中華大藏經》第17冊，頁232中。

者，非住者非去非來，非生非滅，非垢非淨，非色非非色，非貪盡非瞋盡非癡盡，非陰界入，非初非中非後，一切諸法亦復如是。如來身相亦復如是，如此畫像，非覺非作。一切諸法，亦復如是。如來身相，亦復如是。如此畫像，非見非聞，非臭非嘗，非觸非知，非出息非入息，一切諸法，亦復如是，無有知者。如此畫像，非欲界攝，非色無色界攝，一切諸法亦復如是。如此畫像，非初非中非後，非此非彼，非行非非行，非取非捨，非作非誦，非實非虛，非生死非涅槃，一切諸法亦復如是。如來身相，亦復如是。菩薩如是觀如來身結加趺坐，經於日夜，成就五通，具足無量得無礙辯，得普光三昧，具大光明，成就天眼，過於人眼，以此天眼，見於東方，阿僧祇佛。得淨天耳，諸佛世尊所說之法悉能聽受，天耳淨故，一一諸佛所說之法，聽聞受持，不相障礙。……菩薩應如是觀如來身，非觀非非觀，迦葉，菩薩應如是觀如來畫像，如大精進菩薩摩訶薩觀如來像，如是觀已，成大智慧，以此智慧，悉見十方阿僧祇佛，聞佛說法。〔註76〕

這裡敘述了大精進菩薩觀佛像修行悟道的經過，可知觀佛修行之具體方法。觀佛修行時首先要有一個好的環境，大精進菩薩選擇在深山寂靜之處，而今僧伽也多是在遠離塵囂的山林石窟中或是僻靜清幽的禪堂精舍中打坐觀佛。山水之間風景優美空氣清新，偏僻之處安靜無人不受干擾，此時還要端正坐姿，調整心情，才能觀看佛像。大精進菩薩處在這樣的環境中，並能端坐調息，自然是身心放鬆，頭腦清晰，注意力集中。此時思維也異常活躍，在反覆仔細地觀察佛像，形成深刻的直觀印象之後，即由所見畫像之美而聯繫到佛本身之美，並在此基礎上不斷思索，產生了「云何觀佛」的疑問。這時有林神出來給他指點，說觀佛像如佛本身就是善於觀佛像。進而大精進菩薩又進一步思索爲什麼要把佛像當作佛本身來看，終於明瞭，畫像有名無實、自性空寂的本質與一切法的本性相同，即與佛之身相相同，因而觀畫像即是觀佛，也是觀法、悟空。大精進菩薩觀佛像而悟佛理，完滿此觀佛修行之時即得五通，成大智慧。這一修行過程恰好體現了藝術審美心理的發展過程，表明如果在適當的環境中，審美主體的心理狀態與所欣賞的對象相適

〔註76〕〔唐〕菩提流志等譯：《大寶積經》卷89，《中華大藏經》第9冊，頁179中～180上。

應，那麼就能產生很好的審美效果。審美對象與環境是激發審美感受的客觀條件，對於宗教的修行者來說，這是促進他的宗教心理發展，並引導其發展方向的條件，與主體的宗教理想相結合，即可由審美體驗而進入深層思考的精神狀態，達到對宗教思想的認知與了悟。佛教美術就是這樣通過追求美與崇高的共性體驗把審美與宗教結合在一起，在僧伽的修行中發揮著重要的作用。

　　除了觀瞻佛像的修行之外，另一種與美術相關的佛教修行方法是修不淨觀。即佛教修行四念處之第一的觀身不淨。這種修行要求修行者觀看白骨及死屍腐敗變化之過程，瞭知人事之無常，或心念自身內外之種種不淨，以破除我執之心，渴望尋求解脫之法。《摩訶般若波羅蜜經》中對觀身內不淨與觀死後屍身不淨的修行方法說得很詳細，

　　　　菩薩摩訶薩亦如是行般若波羅蜜時種種，觀身四大，地大、水大、火大、風大。如是，須菩提，菩薩摩訶薩內身中循身觀以不可得故。復次，須菩提，菩薩摩訶薩觀內身從足至頂，周匝薄皮，種種不淨，充滿身中。作是念，身中有髮毛爪齒，薄皮厚皮，筋肉骨髓，脾腎心膽，肝肺小腸，大腸胃胇，屎尿垢汗，淚涕涎唾，膿血黃白淡癊，肪□腦膜，譬如田夫倉中，滿盛雜穀種種，充滿稻麻黍粟豆麥，明眼之人，開倉即知，是麻、是黍、是稻、是粟、是麥、是豆，分別悉知。菩薩摩訶薩亦如是觀身，從足至頂，周匝薄皮，種種不淨，充滿身中，髮毛爪齒乃至腦膜如是。須菩提，菩薩摩訶薩觀內身勤精進，一心除世間貪憂，以不可得故。復次須菩提，菩薩摩訶薩若見是棄死人身，一日、二日至於五日，膖脹青瘀，膿汁流出。自念我身亦如是相，如是法，未脫此法如是。須菩提，菩薩摩訶薩內身中循身觀，勤精進，一心除世間貪憂，以不可得故。復次須菩提，菩薩摩訶薩若見是棄死人身，若六日、若七日，鳥鴟雕鷲、豺狼狐狗如是等種種禽獸，攫裂食之。自念我身如是相，如是法，未脫此法如是。須菩提，菩薩摩訶薩內身中循身觀，勤精進，一心除世間貪憂，以不可得故。復次須菩提，菩薩摩訶薩若見是棄死人身，種種禽獸食已，不淨爛臭，自念我身如是相，如是法，未脫此法乃至除世間貪憂。復次須菩提，菩薩摩訶薩若見是棄死人身，骨瑣血肉塗染，筋骨相連。自念我身如是相，如是法，未脫此法乃

至除世間貪憂。復次須菩提，菩薩摩訶薩若見是棄死人身，骨瑣血肉已離，筋骨相連。自念我身如是相，如是法，未脫此法乃至除世間貪憂。復次須菩提，菩薩摩訶薩若見是死人身，骨瑣已散在地。自念我身如是相，如是法，未脫此法如是。須菩提，菩薩摩訶薩觀內身乃至除世間貪憂。復次須菩提，菩薩摩訶薩若見是棄死人身，骨散在地，腳骨異處，髀骨、脛骨、腰骨、肋骨、脊骨、手骨、項骨骷髏，各各異處，自念我身如是相，如是法，未脫此法如是。須菩提，菩薩摩訶薩觀內身乃至除世間貪憂。復次須菩提，菩薩摩訶薩若見是棄死人骨，在地歲久，風吹日曝，色白如貝。自念我身如是相，如是法，未脫此法如是。須菩提，菩薩摩訶薩觀內身乃至除世間貪憂，以不可得故。復次須菩提，菩薩摩訶薩若見是棄死人骨，在地歲久，其色如鴿，腐朽爛壞與土共合。自念我身如是相，如是法，未脫此法如是。須菩提，菩薩摩訶薩內身中循身觀，勤精進，一心除世間貪憂，以不可得故。外身內外身亦如是，受念處心念處法念處亦應如是。〔註77〕

觀自身之不淨指的是人體本身是由地、水、火、風四大之要素構成的，體現在肉體上就是皮膚毛髮、血肉臟腑之類，然而普通人往往惑於表象，不能審知此身皆由種種不淨之物組成。因而此種觀想也是一種修行，通過此種修行觀察分析方可明瞭身內之不淨，從而厭憎有形之皮囊肉體，去尋求精神上的超脫。這種觀想法就是要把人體分解成若乾元素的組合來看待，可以說是一種解構，這種解構要能透過現象深入本質，需要經過專門的觀想修行才能達到這種境界。觀屍體腐敗的目的是體悟人生無常，肉體不堅，空無自性，很明確是要「除世間貪憂」。通過這兩種不淨觀可更深入地體悟緣起性空，然而，觀身內及到荒野尋找觀看棄屍都不易做到，因而就可利用美術形式來表現種種不淨，引導幫助修行者儘快獲得這種體驗。又因前者涉及人體內部的構造，在中國傳統觀念看來是很難用美術形式來表現的，所以佛寺中多繪有死屍及表現其變化過程的壁畫引導修行者觀想，觀察此類繪畫來體悟佛教思想即是修不淨觀，如前所述佛祖令在寺廟僧房中畫上「白骨骷髏」便是此意。

〔註77〕　〔姚秦〕鳩摩羅什、僧睿譯：《摩訶般若波羅蜜經》卷5，《中華大藏經》第7冊，頁355上～356上。

　　然而通過修不淨觀了知人身之無常不淨，並非是佛教的終極目的，在此基礎上建設一個理想境界，渡眾生到美好彼岸才是更高的追求。大乘佛教之淨土觀想正是對這一理想境界的描繪與接引，此種修行是對極樂世界一切美好事物與美麗圖景的觀想，與不淨觀正好相反，但二者並非矛盾，而是可以同時存在的，是修行過程中的兩個發展階段。

　　古印度的淨土信仰傳入中土時間較早，後漢以來便有淨土經典的翻譯，涉及阿閦佛淨土、彌勒佛淨土、藥師佛淨土、唯心淨土和阿彌陀佛淨土等多種思想。敦煌佛教壁畫中的各種淨土變佔有很大比重，如現存隋代以來的藥師淨土變和彌勒淨土變共一百餘壁，西方淨土變更多，且精品迭出，如172 窟中的南北兩壁巨幅《觀無量壽經變》都已成為敦煌壁畫中的經典之作。中國佛教中，彌勒淨土和彌陀淨土思想影響最大，彌勒淨土思想主要盛行於南北朝時期，到齊梁之間便有衰落。此期一些翻譯經典對彌勒淨土的情景作了較多描述，如譯於南朝宋初的《觀彌勒菩薩上生兜率天經》中說兜率天宮是一個充滿諸色寶物，生活著眾多天女的理想天堂，成為人們嚮往的樂土。阿彌陀佛淨土思想流行時間更長，早在東晉時期，廬山慧遠就結社在阿彌陀佛像前立誓以往生西方淨土為修行目標，隋唐以來正式建立的淨土宗就是阿彌陀佛淨土信仰，至今仍是我國佛教的重要宗派之一。對彌陀淨土境界和觀想方法的描述集中體現在淨土宗的幾種主要經典中，《佛說阿彌陀經》、《佛說無量壽經》和《佛說觀無量壽佛經》等，這幾部經中描繪了西方極樂世界的寶樹、樓閣、蓮花、七寶池、八功德水等。敦煌壁畫中的西方淨土變都包含了對極樂世界美景的刻畫，而《佛說觀無量壽佛經》所總結的十六種觀想對中國美術產生了很大影響。觀無量壽經變一般都是在繪有阿彌陀佛在極樂世界眾菩薩圍繞下說法的主畫面之外，旁邊還以條幅的形式分別畫上十六觀圖。十六觀分別是日想觀、水想觀、地想觀、寶樹觀、八功德水觀、總觀、花座觀、想像觀、遍觀一切色相觀、觀世音觀、大勢至觀、普觀、雜想觀、上品生觀、中品生觀、下品生觀。其中總觀是對極樂世界樓閣、伎樂、寶樹、寶地、寶池等的大略觀想，普觀是對極樂世界景物與佛、菩薩身的全面觀想，花座觀、佛觀、佛身觀、觀世音觀、大勢至觀是對極樂世界一佛二菩薩色身形貌的觀想，雜想觀非常特殊，因佛、菩薩身量無邊非凡夫所能想見，因而修行之初可先觀想佛、菩薩的丈六身相，是為雜想觀。

觀無量壽經變（左邊繪未生怨王故事，右邊繪十六觀圖），莫高窟第 172 窟北壁

圖像來源：樊錦詩、趙聲良：《燦爛佛宮》。

> 阿彌陀佛神通如意，於十方國變現自在，或現大身滿虛空中，
> 或現小身丈六八尺，所現之形皆眞金色，圓光化佛及寶蓮花如上所
> 說。觀世音菩薩及大勢至於一切處，身同眾生，但觀首相，知是觀
> 世音，知是大勢至。〔註78〕

經典中詳細敘述的這些觀想方法都成爲造作佛、菩薩像的依據。日想觀、水
想觀、地想觀、寶樹觀、寶池觀、寶樓觀這六種都是對自然風景的觀想，中
國山水畫起步較晚，佛經中這些景物描寫對中國的山水畫創作產生了較大的
影響。譬如敦煌第 172 窟北壁的觀無量壽經變中精緻華麗的亭臺樓閣、寶幢
寶樹讓人讚歎，與經文十六觀中的總觀想正可相應而觀。經云：

> 眾寶國土，一一界上，有五百億寶樓，其樓閣中有無量諸天，
> 作天伎樂，又有樂器懸處虛空，如天寶幢，不鼓自鳴。此眾音中，
> 皆說念佛、念法、念比丘僧。此相成已，名爲粗見極樂世界寶樹、

〔註78〕〔劉宋〕畺良耶舍譯：《佛說觀無量壽佛經》，《中華大藏經》第 18 冊，頁 668
上。

　　　　寶地、寶池，是爲總觀想，名第六觀。〔註79〕
淨土觀想不僅是佛教的一種修行，而且對中國美術與文學都產生了多方面的影響。神奇的淨土世界是佛教的修行理想，也是佛教藝術審美思想的集中體現，

　　總之，在大乘佛教中，教團利用佛教美術來營造佛教信仰的大環境，輔助佛教儀式，宣傳佛教思想，教化眾生已成爲主流。佛教美術不僅有審美的功能，而且還發揮著其特有的宗教功能。可見美術可以爲宗教所用，被賦予宗教之內涵，並能在特定的時空環境及特定的人群中，產生強大的宗教影響力，成爲宗教之藝術。內心深處追求美的強大精神力量引發的宗教實踐，必然蘊含著無窮的信仰源泉與支柱。

第二節　精神寄託、審美超越

　　佛教美術固非爲僧伽所專享者，有時教外各階層人士對於佛教美術的認知、接受與闡揚對於佛教美術的發展會起到更大的作用。首先，僧伽以美術來教化民眾時，必然要考慮其接受環境，對民眾的宗教心理及審美心理都要有所瞭解，才能令佛教美術的宣傳作用發揮最佳效果。並且僅靠教團的力量造佛像繪佛畫遠遠不能滿足佛教發展的需求，佛經中大力宣揚造像功德，鼓動廣大民眾乃至帝王將相都來參與佛教美術的創作，這樣一來，佛教宣傳範圍更大，教外人士在接受佛教美學思想的同時也爲佛教美術帶來了新鮮的技法和視角。總之，佛教美術對於教內外人士而言，其教育功能與審美功能的表現和內涵都有所不同。

一、精神慰藉、審美借鑒

　　　　　　美術直接影響的是人的精神意識、思想感情、審美心理等，只
　　　　有通過對人的精神的影響才能最終影響實際的社會生活。〔註80〕
觀瞻佛像是僧伽修行之一種，幫助他們進入三昧佛境，對於大眾來說觀瞻佛像的作用也很大。

〔註79〕〔劉宋〕畺良耶舍譯：《佛說觀無量壽佛經》，《中華大藏經》第18冊，頁664中。

〔註80〕王宏建，袁寶林主編：《美術概論》，北京：高等教育出版社，1994年，頁73。

> 我當成辦三十二相八十隨好所莊嚴身，令諸有情見者歡喜，觀
> 無厭倦。由斯證得，利益安樂。〔註81〕

佛祖爲憍尸迦講說修行般若波羅蜜多之法，其中就強調了通過修行獲得美好身體樣貌的重要性。佛像是能表現佛身之三十二相八十種好的，因知佛像之美具有令有情眾生觀之無厭，進而內心歡喜安樂的神奇效用。對美的追求是人類的共性，美好的形象能直接帶給人們愉悅感受，同時在高大完美的形象面前，人們也會因自身的不完美而受到震攝，這都是佛教利用美術形式教化眾生的基礎。佛經中對此言之甚詳，如來

> 或現諸威儀調伏眾生，或現諸勝相調伏眾生，或現隨形好調伏
> 眾生，或現無觀頂調伏眾生，或現觀視相調伏眾生，或現神光觸照
> 調伏眾生，或現遊步舉足下足調伏眾生，或現往還城邑聚落調伏眾
> 生。〔註82〕

所謂調伏者內可指調和自身之身口意三業，制伏諸惡行，外則指教化眾生，柔者以法調之，剛者以勢伏之。如大乘佛教造立佛像多以相好爲標尺，形象美好莊嚴，而密教造像則多出奇可怖，都是調伏之意。佛教欲調伏外道，令眾生皈心佛法，如來就當現出諸種威儀勝相，令觀者或悅或驚，即時臣服。大乘佛教造像往往眉目低垂、慈顏含笑，觀之可親可敬，這樣賞心悅目的形象對於普通百姓來說確實有助於緩和情緒。比如佛像常用的幾種手印，施無畏印意爲令大眾無怖畏，與願印意爲令大眾得成心願，安慰印意爲撫慰眾生心緒，這些都能起到一種心理暗示的作用，是以美術形式來表達的肢體語言。

> 云何世工匠，奇巧合聖心。圖像舉右手，示作安慰相。怖者觀
> 之已，尚能除恐懼。況佛在世時，所濟甚弘多。今遭大苦厄，形象
> 勉濟我。〔註83〕

內心空虛迷惘或是焦慮恐懼者自然會向外尋求慰藉與庇護，宗教其實也正在尋找這樣的人，因而擺出親善的姿態是必要的，美術的功能在此與宗教的教

〔註81〕 〔唐〕玄奘譯：《大般若經》卷425，《中華大藏經》第5冊，頁239下～240上。

〔註82〕 〔唐〕菩提流志等譯：《大寶積經》卷40，《中華大藏經》第8冊，頁751中。

〔註83〕 〔後秦〕鳩摩羅什譯：《大莊嚴論經》卷2，《中華大藏經》第29冊，頁620中。

義相得益彰。神佛菩薩莊嚴慈祥，悲憫眾生，怎不令人深信經文中所謂的普濟之言，而甘心交託心靈於此。教外人士欣賞佛教美術時同樣能感受到宗教美對內心的撫慰，並可能逐漸自覺地去接受這種佛教美術帶來的愉悅和輕鬆，抑或是一種麻木與逃避。需要宗教慰藉的人群絕對不是少數，大多數人都或多或少曾經有過失意與茫然，世上應少有真正能超離煩惱之境的人，宗教信仰有時對人類的精神來說是一種必需。佛教美術正是配合了這種需求，以一種現實可感的物質形態為人們提供膜拜對象。對於教外人士來說，觀瞻佛像及壁畫等遠比理解深奧的佛理容易得多，與其從浩繁的典籍中體悟教義，覓得解脫法門，不如在藝術欣賞中就找到心靈的依託，暫時拋卻煩惱更為歡喜。佛教美術在某種意義上已成為佛教的化身，擔當著為有情眾生指引方向、撫慰精神的重任。

　　具體來講，對不同階層的人而言，佛教美術對他們精神層面的影響也不盡相同。普通百姓對佛教美術形象的認識比較程序化，他們出於信仰而發願造像積功德，寄望於圖像之靈應，神佛在他們心目中已經符號化。因而他們對於佛教美術的藝術欣賞水平不高，更多地是因佛教美術而瞭解佛教的一些理念，受到佛教的教育影響，由佛教美術引發對佛教的信仰，改變個人思想認識。在佛教與佛教美術發展過程中起到更大作用的是統治階級與文人士大夫階層。佛教的發展離不開他們的接受與闡揚，佛教美術亦是如此。從釋尊開始佛教就十分重視與王權的結合，中國更是如此，東晉時道安已認識到「不依國主，則法事難立，又教化之體，宜令廣布。」〔註84〕歷代高僧中都有與帝王交往密切者，甚至為帝王師，如後趙之佛圖澄，姚秦之鳩摩羅什，隋之智顗，唐之玄奘等等。王權的力量確實給佛教和佛教美術帶來了巨大而深刻的影響。印度有優填王刻像，阿育王造塔，我國也有很多帝王親自繪畫佛像，出資開窟造像、建寺廟，如善畫佛像的晉明帝，開鑿雲岡石窟的北魏文成帝等。但也有滅佛毀經像者，如我國歷史上著名的「三武一宗」四次滅佛，給佛教美術造成了一些無可挽回的損失。不過這些法難似乎是佛祖在千載之前已預計到的，《大灌頂經》中有這樣一段文字：

　　　　佛又告童子，若我塔廟五百歲時，人多供養，無侵毀者。九百
　　歲時，諸比丘輩不修齋戒，設有修者，但相嫉妒，貪人利養，不肯

〔註84〕〔梁〕釋慧皎撰，湯用彤校注：《高僧傳》卷5，北京：中華書局，1992年，頁178。

至心求吾眞道。於是塔廟小當毀壞，護塔善神威勢轉少。若出千歲
當有比丘，樂習兵法。附近國王，及諸王子輔相臣民，以毀吾法，
因是以後，當遇惡友，斷滅吾法，塔像毀壞，無有神驗。當知善神
不復營護，故使毀壞，無人遮制。〔註85〕

最早的北魏太武帝「滅佛」，恰在佛滅後九百年前後，以後的三次都在佛滅後
千載以外，與經中文字偶合，這反而客觀上更增強了佛教徒的信仰心，幾次
法難之後佛教都又迅速恢復發展。但當時拆除的寺塔，損毀的經像，卻永遠
在佛教美術史上留下一頁缺憾。

文人士大夫階層對佛教美術的態度最爲特殊，他們既不像帝王那樣利用
宗教來鞏固統治，也不像普通百姓那樣借宗教來麻痺或安慰心靈，更不像出
家的佛教徒那樣堅定地追求涅槃解脫。莊嚴神秘的佛國境界，給他們帶來了
獨特的審美體驗，也因此而影響到他們在社會生活中的許多方面。文士的藝
術修養往往很高，有很多還是造詣極高的繪畫名家，他們對美術的喜好與理
解都有獨到之處，他們既是佛教美術的接受者，又可能成爲創新者。中國的
文人階層通常會兼受儒、釋、道思想的影響，他們雖然兼讀內典，對佛教有
一定的瞭解，但較少有完全成爲佛教信徒者。這種對佛教若即若離的情感，以
及對美術自覺地親近，使得中國文人對佛教美術有著別樣的鑒賞力。他們往
往會像局外人一樣，站在高處遠處來靜靜地欣賞佛教美術，享受這種既超然
寧靜，又不離世俗的美。文人到寺廟遊覽欣賞佛像和壁畫早成風氣，唐代詩
文中游寺賞畫之作比比皆是。同時他們對佛教美術的理解參與、學習改造也
是對佛教美術發展的很大促進。如號稱「詩佛」的王維，將佛性賦予書畫，又
以畫藝參禪，眞是畫佛合一之典型。對於文士階層而言，接觸佛教思想更多
地是從研讀佛典開始，佛教美術帶給他們的主要是審美方面的享受。

就宗教藝術的成分而言，其中宗教的意義是主要的，藝術的成
分是次要的，但是恰恰是這次要的成分，使宗教教義的滲透力、影
響力得以增強，使宗教藝術變得活潑而有生氣，也使宗教藝術更加
靠近現實世界，從而凸現出審美的因素，產生出審美價值。〔註86〕

無論美術在宗教中發揮著何種功能，藝術的審美價值都是其基礎，尤其在文

〔註85〕〔東晉〕帛尸梨蜜多羅譯：《大灌頂經》卷6，《中華大藏經》第18冊，頁264
上。
〔註86〕蔣述卓：《宗教藝術論》，北京：文化藝術出版社，2005年，頁10。

士階層的心目中，對藝術的理解借鑒與審美超越才是佛教美術真正的價值所在。統治階級與文人士大夫對佛教美術的利用與闡揚都跟美術創作有很大關係，這一點在下文影響論中還將有具體論述。

二、禮拜供養、祈福發願

佛將滅度時對阿難說：

> 汝莫憂悲，我之正法當廣流佈，增益天人。阿難，我之舍利及我形象遍閻浮提，何況人不見處，所謂天龍夜叉羅刹乾婆阿修羅迦樓羅緊那羅摩睺羅伽鳩槃荼等，宮殿之中所造形象。阿難，汝莫憂悲，我法毗尼於諸天人當廣流佈。……若我滅後，所有善男子善女人，心生敬信，為我造立形象塔廟。阿難，應生深信，慎莫疑惑。我說是人以此善根，一切皆當得涅槃果，盡涅槃際，阿難，且置現在供養我者，且置我滅度後供養如芥子等捨得者，且置為我造立形象及塔廟者。〔註87〕

> 若於四衢道中，多人觀處，起佛塔廟，造立形象，為作念佛，善福之緣。〔註88〕

因見佛教形象而信仰佛教，又因敬信佛教而大興佛教美術，佛法流佈與佛教美術的傳播是同步發展、互相促進的，造像敬像就等同於敬信佛教。在教外人士看來，佛教美術幾乎是被當作神佛與佛教本身來看待的，其認識功能得到充分發揮。

在佛教理念中，觀看佛像還有令觀者獲得無量福報之功。如《入定不定印經》與《不必定入定入印經》各有提到看佛像之福，

> 若復有人得聞佛名若一切智名，若世間主名。若觀形象乃至經卷所有畫像，其福勝彼無量無數，何況有人合十指爪而為恭敬，其福勝彼無量無數，況復以諸燈明香花乃至贊佛一相功德，其福轉勝。於當來世受大富樂，乃至到於一切智智妙吉祥。如一滴水投大海中，乃至劫火起時，終不中盡。〔註89〕

〔註87〕〔高齊〕那連提耶舍譯：《大悲經》卷2，《中華大藏經》第15冊，頁197下～198上。

〔註88〕〔後秦〕鳩摩羅什譯：《佛說華手經》卷9，《中華大藏經》第22冊，頁302上。

〔註89〕〔唐〕義淨譯：《入定不定印經》，《中華大藏經》第16冊，頁882下。

> 有若善男子，善女人，若聞佛名，一切智名，若如來名，世間
> 主名。若自稱説或見畫像，或見乃至土木等像，此福勝彼過阿僧祇，
> 何況復有合十爪掌，此福尚多過阿僧祇，何況復有若與燈明華香塗
> 香乃至口説一切德者，所有福德轉勝轉多。〔註90〕

僅是自己說說看過佛像，所得福報就比聽説佛名等要大無數倍，如果供養佛
像福德又更大無數倍。

> 若復有善男子善女人，見於壁上一畫佛像，或經夾中見畫佛像。
> 文殊師利，此福勝前無量阿僧祇，何況合掌若以一華奉施佛像，或
> 以一香，或以末香，或有塗香，或然一燈。文殊師利，此福勝前無
> 量阿僧祇。〔註91〕

凡觀瞻禮拜供養佛像與掃塔繪圖造像等功德，佛經都不避其繁，言之甚詳，
還有像《佛説作佛形象經》及《佛説造立佛形象福報經》等專門解説造像因
果的經卷，這也是對佛教美術的宣揚。各階層人士無論出於何種目的，都有
熱心於造立佛像供養祈福者。

佛經中對造作塔像、修補或清掃塔像、供養塔像等應獲之福報分別都有
具體的規定，這些福報等級、形式各不相同，更令人信服。如妙眼女修補佛
像功德，

> 妙眼女於彼如來遺法之中，普賢菩薩勸其修補蓮華座上故壞佛
> 像。既修補已，而復彩畫，既彩畫已，復寶莊嚴，發阿耨多羅三藐
> 三菩提心。善男子，我念過去由普賢菩薩善知識故，種此善根，從
> 是已來，不墮惡趣，常於一切天王，人王種族中生，端正可喜，眾
> 相圓滿，令人樂見，常見於佛，常得親近普賢菩薩，乃至於今。示
> 導開悟成熟於我，令生歡喜。〔註92〕

妙眼女因受普賢指點修補佛像，而發向佛之心，得不墮惡趣，生常端正富貴，
是對修補佛像福報的解説。又如《佛説菩薩本行經》中記一阿羅漢自述前世
因掃塔瞻像而得證羅漢果之緣由：

〔註90〕〔元魏〕瞿曇般若流支譯：《不必定入定入印經》，《中華大藏經》第 16 冊，
頁 872 中。

〔註91〕〔元魏〕曇摩流支譯：《信力入印法門經》卷 5，《中華大藏經》第 13 冊，頁
503 下～504 上。

〔註92〕〔唐〕實叉難陀譯：《大方廣佛華嚴經》卷 70，《中華大藏經》第 13 冊，頁
354 下。

有阿羅漢名婆多竭梨，自說前世無央數劫時世有佛名曰：定光如來至眞等正覺明行成為善逝世間解無上士道法御天人師，有大慈哀，眾祐一切，為於眾生，作大依怙，興出於世，教化人天，皆令成道，乃取滅度。分佈舍利起於塔廟，法欲末時，我為貧人，無餘方業，窮行採薪，遙見大澤中有塔寺，甚為巍巍。我時見之，心用欣然，踴躍難量，即便行往，到其塔所，瞻睹形象，歡喜作禮。見諸狐狼，飛鳥走獸，在中止宿，草木荊棘，不淨滿中，迥絕無人，無人行迹，無供養者。而我睹見，心用愴然，不曉知如來威神功德之法，但以歡喜誅伐草木及於掃除，不淨盡去。掃塔已訖，一心歡喜，繞之八匝，叉手作禮而去。持此功德，壽終之後，得生第十五光音天上，以眾名寶，用為宮殿，光明晃煜，於諸天中，特為巍巍，不可計量。儘其天壽，而復百返為轉輪聖王，七寶自然，典主四域。復畢其壽，常生國王大姓長者家，財富無數，顏容殊妙，無有雙比，人見歡喜，莫不愛敬。欲行之時，道路白淨，虛空之中，雨散眾花，用此恭敬，生處自然。一阿僧祇九十劫中，回流宛轉，常生天上，及與人中，尊榮豪貴，封授自然，不墮三塗。我憶此事，大自雅奇，今我最後福願畢滿，遭值釋師，三界中雄，入於尊法，便成沙門，六通清徹，無不解達，諸欲永盡，得成羅漢，無復惱熱，冷而無暖，其心清淨，獲於大安。若有能於佛法及與眾僧所作如毛髮之善，所生之處，受報弘大，無有窮極。自念往古所作德行，報應如是者乎！〔註93〕

阿羅漢是小乘佛教四果中的最高果位。此人前世掃塔禮拜而生生世世常得端正富貴，數世輪迴之後得成羅漢。這些與《佛說作佛形象經》中所歸納的造作佛形象之福報有類似也有不同，作佛像之福德似乎更大，比如說來世能得身體完好，面貌端正清潔，生於豪貴之家，錢財珍寶無數受用，或能成為皇帝王侯，上壽可享一劫，智慧過人，這些都和前者差不多。而死後生梵天，則與前者生光音天有所不同。光音天屬色界之二禪天，梵天屬色界之初禪天，光音天境界彷彿更高。不過經文又說能夠持寶物敬佛者都非凡人，而是前世曾作佛像者，甚至

〔註93〕佚譯人名：《佛說菩薩本行經》卷上，《中華大藏經》第 22 冊，頁 647 中～648 上。

作佛形象，後世死不復更泥犁禽獸薜荔惡道中生，其有人見佛
形象以慈心又手自歸於佛塔捨得者，死後百劫不復入泥犁禽獸薜荔
中，死即生天上，天上壽盡復來下生世間，爲富家作子，寶奇物不
可勝數，然後會當得佛泥洹道。〔註94〕

泥洹即是佛道，是大乘佛教的最高境界，大乘與小乘雖不能遽以高下分別，
但終究阿羅漢還不是佛。從這一點來看，直接參與造作佛像當比掃塔禮拜效
果更好。

禮佛造像的福報具體大到什麼程度，有時是說不清楚的，只能說其福報
極大，而具體限量誠非一般人可知者，如《佛說雜藏經》裏有以一花奉佛像
而遍訪聖賢問功德事者。先有月氏國王因作三十二佛塔，寺中皆有好形象，
而得成阿羅漢道，

王去世後，一人得菴羅樹花，其色如金，是人得好花，欲爲首
飾，即自相念，此頭無常，壞時狐狗食啖，糞土同流，何用嚴飾？
即持入佛塔，見佛像相好，心生念言，此是釋迦牟尼佛像相好，續
念佛功德，。是一切智人，大慈大悲，十力四無所畏等功德。念已
心熱毛豎，即以華上佛。上佛已，念言，雖聞佛說一華供養佛得大
報，不知齊限多少。即出見勸化道人，問言，以一花散佛得幾許福
德？答言，我厭世苦，捨五欲出家受戒而已，不讀經書，如此深
事，我不能知，當問讀經聰明者。即往問讀經道人，答言，我如畫
師，隨所聞見，無有天眼神通，不能知見善惡果報。即示坐禪道人
可往問，坐禪道人上坐是六通羅漢，必知此事。即便往問念佛功
德，心熱毛豎，以一花散佛，得幾許福德？阿羅漢即爲觀之，捨此
身已，次第受天上人中福德，一世至千萬億世，從一大劫乃至八萬
大劫，福猶不盡，過是已往，不能復知。阿羅漢自以眾所推舉，一
花果報，云何不知。即語此人小住，語已，遣化身兜率天上詣彌勒
所。俱稱賢者所說，表之彌勒，得幾許果報？彌勒答言，不能知。
正使恒河沙等一生補處菩薩，尚不能知，況我一身。所以者何？佛
有無量功德，福田甚良，於中種種果報無盡，待我將來成佛乃能知
之。〔註95〕

〔註94〕佚譯人名：《佛說作佛形象經》，《中華大藏經》第19冊，頁333中。
〔註95〕〔東晉〕法顯譯：《佛說雜藏經》，《中華大藏經》第34冊，頁401上～中。

以一花奉佛像，所得福報之量，唯佛能知，可謂推崇至高。反之，如果曾經破壞佛像，必將遭受惡報，至與殺人者同罪。

> 佛以神力令病者得愈，形殘者得具足。云何名形殘者？若有人先世破他身，截其頭斬其手足，破種種身份，或破壞佛像，毀佛象鼻及諸賢聖像，或破父母像，以是罪故，受形多不具足。〔註96〕

然而佛教慈悲爲懷，即使對這類前世作惡之人也以德報之，更展示了佛教普度眾生、平等解脫之宗旨。

有意思的是，畫工匠師等人造作佛像之因果十分特殊，寺廟僧舍園林殿堂中的佛像經變大都出自這些匠人之手，而繪畫匠作對他們來說是一種職業，謀生的手段。他們中雖然也有在家的佛教信仰者，但大多數是對佛教瞭解不多的，他們圖畫製作佛像等會接受報酬，且出資者一定會隨其所願，不能給他們講價錢。〔註97〕佛教認爲出資造像者才是眞正功德主，實際操作的畫工則另當別論。發願造像者自己一般沒有繪畫雕刻這些技藝，必須仰賴畫師，如日本來華僧人圓仁就在他的行記中對請畫工畫佛像的報酬有明確記載。

> 十三日。喚畫工王惠。商量畫胎藏幀功錢。十五日。齋了。睡見當寺老僧送冊疋絹來云。有施主知道和尚擬作胎藏像。故付布施來云云。房裏有俗人十人許。相共隨喜云。和尚令早作胎藏曼荼羅。錢物滿滿。無著處領得其物。又夢有一僧。將書來云從五臺山來住北臺。頭陀會書慰問日本和尚。便開封看書。初注云。生年未相謁。先在五臺一見云云。具問詞。會送來白絹帶。小刀子並舊極好。領得其物。擎喜云云。晚間。博士惠來。畫幀功錢同量定了。五十貫錢作五副幀。二十八日。始畫胎藏幀。〔註98〕

此是圓仁和尚發心繪曼荼羅像，並有多位施主布施錢物，畫工王惠受值五十貫錢爲畫圖五幀。工匠雖然本無造像之願，卻實際直接參與了製作佛教美術的過程，因而他們作佛像的福報與功德主不同，經中對此有專門的說明。

> 三十三天中種種鳥獸，有種種色，種種莊嚴，種種形相，種種

〔註96〕〔姚秦〕鳩摩羅什譯：《大智度論》卷8，《中華大藏經》第25冊，頁246下。

〔註97〕案：參見《佛說陀羅尼集經》卷11：「其造像直，不得還價。」

〔註98〕〔日〕圓仁：《入唐求法巡禮行記》，南寧：廣西師範大學出版社，2007年，頁121。

音聲，種種寶翅，遊戲受樂於園林中，如實觀之，知微細業因緣果報。彼以聞慧見諸眾生爲工畫師，雖受雇直，無巧僞心，爲他營福。圖畫僧房、講堂、精舍，明淨彩色，以青黃朱紫，種種雜色，圖畫佛塔、精舍、門閣，或作山樹人龍鳥獸師子虎鹿。園林城郭浴池戲處蓮花林池，沙門婆羅門軍營殿堂，爲供養佛，莊嚴因緣，圖飾形象，受人雇值。或覆刻鏤，或以泥木，金銀銅等，如是種種，造立形象。諸工匠師，命終生天，受眾鳥身，造作雜業而不持戒，作此鳥身，或受鹿形，眾蜂之身，常受快樂，如其作業，得相似果。如天受樂，無智造業，雖有思心，以無智故，癡身受樂，於天園林，遊戲受樂，山林峰嶺如畫刻鏤，象牙金銀如素所爲，如印印物，於天園林生無量色，如本彩色天，復於此光明林中遊戲歌舞，受種種樂，此光明天乃至愛善棄盡，命終還退，隨業流轉，墮於地獄餓鬼畜生。若有善業，生於人中，常受安樂或爲國王或爲大臣，爲無量人之所供養，樂行遊戲，受於節會，心常歡喜，顏色端正，飲食如意，常受安樂，他不能奪，床蓐臥具，園林遊觀，奴婢充足，以餘業故。〔註99〕

說得眞是詳細，畫師們雖然是爲了生活收取繪畫費用，但終究是兢兢業業完成任務，幫助他人營求福德，所以該有善報。死後生天享受快樂，身體化作鳥獸這些他們生前所畫之物，對他們而言，作畫簡直就是在作業，想必畫技高明者來世作鳥獸也會作得更漂亮些。畫師們的報應與普通人不同之處在於，普通人隨生前行爲之善惡而直接得善報或惡報，而畫師之果報則分成兩部分，因爲曾造作佛畫，必然先受此善報，生天受樂。此報受盡之後，還要承擔自身其他行爲的果報，或善或惡，應當各得其所。在畫師因緣中佛教美術成爲業畫，其預言及心理暗示之作用最爲明顯。功德主發願而畫師幫助他們造像，可以收取雇值，還可得善報，但是佛經中對造作佛像販賣謀財者則完全是另一種態度。

佛告迦葉，於當來世，後五百歲，有諸比丘，不修身不修心不修戒不修慧。若於疊上，牆壁之下，造如來像，因之自活。以此業故，自高慢人。爾時摩訶迦葉白佛言，世尊，波斯匿王造如來像得

〔註99〕〔元魏〕瞿曇般若流支譯：《正法念處經》卷27，《中華大藏經》第35冊，頁127下～128中。

福多不？佛言迦葉，得福甚多，波斯匿王造如來像，施無價衣，不求衣服飯食之報。迦葉，彼愚癡人爲活命故，造立形象，迦葉，若賣畜生猶尚不善，況彼癡人作如來像於白衣前而衒賣之以自活命。迦葉，譬如有人幼小無知，捨棄甘露而飲毒藥，迦葉，彼愚癡人亦復如是，造如來像爲資生故而便賣之，是名爲毒。〔註100〕

將造賣佛像者比之爲毒，爲販賣謀利而造佛像不但不能得福報，反正會成爲造像者的罪業。因知造作佛像與售賣佛像之業報在佛教中是嚴格區別對待的，爲輔助功德主完成功德而造像與造像謀利是完全不同的。

身體健康，容顏出眾，生而富貴，死後生天，壽長一劫，最終入涅槃道，跳出輪迴，這麼優厚的待遇對有情眾生來說可謂極矣。而得到這種待遇的條件不過是造作佛像，權衡之下確實是投入少獲益大，其對世人的吸引力可想而知。以上所引經文主要是說作佛像能得何種福報，還有一些經具體說了怎樣作、作怎樣的佛像可得福報，如《法華經》。此經在我國流傳極廣，其中有關造像功德的一段記述頗爲人熟知，產生過很大的影響。什譯本《妙法蓮華經》是這樣說的：

若人爲佛故，建立諸形象，刻雕成眾相，皆已成佛道。或以七寶成，鍮石赤白銅，白鑞及鉛錫，鐵木及與泥。或以膠漆布，嚴飾作佛像，如是諸人等，皆已成佛道。彩畫作佛像，百福莊嚴相，自作若使人，皆已成佛道。乃至童子戲，若草木及筆，或以指爪甲，而畫作佛像。如是諸人等，漸漸積功德，具足大悲心，皆已成佛道。但化諸菩薩，度脫無量眾。若人於塔廟，寶像及畫像，以華香幡蓋，敬心而供養。若使人作樂，擊鼓吹角貝，簫笛琴箜篌，琵琶鐃銅鈸。如是眾妙音，盡持以供養。或以歡喜心，歌唄頌佛德，乃至一小音，皆已成佛道。若人散亂心，乃至以一華，供養於畫像，漸見無數佛。或有人禮拜，或復但合掌，乃至舉一手，或復小低頭，以此供養像，漸見無量佛，自成無上道，廣度無數眾，入無餘涅槃。若人散亂心，入於塔廟中，一稱南無佛，皆已成佛道。〔註101〕

〔註100〕〔唐〕菩提流志等譯：《大寶積經》卷89，《中華大藏經》第9冊，頁178上。

〔註101〕〔姚秦〕鳩摩羅什譯：《妙法蓮華經》卷1，《中華大藏經》第15冊，頁516中～下。案：竺法護所譯《正法華經》與崛多笈多二法師所譯《添品妙法蓮華經》都有相近文字，可資參考。

可知無論以何種材料、工具、技法來製作佛像，甚至是童子戲作佛像者，都能得成佛道，或於佛像前供養音樂、香花，合掌低頭、一頌佛號，亦能成佛道。還有很多種經如《佛說無上依經》、《甚希有經》、《佛說未曾有經》等，在講造像功德時都提到造作佛像無論大小，僅是作一個像阿摩洛果那樣大的佛塔或是一尊麥粒兒大的佛像，所得福報就不可勝計。奘師所譯《甚希有經》中云：

> 世尊告阿難曰，且置四洲及天帝釋大寶層臺，假使若有諸善男子或善女人，能造百千俱胝層閣，高廣嚴麗，皆如帝釋妙寶層臺，奉施四方大德僧眾。復有諸善男子或善女人，於諸如來般涅槃後，起窣堵波，其量下如阿摩洛果，以佛馱都如芥子許安置其中，樹以表刹，量如大針，上安相輪，如小棗葉。或造佛像下如穬麥，以前福聚比此福聚於百分中不及其一，於千分中亦不及一，於百千分數分算分計分喻分，乃至鄔波尼殺曇分，亦不及一。何以故？阿難如前福聚其量雖多，然不及者，爲諸如來於三大劫故，阿僧仙耶修集無量勝戒定慧及以解脫知見，皆圓滿故。如來無量慈悲喜舍十方六趣教化神通，皆圓滿故。如來無量布施持戒忍辱精進靜慮智慧及餘功德，皆圓滿故。以是當知造佛形象及窣堵波所獲福聚不可思議，不可比喻。〔註102〕

造一尊麥粒那麼小的佛像竟然比花費鉅資建造高廣寶臺以爲布施的功德還要大無數倍，是福報最大的一種修行，眞是難以置信。接下來的經文還說明了這種果報的因緣，正是因爲如來功德圓滿，所以爲其立像就相當於學習、修行如來之無量功德，即使不能成佛，也可享受非常之善果。這實際上也是從另一個角度表述如來功德，是對佛與佛教的極高讚美。如來之功德完滿地體現了佛教之內涵，如戒定慧三修、解脫知見、慈悲喜捨、六趣教化神通及六度等，這些正是對佛教精義的揭示。眾生爲佛造像的過程，就是深入體會釋尊累世修行六度等最終成佛的過程。把卷帙浩繁的佛經、深奧玄妙的佛理濃縮成一尊相好具足的佛像，造像完滿即如佛在現前，看似最簡單的、甚至是無心而爲的造像之事，亦是對佛教精神的一次巡禮弘揚。可見佛教宣傳造像

〔註102〕〔唐〕玄奘譯：《甚希有經》，《中華大藏經》第19冊，頁160上～中。案：《大般涅槃經》及《南本大般涅槃經》都有「造像若佛塔，猶如大拇指，常生歡喜心，則生不動國。」之語，與此相類。

功德的意義，也揭示出美術在佛教傳播中的重要作用。

> 佛言，文殊，若有善男子善女人等，發心造立藥師琉璃光如來
> 形象，供養禮拜。懸雜色幡蓋，燒香散花，歌詠讚歎，圍繞百匝，還
> 本座處，端坐思惟，念藥師琉璃光佛無量功德。若有男子女人，七
> 日七夜，菜食長齋，供養禮拜藥師琉璃光佛，求心中所願者，無不
> 獲得。求長壽得長壽，求富饒得富饒，求安隱得安隱，求男女得男
> 女，求官位得官位，若命過已後，欲生妙樂天上者，亦當禮敬藥師琉
> 璃光佛至眞等正覺。若欲上生三十三天者，亦當禮敬琉璃光佛，必
> 得往生。若欲與明師世世相值遇者，亦當禮敬琉璃光佛。〔註103〕

這段經文把造像祈福的幾種常見情況列舉了出來，從佛經來看，所有這些願望只要通過造佛像、禮敬佛像都保證能夠實現，不過是在遙遠的來世甚至是無數劫之後了。眾多造像發願文中的祈禱目的五花八門，但歸納起來眾生所願者不外是生得「長壽」、「富饒」、「安隱」、「男女」、「官位」等，還要死得生天，與世尊相值。因為造像禮拜功德無量，能得種種福祐，上自帝王，下至庶民都有不少熱衷於發願造像，祈福攘災者。李淵在滎陽大海寺為李世民造石像袪病消災正是其例。普通百姓發願造像者為數更多，現存的眾多造像碑發願文就是對這種情況的眞實記錄。如北魏太和二十二年（498）始平公為亡父造石像一區，碑文中的祈願內容為：

> 願亡父神飛三□，智周十地，□玄照則萬□□□，晨慧響則大
> 千斯□。元世師僧父母眷屬，鳳翥道場，鸞騰兜率。若悟落人間，
> 三槐獨秀，九棘雲敷，五大群生，咸同斯願。〔註104〕

願亡者生天，生者長壽，若死後轉世為人也當位列三公，長享富貴，此類發願文十分常見。碑文中說明為家人造像兼為帝王祈福者也比比皆是，如北魏孝昌二年（526）滎陽太守元寧造石像，其文云：

> 願主上萬祚，臣僚盡忠，後宮皆潤。願天下太平，四方慕儀。
> 又願亡考生天，安養國土，上下延壽，兄弟眷屬，含靈有識，蠢動
> 眾生，普同斯福。魑龍山嶽，靡不慈仁，所願如是。〔註105〕

又如唐有百姓李萬通造彌勒佛像一區：

〔註103〕〔東晉〕帛尸梨蜜多羅譯：《大灌頂經》卷12，《中華大藏經》第18冊，頁315下。

〔註104〕〔清〕王昶：《金石萃編》卷27，頁5。

〔註105〕〔清〕王昶：《金石萃編》卷29，頁6。

　　　　上爲天皇天后，又爲亡父，見存母賈，及七祖行靈，存亡頭髮，

法界蒼生，俱登正覺。〔註106〕

看到這樣的發願文，怎能不肅然起敬，不僅爲自身與先人發願，更是爲天下
蒼生發願，上自國主，下槪有情乃至無情，可謂弘願。雖然說普度眾生是大
乘佛教之要義，而像這樣在造像碑文中表明爲帝主爲社稷祈福的心願更明顯
地流露了儒家思想的影響。釋尊當年捨了王位出家求涅槃，但卻不強求世人
都像他那樣一步到位地成佛，願意當王侯將相的他也很支持，只要出點錢或
出點力造些佛像出來，以後就有機會實現願望了。佛經中說的造像積功德，
來世就可生帝王之家，相對而言，本土的碑文表達得更爲含蓄，最多是想三
槐作相。也有專爲他人造立佛像者，如北魏時的比丘法生就曾以碑文記錄了
他爲孝文帝與其弟北海王母子造佛像，發願爲他們祈福之事。然而沒過多久
北海王就獲罪暴死，可見比丘法生爲北海王造像祈福應該沒有起到什麼好作
用。王昶輯錄此文時有按語云：「（北海）暴死，沙門之造像求福，亦何益哉？」
〔註107〕這可謂是跟眾多的造像靈驗記唱了反調，但在確鑿的事實面前，此問
亦發人深省。不過，不管佛教所宣傳的造像得福究竟能否應驗，世人希望通
過造像祈願而解脫現世之苦，獲得福報，追求美好生活的願望永遠都是無可
厚非的。

第三節　圖文交輝、理事圓融

　　佛教善於用譬喻來闡述佛理，佛經中有很多譬喻、寓言故事，如著名的
法華七喻，還有《百喻經》這樣幾乎全用譬喻的典籍。佛經譬喻是佛教文學
研究中一個很重要的課題，在眾多類型的譬喻中，有不少是與美術題材相關
的，這類譬喻往往能以簡明、形象的繪畫理論與技法來說明深刻的道理。這
與佛教重視美術的教化作用有很大關係，也反映了美術與民眾生活的息息相
關，通過對這一類譬喻的分析研究可以瞭解佛教美術思想以及佛教美術的主
要形式和特點。這種以美術來譬喻佛理的做法，更是令佛教美術的認識、教
育作用發揮得淋漓盡致，對宣教者與接受者而言都具有化繁爲簡，以實證虛
的效力。

〔註106〕〔清〕王昶：《金石萃編》卷59，頁9。
〔註107〕〔清〕王昶：《金石萃編》卷27，頁6。

一、以美術題材譬喻佛教的重要理論

如來藏思想是佛教中的重要理論之一，認爲一切眾生自身之中都有佛性，只要在適宜的時候能夠反觀自身，智慧開悟，破除煩惱，發現自己的佛性就可成佛。在《大方等如來藏經》中就以一個鑄師鑄佛像的形象譬喻，深入淺出地說明了這個道理。

> 譬如鑄師，鑄眞金像，既鑄成已，列置於地，外雖焦黑，内像不變，開模出像，金色晃耀。如是善男子，如來觀察一切眾生佛藏在身，眾相具足。如是觀已，廣爲顯説，彼諸眾生，得息清涼，以金剛慧，摧破煩惱，開淨佛身，如出金像。爾時，世尊以偈頌曰：譬如大冶鑄，無量眞金像，愚者自外觀，但見焦黑土，鑄師量已冷，開模令質現，眾穢既已除，相好晝然顯，我以佛眼觀，眾生類如是，煩惱淤泥中，皆有如來性，授以金剛慧，摧破煩惱模，開發如來藏，如眞金顯現，如我所觀察，示語諸菩薩，汝等善受持，轉化諸群生。〔註108〕

此喻可謂貼切，以眞金佛像喻佛性，以焦黑土模喻煩惱，以冷卻之後開模現質喻一旦時機成熟，成就智慧就可顯現佛性，如來藏的思想就這樣與一個鑄造佛像的事例完美匹配，令人易於省思開悟。《究竟一乘寶性論》中也有相同的譬喻，還以問答的形式把喻義表述得更明瞭：

> 問曰：模像譬喻爲明何義，答曰：泥模譬喻者，諸煩惱相似，寶像譬喻者，如來藏相似，偈言：有人融眞金，鑄在泥模中，外有焦黑泥，内有眞寶像，彼人量已冷，除去外泥障，開模令顯現，取内眞寶像，佛性常明淨，客垢所染污，諸佛善觀察，除障令顯現，離垢明淨像，在於穢泥中，鑄師知無熱，然後去泥障，如來亦如是，見眾生佛性，儼然處煩惱，如像在模中，能以巧方便，善用説法椎，打破煩惱模，顯發如來藏。〔註109〕

這類模像譬喻中展示了造像中的模鑄工藝，先以泥做成像模，再把熔金注入其中，等冷卻凝固之後打破泥模取出金像，正好和破除煩惱成就如來藏的過程相一致。佛經中這些恰當又簡明的譬喻不僅增添了經文的文學色彩，而且

〔註108〕〔東晉〕佛陀跋陀羅譯：《大方等如來藏經》，《中華大藏經》第 20 冊，頁 562 上～中。

〔註109〕〔後魏〕勒那摩提譯：《究竟一乘寶性論》卷 1，《中華大藏經》第 30 冊，頁 481 上。

爲我們瞭解佛教美術技法及其對中國美術的影響提供了直接的材料。

業報輪迴思想是佛教許多理論得以展開的基礎，佛教經典中也經常使用譬喻的形式來闡釋這一重要思想，如《瑜伽師地論》中即有以書畫喻補特伽羅者：

> 云何書畫喻補特伽羅，謂如有一，如其所製，羯磨言詞，即如是轉，不增不減，如書畫者。〔註110〕

此處以書畫來喻補特伽羅的性質亦可謂適當。作爲業報輪迴的主體和種子，補特伽羅本身無可捉摸，是一個不易解說的概念，此論中還以良慧、鸚鵡、炬燭、電光等分別從不同的角度取譬，書畫喻者取書畫於事不增不減之性質，說明了補特伽羅承擔業報時的永恒不變。可見佛教是認爲書畫本身非實體之事物，只能流轉展現而不能對事物本身有所增減的。

壁畫是佛教繪畫的主要形式，在佛教中應用極廣，因而佛經中經常以壁畫來作譬喻，尤其經常被用來譬喻業報思想，如《正法念處經》云：

> 如閻浮提，日光既現，則無暗冥，惡業盡時，閻羅獄卒，亦復如是，惡口惡眼，如眾生相，可畏之色，皆悉磨滅，如破畫壁，畫亦隨滅，惡業畫壁，亦復如是，不復見於，閻羅獄卒，可畏之色，以如來説，閻羅獄卒，非眾生數，故是名地獄眾生得脫地獄，生於天上。〔註111〕

這裡以壁畫依附於牆壁的關係來說明承受惡業盡時，業報即隨之磨滅，並造成新的業報因果。這一譬喻在佛經中還可以找到很多例子，如《正法念處經》中有一偈對業報的減退，直到磨滅的因果關係都敘述更詳。其文曰：

> 五炎遍熾然，愛風之所吹，諸欲所迷惑，放逸火焚燒，故業將欲盡，而不作新業，業盡故還退，諸天皆如是，若至欲退時，苦惱破壞心，無有能救者，唯除於善業，喜樂於富樂，常愛諸天女，自心之所誑，當至大惡處，爲無常所壞，云何不覺知，終至於命盡，一切皆別離，以心貪境界，爲自業所誑，天命念念過，以愛破壞心，譬如畫壁滅，彩畫皆亦亡，以其業盡故，天報亦隨失，五根貪境界，未曾有厭足，如酥油投火，熾然無厭足。〔註112〕

〔註110〕〔唐〕玄奘譯：《瑜伽師地論》卷69，《中華大藏經》第28冊，頁75上。

〔註111〕〔元魏〕瞿曇般若流支譯：《正法念處經》卷34，《中華大藏經》第35冊，頁203中。

〔註112〕〔元魏〕瞿曇般若流支譯：《正法念處經》卷62，《中華大藏經》第35冊，

二、佛經譬喻中的夢境與幻相

《金剛經》中著名的「六如偈」體現了佛教虛無的世界觀，認為一切事物乃至法都如夢幻泡影般無實體，如露電一樣轉瞬即逝。這正是《金剛》要義，亦是佛教大乘空宗的理論基礎，因而佛經中以夢境與幻相為譬喻者比比皆是。大乘佛教認為世界的本原是空，一切所見所感皆虛妄不實，佛經中就常常以描寫夢境和幻相來表現這種思想。雖然一切皆空，但佛教的宣傳教化又離不開具體的形象，夢幻雖不實，但夢幻之中的形象在佛經中則有較多的具體描繪，這類對夢境幻相的描寫在佛經中為數不少，其中多以夢幻為譬喻說明色像不可執著。

首先，佛教認為精進修行可得善果，其中之一就是得到善夢，遠離惡夢。如《大般若經》中描述了一心繫念般若波羅蜜多時的夢中所見：

> 繫心般若波羅蜜多，夜寢息時無諸惡夢唯得善夢，謂見如來應正等覺，身真金色相好莊嚴放大光明，普照一切聲聞菩薩，前後圍繞身處眾中，聞佛為說布施、淨戒、安忍、精進、靜慮般若波羅蜜多，乃至無上正等菩提相應之法。〔註113〕

有時也以夢幻之境表現供養信奉佛教的因果功德，如《放光般若經》中云：

> 是善男子善女人若見異色淨光明者，是為知諸天人來聽受般若波羅蜜，作禮恭敬……終無惡夢不見餘夢，但夢見佛，但夢聞法，但見比丘僧，但見三十二相，八十種好，但見諸弟子圍繞而為說法，但見聽聞六波羅蜜，但見三十七品，佛十八法，但見發遣六波羅蜜，其義具足，但見坐佛樹下，但見諸菩薩往至佛樹，成阿耨多羅三耶三佛時，但見已成阿惟三佛，而轉法輪，但見無央數百千諸菩薩眾，但見當作是受薩雲若慧，但見教化眾生淨佛國土，但聞十方無央數諸佛音聲，但聞某方某國某佛字某若干百千菩薩弟子，眷屬圍繞而為說法，但見十方若干諸佛般泥洹者，但見已般泥洹，取其舍利起七寶塔，以名花香供養塔者拘翼，是善男子善女人所夢，如是但見殊妙之像。〔註114〕

大乘佛教重視佛像的造作，認為崇拜偶像和造作佛像都會得到福報，此期佛

頁 496 上。

〔註113〕〔唐〕玄奘譯：《大般若經》卷 503，《中華大藏經》第 6 冊，頁 21 中～下。

〔註114〕〔西晉〕無羅叉譯：《放光般若經》卷 7，《中華大藏經》第 7 冊，頁 97 下～98 上。

教美術的主要題材就是各種佛像、菩薩像。佛經中對佛和菩薩的形象有詳細的描述，多種經及論對釋尊的三十二種大人相和八十種隨形好不厭其煩地予以介紹，成爲造作佛像的基本準則。因而這些在善夢中見到佛祖相好莊嚴，放大光明的情景就是佛教崇拜偶像，神化釋尊形象的具體表現。

其次，佛教中常常會宣揚神通幻化之事，有些也用來譬喻世事之無常無實。如《大般若經》中有一段對幻師及其弟子精彩表演的細緻描繪：

> 如工幻師或彼弟子，執持少物於眾人前幻作種種異類色相，謂或幻作男女大小，或復幻作象馬牛羊駝驢雞等種種禽獸，可復幻作城邑聚落園林池沼，種種莊嚴甚可愛樂，或復幻作衣服飲食房舍臥具花香瓔珞種種珍寶財穀庫藏，或復幻作無量種類伎樂俳優，令無量人歡娛受樂，或復幻作種種形相，令行布施，或令持戒，或令安忍，或令精進，或令習定，或令修慧，或復現生剎帝利大族乃至居士大族，或復幻作諸山大海，妙高山王輪圍山等，或復現生四大王眾天乃至他化自在天，或復現生梵眾天乃至色究竟天，或復現生空無邊處天，乃至非想非非想處天，或復現作預流一來不還阿羅漢獨覺，或復現作菩薩摩訶薩從初發心修行布施波羅蜜多乃至般若波羅蜜多，修行四靜慮四無量四無色定，修行四念住乃至八聖道支，修行空無相無願解脫門，學住內空乃至不思議界，學住苦集滅道聖諦趣入菩薩正性離生修行極喜地乃至法雲地，引發種種殊勝神通，放大光明照諸世界，成熟有情嚴淨佛土，遊戲一切靜慮解脫等持等至諸陀羅尼及三摩地修行種種諸佛功德，或復幻作如來形象，具三十二大丈夫相八十隨好，圓滿莊嚴成就十力四無所謂四無礙解，大慈大悲大喜大捨，十八佛不共法，無忘失法，恒住捨性一切智道相智一切相智等無量無邊不可思議殊勝功德。善現，如是幻師或彼弟子爲惑他故，在眾人前幻作此等諸幻化事，其中無智男女大小見此事已，咸驚歎言奇哉此人妙解眾伎，能作種種甚稀有事，乃至能作如來之身，相好莊嚴具諸功德，令眾歡樂，自顯伎能，其中有智見此事已，作是思惟，甚爲神異如何此人能現是事，其中雖無實事可得而令愚人迷謬歡悅，於無實物起實物想，唯有智者了達皆空，雖有見聞而無執著。〔註115〕

———————————

〔註115〕〔唐〕玄奘譯：《大般若經》卷472，《中華大藏經》第5冊，頁686下～

以幻相的形式展現了一幅熱鬧的三界眾生圖，把佛教中構建的佛國世界以幻相的形態展現出來，並說明了種種色相皆是虛幻，無智之人觀色相而以爲眞實，有智慧者才能透過現象來思量其本質，方可堪破空的意義，因而能不對萬事起執著之心。這裡對幻相的描繪越是精細、面面俱到，就越能反襯出繁華之中的虛無，諸山大海、羅漢四果，乃至如來相好與至高之法理，不過都是幻相。這種譬喻足可令人霍然警醒，深刻反思。而這種幻相則是佛教美術作品中的常見題材，如《法華經》中著名的化城喻故事就多次出現在敦煌及其它佛教壁畫中，成爲佛教美術中一種比較有意思的現象，表現出佛教既否定幻相，又以眞實色相來表現幻相，達到教化目的的邏輯模式。

再者，佛經中還有一些譬喻更加明瞭地闡釋了色相即空之理，亦爲研究佛教美術之形神關係提供了理論依據。

> 佛告比丘，諸行無常，無得住者，不可體信，是變易法。一切聚集，歸散會滅，高者必墮，合會必離，有生必死。一切諸行，猶如河岸臨峻之樹，亦如畫水，尋畫尋滅，亦如泡沫，如條上露，不得久停，如乾闥婆城暫爲眼對。人命迅速，疾於射箭，速行天下，疾於日月，人命速疾，過於是天，無常敗壞，應當解知，若於佛事有不足者，不入涅槃，佛事周訖，乃入涅槃，以此佛法付囑人天，以此重事與聲聞弟子向無畏寂滅處去，諸有苦盡，更不受生，汝等不應生大憂惱。〔註116〕

此以畫水尋滅來比喻萬事皆無常法，佛也終歸寂滅。佛經中常以聚沫、露珠、光影等喻色空，色不自色之理，法界眞如與如來法身都無來無去，不可執著。形神關係歷來都是美術研究中的一個重要問題，寫實與寫意也形成兩種美術思潮，一直並存共進，適應了不同時代地域的審美精神。佛經中所謂色一般是指客觀事物，而眞如則是法理、規律，從這些事例中即可看出佛教形空神亦空的最高境界。佛教教化與日常生活都需要寫實性的藝術表現，然而作爲一種宗教藝術，對崇高精神境界的追求才是終極目的。佛教又不同於其它宗教，涅槃寂靜才是其理想境界，所以不論是以美術服務生活，還是寄託虔敬之心，都不能離開具體的形象與內在感染力。佛教對於美術可謂是形

687 中。

〔註116〕佚譯人名：《佛入涅槃密迹金剛力士哀戀經》，《中華大藏經》第 51 冊，頁635 中～下。

神並重，但有大智慧者於形神都不生執著心。正是：

> 不了唯心，執著一異有無等見，大慧譬如畫像無高無下，愚夫
> 妄見作高下想。〔註117〕

這可以說是佛教對待美術乃至各種藝術形式的基本態度。

三、佛經譬喻中的畫師形象

美術與人們的日常生活息息相關，佛教教團也需要大量美術作品，如用於禮拜供養的佛像、菩薩像，舉行各類佛教儀式所需的畫像與壇場，佛寺中的各種壁畫等，因而佛教生活離不開畫師，畫師也成爲佛教譬喻中較常出現的一個主人公。

佛經中的畫師各具面目，其中有一部分譬喻頗有譏諷之意。如《大寶積經》中有一處提及畫師：

> 如是迦葉若畏空法，我說是人狂亂失心，所以者何，常行空
> 中，而畏於空，譬如畫師，自手畫作夜叉鬼像，見已怖畏，迷悶躄
> 地，一切凡夫，亦復如是，自造色聲香味觸故，往來生死受諸苦惱
> 而不自覺。〔註118〕

另外，在《佛性論》也有類似之喻：

> 畏二邊者以分別性，所起色等六塵，執爲實苦，是爲一邊，生
> 怖畏心，復爲一邊，此是因依他性，執分別性於中計有實苦而生怖
> 畏，爲離此二邊偏執，欲顯中道故，佛以畫師爲譬，迦葉，譬如畫
> 師作羅刹像，像甚可畏，畫師見像，自生怖畏，覆面不敢看，失心
> 顚狂。迦葉如是凡夫由自所作色等諸塵，流轉生死，於如是法，不
> 能通達，如實道理。此譬爲顯何義，爲明色等諸塵非是實有，但以
> 妄想，分別所作，如彼畫師，自分別作羅刹惡像，見還生怖。是人
> 亦爾，自於空中而生怖畏。〔註119〕

在這兩例中畫師的形象成爲無智凡夫中的一個代表，他們自己創作了恐怖圖像之後，又迷失自我，把畫像執以爲眞而生怖畏之心。這類譬喻既是說色相

〔註117〕〔唐〕實叉難陀譯：《大乘入楞伽經》卷3，《中華大藏經》第17冊，頁755上。

〔註118〕〔唐〕菩提流志等譯：《大寶積經》卷112，《中華大藏經》第9冊，頁383上。

〔註119〕〔陳〕眞諦譯：《佛性論》卷4，《中華大藏經》第30冊，頁415中。

皆空，不可執著，也突出了佛教不偏執的中道思想。這類畫師的癡迷雖然令人發笑，但也可想見其畫作必然生動形象，看出其畫技之高超，尤其是他們平凡人的心態也讓人頗覺可愛。所以這類譬喻雖然含有諷刺之意，但這種畫師的形象總體上並不令人厭憎。

還有一部分以畫師的繪畫技巧為譬喻主體，有的表現了畫師的技藝，有的揭示了美術本身的一些規律，有些則展示了印度與西域的繪畫技法，並可由此見其對中國繪畫技法影響之一斑。

首先，在表現繪畫技法方面，如隨佛教傳入中國的「凹凸花」畫法，就在一些譬喻中作為喻體出現，對這種畫法的特點作了簡明介紹。《大乘莊嚴經論》中有喻：

> 更有似畫譬喻能遮前二怖畏，偈曰：譬如工畫師，畫平起凹凸，如是虛分別，於無見能所。釋曰：譬如善巧畫師，能畫平壁起凹凸相，實無高下，而見高下，不真分別，亦復如是。〔註120〕

中國傳統畫法以線條構圖，擅長表現平面效果，而佛教繪畫較多以色彩構圖，採用渲染的方法表現物體的明暗色差，能讓人在視覺上產生立體感。這種畫雖然是畫在平面上的，但能較好地表現立體效果，能使觀者產生畫面凹凸不平的想法。佛經中以此來譬喻不實之想，這種更趨於寫實的繪畫技法在中國產生了很大影響，南朝著名佛畫家張僧繇在一乘寺畫「凹凸花」之事就一時傳為佳話，甚至就因這一壁畫而更寺名為「凹凸寺」，可見當時人們對這種畫法的學習與喜愛。

其次，各種藝術都有其自身的特性與發展規律，佛經中就有很多譬喻利用了藝術的這些特性，很好地表現了相應的深刻道理。這類譬喻中有些揭示了藝術修習的漸進性規律。如《楞伽阿跋多羅寶經》中說：

> 如來淨除一切眾生，自心現流亦復如是，漸淨非頃，譬如人學書畫種種技術，漸成非頃。〔註121〕

《入楞伽經》也有類似例子：

> 大慧諸佛如來淨諸眾生，自心現流，亦復如是，漸次而淨，非一時淨，大慧譬如，有人學諸音樂歌舞書畫種種技術，漸次而解，

〔註120〕〔唐〕波羅頗蜜多羅譯：《大乘莊嚴經論》卷6，《中華大藏經》第29冊，頁538上。

〔註121〕〔劉宋〕求那跋陀羅譯：《楞伽阿跋多羅寶經》卷1，《中華大藏經》第17冊，頁567下。

非一時知。〔註122〕

《究竟一乘寶性論》中有一個譬喻闡釋了藝術分類複雜精細，難於全面精通的道理：

> 如種種畫師，所知各差別，彼一人知分，第二人不知，有自在
> 國王，策諸畫師言，於彼摽畫處，具足作我身，國中諸畫師，一切
> 皆下手，若不闕一人，乃成國王像，畫師受策已，畫作國王像，彼
> 諸畫師中，一人行不在，由無彼一人，國王像不成，以其不滿足，
> 一切身份故，所言畫師者，喻檀戒等行，言國王像者，示一切種智，
> 一人不在者，示現少一行，王像不成者，空智不具足。〔註123〕

再者，還有一些譬喻表現了畫師的高超技藝，如《經律異相》中有一個有趣的譬喻故事，生動地描繪了一位畫師和一位木匠以精湛技藝相詆，而最終兩人都開悟出家修道的經過。故事中有一位北天竺的木匠製作了一個和眞人一樣的木女，矇騙了南天竺的畫師，畫師感到慚愧，就在壁上畫了自己上弔而死的形象，因爲畫得逼眞也騙過了木匠，後來兩人都知道了木女與畫像的虛妄不實，因而大悟一起出家修道了。雖然二人恃技相詆之事不可取，但這裡也顯示出印度繪畫的高度寫實性及畫師與木匠的高超技藝。

佛經中這麼多關於畫師的譬喻，從不同角度表現了佛教繪畫的性質與特點。但佛教作爲一種宗教也不可避免地帶有其局限性。如《正法念處經》認爲「心爲一切巧畫師」〔註124〕，反映了佛教唯心的本質，也表明了其藝術審美的根本立場。

綜上所述，佛教美術的功能既有宗教內涵，又有美術特性。正是因爲佛教充分瞭解利用了美術的認識、教育、審美等社會功能，不僅創造了輝煌的佛教美術成就，更是把佛教的影響擴大到了世界各地。美術的教育不是單純的說教，在某些情況下，與藝術的美抑或是醜相比，語言可能就顯得蒼白了。宗教和藝術都是對現實世界的反映，美術與宗教的力量都在於直指人心的感動與震撼。更爲奇妙的是，宗教美術還能打破宗教的疆界，站在宗教的門外

〔註122〕〔元魏〕菩提留支譯：《入楞伽經》卷2，《中華大藏經》第17冊，頁637中。

〔註123〕〔後魏〕勒那摩提譯：《究竟一乘寶性論》卷3，《中華大藏經》第30冊，頁512中。

〔註124〕〔元魏〕瞿曇般若流支譯：《正法念處經》卷20，《中華大藏經》第35冊，頁46中。

也能欣賞宗教藝術。即使一點都不瞭解基督教的人，看到拉斐爾的西斯廷聖母，也能讀懂她眼光中的溫柔與堅毅。不瞭解佛教的人，來到龍門仰望盧舍那佛像時，也看得出她面容裏的寧謐與淡定。同樣，如果一個宗教信徒，即使他不懂得欣賞美術，看不出一件宗教美術作品技法上的得失，但這並不會妨礙他從這些作品中領會到宗教的意義，並自覺向著她指引的方向而努力。可見不能以平行的視角、單向的方式來探討佛教美術的功能，但不管宗教是在束縛人類的思想還是在撫慰人類的靈魂，宗教藝術總是能令人感受到人類生命的價值與平等。

第三章　創作論

美術創作包括了創作主體、創作活動和創作成果，佛教美術的創作同樣也離不開這幾個要素，但其宗教的性質也決定了佛教美術的創作與一般的美術創作會有所不同。佛教美術創作的三要素在佛經中都有涉及，不僅如此，還有一些專門闡釋佛教美術創作的經典，如密教的「三經一疏」等。

佛經並非美術理論的專著，佛經中較少明確探討美術創作中創作主體的問題，經文中有時涉及到畫師、塑工等，但他們往往只出現於宣講佛法時敘述的譬喻故事中，成為佛教宣說教理的一部分，而非專門表現他們的美術創作心理與實踐情況者。這方面前節已有論述，不煩再敘。而且，佛經與創作主體之關係主要體現在佛教思想對美術家思想的影響上，佛教美術的接受者也是在受到佛教思想影響後，間接又影響了美術家的創作。本書對佛教美術創作主體與佛教美術的接受都作為漢譯佛經對中國佛教美術的影響問題，將放在結論部分再作探討。美術創作活動包括精神活動和生產製作活動。佛經對美術創作中的心理活動過程較少評述，而對美術生產實踐的過程則有所展現。如經文中常常提到建築、雕塑、壁畫、版畫等美術形式及刻繪模印等相關技法。這些為我們瞭解佛經與中國佛教美術創作之關係提供了文獻材料。

美術作品是美術創作的最終成果，美術作品的內容包含了作品題材、主題和意義，美術作品的形式則是通過技法等實際造作出來的物質形態。在美術創作的幾個要素中，尤以創作成果與佛經之關聯最切，譬如佛教美術特殊的題材選擇、主題表現和宗教含意都來源於佛經故事與經典所宣教義。遍佈世界各地的佛教石窟塔廟，以及信眾家中供養、隨身佩帶的各類小型佛像

佛畫，也都以物質的形態在展示著佛教美術創作的豐碩成果。因而本章即以佛教美術作品的題材與技法爲重心，簡要概括佛教美術創作論與漢譯佛典之關係。

第一節　題材論

一、佛教偶像題材

　　大乘佛教重視偶像崇拜，佛教美術的一大任務就是塑造出有形的偶像供瞻仰崇拜。宗教偶像既非現實中的人物，也不是藝術家們隨心所欲的虛構。雖然沒有明確的模特作參照，但佛經中對諸佛色身、菩薩、弟子等形象述之甚詳，爲美術創作提供了依據和指導。釋迦牟尼是眞實的歷史人物，但作爲佛教教主，他的形象又無法完全按照現實中的面目來塑造。「顏容端正甚微妙，衆相莊嚴最第一，超過一切諸妙色，如日出時螢光隱。」〔註1〕教主如來形象眞是威光赫奕、世間無匹。經過對種種人類理想中的美好形象的選擇組合，佛教最終確定了集各種優點於一身的「三十二大人相」、「八十種隨形好」爲佛的形象，寫入佛經，這一過程也充分顯示了偶像崇拜的力量。佛像這些異於常人的形象特點難以盡用美術之形式來表現，如「得味中上味相」、「梵音深遠相」等。但佛教美術作爲一種特殊的藝術形式，在很大程度上還是要受到經典內涵的制約，佛經中的描述還是造作佛像時必須遵循的規則。無論是印度、西域還是中原，佛像的面貌服飾或胡或漢，但總有相似之處，佛的幾種明顯特徵還是必不可少的，如螺髮、白毫、金色、丈光等相都是區別於其他偶像的標誌。

　　漢譯佛經中對「三十二相」、「八十種好」有不厭其煩的解說，很多經典中都有涉及，如《中阿含經》、《大般若經》、《勝天王般若波羅蜜經》、《大寶積經》、《大方等大集經》、《方廣大莊嚴經》、《普曜經》、《金光明最勝王經》、《觀佛三昧海經》、《菩薩善戒經》、《根本說一切有部毗奈耶破僧事》、《大智度論》、《瑜伽師地論》等，難以勝舉，僅《大般若經》中完整敘述「三十二相」、「八十種好」者就有三次之多，《寶女所問經》中還專有「三十二相品」。

〔註1〕〔唐〕菩提流志等譯：《大寶積經》卷62，《中華大藏經》第8冊，頁964中。

相好莊嚴

圖像來源：樊錦詩、趙聲良：《燦爛佛宮》。

　　各處經文述如來相好者大同小異，今僅舉奘師譯《大般若經》中之一例，
茲原引其文，以明佛「相好」之殊常。三十二大士相都是比較顯著的特徵：

　　　　謂如來足下，有平滿相，妙善安住，猶如奩底，地雖高下，隨
　　　足所蹈，皆悉坦然，無不等觸，是爲第一。如來足下，千輻輪文，
　　　輞轂眾相，無不圓滿，是爲第二。如來手足，悉皆柔軟，如睹羅綿，
　　　勝過一切，是爲第三。如來手足，一一指間，猶如雁王，咸有鞔網，
　　　金色交絡，文同綺畫，是爲第四。如來手足，所有諸指，圓滿纖長，
　　　其可愛樂，是爲第五。如來足跟，廣長圓滿，與趺相稱，勝餘有情，
　　　是爲第六。如來足趺，修高充滿，柔軟妙好，與跟相稱，是爲第七。
　　　如來雙腨，漸次纖圓，如瑿泥耶，仙鹿王腨，是爲第八。如來雙臂，
　　　修直膚圓，如象王鼻，平立摩膝，是爲第九。如來陰相，勢峰藏密，
　　　其猶龍馬，亦如象王，是爲第十。如來毛孔，各一毛生，柔潤紺青，

右旋宛轉，是第十一。如來髮毛，端皆上靡，右旋宛轉，柔潤紺青，
嚴金色身，甚可愛樂，是第十二。如來身皮，細薄潤滑，塵垢水等，
皆所不住，是第十三。如來身皮，皆眞金色，光潔晃曜，如妙金臺，
眾寶莊嚴，眾所樂見，是第十四。如來兩足，二手掌中，頸及雙肩，
七處充滿，是第十五。如來肩項，圓滿殊妙，是第十六。如來髆腋，
悉皆充實，是第十七。如來容儀，圓滿端直，是第十八。如來身相，
修廣端嚴，是第十九。如來體相，縱廣量等，周匝圓滿，如諾瞿陀，
是第二十。如來頷臆，並身上半，威容廣大，如師子王，是二十一。
如來常光，面各一尋，是二十二。如來齒相，四十齊平，淨密根深，
白逾珂雪，是二十三。如來四牙，鮮白鋒利，是二十四。如來常得，
味中上味，是二十五。如來舌相，薄淨廣長，能覆面輪，至耳髮際，
是二十六。如來梵音，詞韻弘雅，隨眾多少，無不等聞，其聲洪震，
猶如天鼓，發言婉約，如頻迦音，是二十七。如來眼睫，猶若牛王，
紺青齊整，不相雜亂，是二十八。如來眼睛，紺青鮮白，紅環間飾，
皎潔分明，是二十九。如來面輪，其猶滿月，眉相皎淨，如天帝弓，
是第三十。如來眉間，有白毫相，右旋柔軟，如睹羅綿，鮮白光淨，
逾珂雪等，是三十一。如來頂上，烏瑟膩沙，高顯周圓，猶如天蓋，
是三十二。是名三十二大士相。〔註2〕

身具三十二相者，在家則爲轉輪聖王，出家即爲正覺。所不同者，佛的色身
同時還具有八十種隨形好，爲世人難以企及。這八十種好都是比較微細隱密
難見者。

謂如來指爪，狹長薄潤，光潔鮮淨，如花赤銅，是爲第一。如
來手足，指圓纖長，膚直柔軟，節骨不現，是爲第二。如來手足，
各等無差，於諸指間，悉皆充密，是爲第三。如來手足，圓滿如意，
軟淨光澤，色如蓮華，是爲第四。如來筋脈，盤結堅固，深隱不現，
是爲第五。如來兩踝，俱隱不現，是爲第六。如來行步，直進庠審，
如龍象王，是爲第七。如來行步，威容齊肅，如師子王，是爲第八。
如來行步，安平庠序，不過不減，猶如牛王，是爲第九。如來行步，
進止儀雅，猶其鵝王，是爲第十。如來回顧，必皆右旋，如龍象王，

〔註2〕〔唐〕玄奘譯：《大般若經》卷469，《中華大藏經》第5冊，頁654下～655
中。

舉身隨轉，是第十一。如來支節，漸次膚圓，妙善安布，是第十二。
如來骨節，交結無隙，猶若龍盤，是第十三。如來膝輪，妙善安布，
堅固圓滿，是第十四。如來隱處，其文妙好，威勢具足，圓滿清淨，
是第十五。如來身支，潤滑柔軟，光悅鮮淨，塵垢不著，是第十六。
如來身容，敦肅無畏，常不怯弱，是第十七。如來身支，堅固稠密，
善相屬著，是第十八。如來身支，安定敦重，曾不掉動，圓滿無壞，
是第十九。如來身相，猶如仙王，周匝端嚴，光淨離翳，是第二十。
如來身有，周匝圓光，於行等時，恒自照曜，是二十一。如來腹形，
方正無欠，柔軟不現，眾相莊嚴，是二十二。如來臍深，右旋圓妙，
清淨光澤，是二十三。如來臍厚，不窪不凸，周匝妙好，是二十四。
如來皮膚，遠離疥癬，亦無黶點，疣贅等過，是二十五。如來手掌，
充滿柔軟，足下安平，是二十六。如來手文，深長明直，潤澤不斷，
是二十七。如來唇色，光潤丹暉，如頻婆果，上下相稱，是二十八。
如來面門，不長不短，不大不小，如量端嚴，是二十九。如來舌相，
軟薄廣長，如赤銅色，是第三十。如來發聲，威震深遠，如象王吼，
明朗清澈，是三十一。如來音韻，美妙具足，如深谷響，是三十二。
如來鼻高，修而且直，其孔不現，是三十三。如來諸齒，方整鮮白，
是三十四。如來諸牙，圓白光潔，漸次鋒利，是三十五。如來眼淨，
青白分明，是三十六。如來眼相修廣，譬如青蓮華葉，甚可愛樂，
是三十七。如來眼睫，上下齊整，稠密不白，是三十八。如來雙眉，
長而不白，致而細軟，是三十九。如來雙眉，綺靡順次，紺琉璃色，
是第四十。如來雙眉，高顯光潤，形如初月，是四十一。如來耳厚，
廣大修長，輪埵成就，是四十二。如來兩耳，綺麗齊平，離眾過失，
是四十三。如來容儀，能令見者，無損無染，皆生愛敬，是四十四。
如來額廣，圓滿平正，形相殊妙，是四十五。如來身份，上半圓滿，
如師子王，威嚴無對，是四十六。如來頭髮，修長紺青，稠密不白，
是四十七。如來頭髮，香潔細軟，潤澤旋轉，是四十八。如來頭髮，
齊整無亂，亦不交雜，是四十九。如來頭髮，堅固不斷，永無□落，
是第五十。如來頭髮，光滑殊妙，塵垢不著，是五十一。如來身份，
堅固充實，逾那羅延，是五十二。如來身體，長大端直，是五十三。
如來諸竅，清淨圓好，是五十四。如來身支，勢力殊勝，無與等者，

是五十五。如來身相，眾所樂觀，嘗無厭足，是五十六。如來面輪，修廣得所，皎潔光淨，如秋滿月，是五十七。如來顏貌，舒泰光顯，含笑先言，唯向不背，是五十八。如來面貌，光澤熙怡，遠離顰蹙，青赤等過，是五十九。如來身支，清淨無垢，常無臭穢，是第六十。如來所有，諸毛孔中，常出如意，微妙之香，是六十一。如來面門，常出最上，殊勝之香，是六十二。如來頭相，周圓妙好，如末達那，亦猶天蓋，是六十三。如來身毛，紺青光淨，如孔雀項，紅暉綺飾，色類赤銅，是六十四。如來法音，隨眾大小，不增不減，應理無差，是六十五。如來頂相，無能見者，是六十六。如來手足，指網分明，莊嚴妙好，如赤銅色，是六十七。如來行時，其足去地，如四指量，而現印文，是六十八。如來自持，不待他衛，身無傾動，亦不逶迤，是六十九。如來威德，遠震一切，噁心見喜，恐怖見安，是第七十。如來音聲，不高不下，隨眾生意，和悅與言，是七十一。如來能隨，諸有情類，言音意樂，而爲說法，是七十二。如來一音，演說正法，隨有情類，各令得解，是七十三。如來說法，咸依次第，必有因緣，言無不善，是七十四。如來等觀，諸有情類，贊善毀惡，而無愛憎，是七十五。如來所爲，先觀後作，軌範具足，令識善淨，是七十六。如來相好，一切有情，無能觀盡，是七十七。如來頂骨，堅實圓滿，是七十八。如來顏容，常少不老，好巡舊處，是七十九。如來手足，及胸臆前，俱有吉祥，喜旋德相，文同綺畫，色類朱丹，是第八十。如是名爲八十隨好。〔註3〕

佛經中對如來三十二相、八十隨好的規定十分瑣細，有一些還顯得重複。其中不少都是對世人英俊形象的理想化，謂如來身軀修廣端直、皮膚細滑、面如滿月、眉似彎弓、眼目清淨、紅唇豐潤、齒白齊密、毛髮柔順，這些還都是典型的「人相」。佛畢竟不是常人，還要爲其設計出許多區別於人的「佛相」，比如說佛頂有肉髻，眉間有白毫，大耳垂輪，手足中都有千輻輪相，常光相隨，周圍各照一尋等，這些都是造作佛像時不可缺少的特徵，與理想的「人相」相區別，見之即知是佛矣。如佛陀入涅槃時密迹金剛捧其足而發哀聲，他特意讚歎了如來的千輻輪足之相：

〔註3〕 〔唐〕玄奘譯：《大般若經》卷470，《中華大藏經》第5冊，頁658中～659下。

如來之足如優缽羅華，如日初出，清淨柔軟，安立之足，千輻
輪足，極妙工巧不能畫。作轉輪聖王，雖有是相，相不明了，如
來相輪，輻轂具足，炳然顯著，其指纖長，附順相著，不稀不疏，
其爪紅潤，猶如赤銅。手足網縵，猶如鵝王，肌體豐滿，無筋脈
皮皺。〔註4〕

然而，如來諸種相好中，還有很多是不符合美術創作規律的，無法在造像的
實際操作中表現出來。譬如說佛手足指渾圓纖長，但他指間卻像鵝一樣生有
縵網，如來身肢，七處平滿，兩踝不現，佛身高大，無能見頂等。美術創作
無論二維或三維都是具象有形的，自然就無法做到「無見頂」這一條，這種
情形只能出現在文字及其帶來的聯想中。其它相好特徵如果一一照搬那麼得
出的形象就會脫離人類理想，變得十分怪異，不能符合大眾最基本的審美
觀。所以我們現在見到的各種佛像，都可說是在佛教經典的基礎上經過美術
再創作的形象。這樣的佛像同時受到了佛經與美術規律的制約，既有佛教形
象的象徵意義，又能迎合世俗的審美接受，是佛教美術創作中所普遍採取的
形式。

佛的種種相好，作為宗教象徵，都是有深層含意的。《大方等大集經》中
通過佛對寶女講述「三十二相業因」，表現了每種相的象徵意義。譬如佛累世
護持淨戒而得足下安平之相；修惠施業而得手足有千輻輪相；對待眾生之心
平等而得四十齒相；讚歎他人所有功德而得白毫相；恭敬父母師長和上而得
肉髻相等。〔註5〕這也可以看作是一番說教，借三十二相因緣告知大眾佛教修
行的一些具體內容和方法，也揭示了佛之所以為佛的因緣。

若菩薩摩訶薩欲得佛身，具三十二大丈夫相八十隨好，圓滿莊
嚴，應學般若波羅蜜多。〔註6〕

佛的眾多「相好」中並非都是描述其可聞可見之音聲形貌的，如佛教把如來
等觀眾生也作為一種「好」來表現，似乎就是想暗示相好與修行之關係吧。

到大乘佛教時期，佛教世界中已不止釋迦牟尼一位世尊，而有無數正覺，
這時所有的佛就都與釋迦文佛一樣具有種種「相好」之特點。比如

〔註4〕 佚譯人名：《佛入涅槃密迹金剛力士哀戀經》，《中華大藏經》第51冊，頁634
中。
〔註5〕 參見〔北涼〕曇無讖譯：《大方等大集經》卷6，《中華大藏經》第10冊，頁
66中下。
〔註6〕 〔唐〕玄奘譯：《大般若經》卷3，《中華大藏經》第1冊，頁23中。

七寶幢佛身如是，有三十二相、八十種好，常出無量清淨光
明。〔註7〕

而且從理論上來看，菩薩及有情眾生皆可修行成佛，皆得「相好」之身。

菩薩得成佛道，巨身丈六，紫磨金色，三十二相，八十種好，
十號具足。〔註8〕

這麼多不同的佛，僅能以細節來區分，如華光如來身中出蓮花，

佛身諸毛孔皆出蓮花，其花遍滿一萬由旬，皆出光明，遍照三
千大千世界，其華開敷，有百千葉，金剛爲根，光網爲莖，阿牟茶
馬瑙爲鬚，閻浮那提寶玉爲臺，其花臺上有菩薩坐，已於阿耨多羅
三藐三菩提不退轉得陀羅尼，具五神通，逮得諸忍，以三十二相而
自嚴身，身眞金色。〔註9〕

其他如東方藥師琉璃光佛手持藥瓶或藥丸，毗盧遮那佛所披袈裟上有千佛像
等等，以爲造作不同佛像之參考。彌勒佛的形象有兩種，他是未來佛，但當
前還是一生補處菩薩，所以有時作佛形象，有時作菩薩形象。

如佛身像不應作，願佛聽我作菩薩侍像者。善，佛言聽作。〔註10〕

在佛教允許造作佛像之前，就已經有菩薩像了。除佛之外，佛教中的偶像還
有菩薩、羅漢及佛弟子、護法等。這類形象一般都美好端莊，具有佛「三十
二相」中的一部分。佛教創造的如來之「相好」在佛經中是被作爲衡量人物
相貌美醜的標準來應用的，

所以稱難陀比丘端正第一者，餘諸比丘各各有相，舍利弗有七
相，目連有五相，阿難有二十相，唯難陀比丘有三十相。難陀金色，
阿難銀色。衣服光耀，金縷履屣，執琉璃缽，入城乞食。其有見者，
無不欣悅自捨，如來餘諸弟子無能及者，故稱端正第一。〔註11〕

佛教的菩薩形象也都因具有一部分佛之「相好」而顯得端正無比：

〔註7〕〔姚秦〕鳩摩羅什譯：《坐禪三昧經》卷下，《中華大藏經》第51冊，頁602
中。

〔註8〕〔唐〕地婆訶羅譯：《方廣大莊嚴經》卷12，《中華大藏經》第15冊，頁345
上。

〔註9〕〔宋〕智嚴譯：《佛說廣博嚴淨不退轉經》卷1，《中華大藏經》第16冊，頁
760下。

〔註10〕〔後秦〕弗若多羅、羅什譯：《十誦律》卷48，《中華大藏經》第37冊，頁
898上。

〔註11〕〔唐〕道世撰：《法苑珠林》卷25，《中華大藏經》第71冊，頁574上～中。

無量無邊菩薩眷屬，無邪見執破戒邪命，亦無盲聾瘖啞背僂及
根缺等諸醜惡事，二十八相莊嚴其身。〔註12〕

佛教的眾多菩薩中，**觀世音菩薩**在中土是最得人緣的，佛經中對其事迹與形
象的塑造與渲染非常豐富，藝術家在她的形象造作上也傾注了極大的熱情，
歷代為其造像者甚眾。

我見壁畫觀音像，遍視色像諸功德。及見神通大自在，故起至
誠而讚歎。〔註13〕

觀音菩薩在佛經中是最貼近大眾的，是一位無所不能、大慈大悲的救苦救難
者，是正義善良、親切美麗的化身。在佛國世界中，她是西方教主阿彌陀佛
的脅侍之一，《佛說觀無量壽佛經》中這樣描述她的形象：

身長八十億那由他恒河沙由旬，身紫金色，頂有肉髻，項有圓
光，面各百千由旬，其圓光中有五百化佛如釋迦牟尼。一一化佛有
五百菩薩、無量諸天以為侍者，舉身光中五道眾生，一切色相，皆
於中現。頂上毗楞伽摩尼寶以為天冠，其天冠中有一立化佛，高二
十五由旬。觀世音菩薩面如閻浮檀金色，眉間毫相備七寶色，流出
八萬四喬種光明，一一光明有無量無數百千化佛，一一化佛無數化
菩薩以為侍者，變現自在，滿十方界，譬如紅蓮花色有八十億光明
以為瓔珞，其瓔珞中普現一切諸莊嚴事。手掌作五百億雜蓮華色，
手十指端一一指端有八萬四千畫，猶如印文，一一畫有八萬四千色，
一一色有八萬四千光，其光柔軟，普照一切，以此寶手接引眾生。
舉足時，足下有千輻輪相，自然化成五百億光明臺，下足時有金剛
摩尼花布散，一切莫不彌滿。其餘身相眾好具足，如佛無異，惟頂
上肉髻及無見頂相不及世尊。〔註14〕

除肉髻與無見頂相以外，她具備佛的各種相好，這種形象正是佛教眾多菩薩
的典型代表。而頭戴寶天冠，天冠中有化佛則是她的個人特徵。與她同為阿
彌陀佛脅侍的大勢至菩薩，天冠中沒有化佛，而有一個盛滿各種光明的寶瓶，
其餘諸相皆與觀世音菩薩相同，

觀世音菩薩及大勢至於一切處，身同眾生，但觀首相，知是觀

〔註12〕〔唐〕玄奘譯：《大般若經》卷570，《中華大藏經》第6冊，頁688上。
〔註13〕〔唐〕慧智譯：《讚歎觀世音菩薩頌》，《中華大藏經》第52冊，頁311中。
〔註14〕〔劉宋〕畺良耶舍譯：《佛說觀無量壽佛經》，《中華大藏經》第18冊，頁665
下～666上。

世音，知是大勢至。〔註15〕

觀世音菩薩爲了救世度人，還可以化現成各種形象，這也爲人們的藝術創作提供了很大的想像空間。形象變化作爲佛教的一種神通，可以無限制地隨心變現，而觀音菩薩的化身形象最具代表性的是《法華經》中爲其塑造的三十三種變化形象，中國佛教美術作品中也很喜歡以此爲藍本來創作相關的美術作品。

> 若有國土眾生應以佛身得度者，觀音菩薩即現佛身而爲説法；應以辟支佛身得度者，即現辟支佛身而爲説法；應以聲聞身得度者，即現聲聞身而爲説法；應以梵王身得度者，即現梵王身而爲説法；應以帝釋身得度者，即現帝釋身而爲説法；應以自在天身得度者，即現自在天身而爲説法；應以大自在天身得度者，即現大自在天身而爲説法；應以天大將軍身得度者，即現天大將軍身而爲説法；應以毗沙門身得度者，即現毗沙門身而爲説法；應以小王身得度者，即現小王身而爲説法；應以長者身得度者，即現長者身而爲説法；應以居士身得度者，即現居士身而爲説法；應以宰官身得度者，即現宰官身而爲説法；應以婆羅門身得度者，即現婆羅門身而爲説法；應以比丘、比丘尼、優婆塞、優婆夷身得度者，即現比丘、比丘尼、優婆塞、優婆夷身而爲説法；應以長者、居士、宰官、婆羅門婦女身得度者，即現長者、居士、宰官、婆羅門婦女身而爲説法；應以童男、童女身得度者，即現童男、童女身而爲説法；應以天龍夜叉乾闥婆阿修羅迦樓羅緊那羅摩睺羅伽人非人等身得度者，即皆現之而爲説法；應以執金剛神得度者，即現執金剛神而爲説法。〔註16〕

〔註15〕 〔劉宋〕畺良耶舍譯：《佛説觀無量壽佛經》，《中華大藏經》第18冊，頁667上。

〔註16〕 〔姚秦〕鳩摩羅什譯長行、〔隋〕闍那笈多譯重頌：《妙法蓮華經觀世音菩薩普門品經》，《中華大藏經》第16冊，頁757中～下。案：《妙法蓮華經》多種譯本都有相關內容，如《正法華經》卷10，文字較爲簡略：「光世音菩薩所遊世界，或現佛身而班宣法，或現菩薩形象色貌説經開化，或現緣覺或現聲聞，或現梵天帝像而説經道，或撎香和像，欲度鬼神，現鬼神像，欲度豪尊，現豪尊像，或復示現大神妙天像，或轉輪聖王化四域像，或殊特像，或復反足羅刹形象，或將軍像，或現沙門梵志之像，或金剛神隱士獨處仙人僮儒像。光世音菩薩進諸佛土而普示現，若於種形在所變化，開度一切。」另外還有

觀音與善財童子和龍女　　　　　　　　送子觀音

圖像來源：〔唐〕玄奘、辯機原著，宋強譯：《大唐西域記》，上海社會科學版。

　　觀音菩薩有種種化身，隨時救苦救難，為其造像者極多。敦煌寫卷 P.2010
《妙法蓮華經觀世音菩薩普門品》就是按照這段經文，在卷子上方繪畫了三
十三身觀音像來與下面的文字相配合。西方阿彌陀佛信仰流行以後，觀音作
為西方極樂世界的接引菩薩，人們往往造其形象，發願往生西方。如北周天
和四年（569）有王某「敬造觀世音像一區，為亡父託生西方，現存母長命延
年，益壽己身。」〔註17〕

　　文殊師利菩薩的形象也很特殊，「其畫像作童子相貌，乘騎金色孔雀。」
〔註18〕文殊菩薩在佛教中地位很高，是釋迦佛的左脅侍，居眾菩薩之首，是
「大智」的象徵，很適應人類追求智慧的願望。再者中國繪畫傳統也十分重
視表現兒童的形象，相關作品很多，技法也比較成熟，因而形如童子的文殊
菩薩與觀音菩薩一樣普遍受到中國佛教美術的青睞。

　　　　《大佛頂首楞嚴經》卷 6 中有觀世音三十二種化身，與此大同小異。
〔註17〕　〔清〕王昶：《金石萃編》卷37，頁4。
〔註18〕　〔唐〕菩提流志譯：《佛說文殊師利法寶藏陀羅尼經》，《中華大藏經》第 23
　　　　　冊，頁964上。

佛教美術中偶像形象的題材很多，佛像、菩薩像以外，還有迦葉、阿難等十大弟子，四大天王，五百羅漢，天龍八部及諸護法神，還有聖僧像等。有些形象如五百羅漢就顯得過於繁多，佛經中也未能一一給每個人物畫像，這給美術創作帶來較大的挑戰，難免會出現程序化、臉譜化等弊病。但這類形象也是佛教美術之重要組成部分，其中也不乏佛教美術作品中的典型形象。就像佛祖兩側，一邊迦葉老成持重，一邊阿難清秀幹練，通過對比顯示出二弟子的特點，也是對佛像高大完美的襯托。另如韋陀將軍的形象也深受大眾喜愛，刻寫經文也有以護法神韋陀像附版者，如趙城金藏廣勝寺本《正法念處經》中可見到卷末附刻的韋陀像。〔註19〕此像體態豐偉，面貌威嚴，著將軍服，袖帶飄揚，佩火焰圓光，金剛杵橫擔。此畫雖小，亦足展現版刻之刀法流暢而又不拘細節，線條韻律變化生動又能不失章法，頗顯人物之情態個性，這樣的作品恰與刻經相得益彰。

二、經變題材

與單純的無情節的佛像相比，經變畫容量更大，表現手法更爲多樣，爲大眾提供了豐富的信息與想像空間，在佛教美術作品題材中佔有很重的分量。經變中的故事畫是根據佛經中的故事情節繪製的，主要有佛傳故事、本生、本事故事、因緣故事等。這類題材的美術作品較多地被用作幫助僧伽觀想修行之用，同時也在一定程度上發揮了向大眾宣傳佛教文化的作用。還有一種是根據某一部經的思想內容繪製的，專門來闡釋宣揚這部經的思想內涵的圖畫。一部經可能包含有多個故事，也可能沒有明確的故事情節只闡述哲理，因而這一類經變不像故事畫那樣有連貫完整的情節，而是綜合表現了某一部經的內容，如《金剛變》、《楞伽變相》等。這種題材一般不作觀想修行之用，主要是爲了以簡明易懂的形式向大眾宣傳深奧的佛理，往往還要由熟悉經義者爲觀眾指點講解。

「經變」與「變相」也有所不同，一般來說，變相是配合變文講唱使用的。近百年來，變文一直都是敦煌學研究的重要對象之一，但目前對於「變」字的含義，眾多研究者的意見還不能完全統一。影響較大的說法主要有「變更」說、「神變」說及「梵文音譯」說。其中「變」爲「變更」之意最爲流行，

〔註19〕〔元魏〕瞿曇般若流支譯：《正法念處經》卷36，《中華大藏經》第35冊，頁225下。

意爲將佛經之文轉變成通俗的文字，李小榮師的觀點是：

> 「變」正是「經」的反義詞，爲「變化、改變」之意。對「經」
> 進行變易，即通俗化，是爲「變文」。〔註20〕

> 此外，「經變」與「變現」亦可指佛教圖畫。〔註21〕

他同時指出了佛像畫與故事畫和經變畫都可以叫做變相，都是佛教圖像。寬泛地說，「變相」、「經變」、「變現」等都屬於佛教圖像的範疇，並且都可以指代全部的佛教圖像。如果再對這幾種名相詳加分辨的話，「變相」的範圍似乎更寬一些，可以包括與變文配合使用的佛像及故事畫、經變畫等，「經變」則更偏重於指代根據某部經而作的解釋經義或敷衍故事的圖畫。本節所論之佛教美術的經變題材專指後者。同時因爲此類題材的美術作品基本都是根據佛經圖繪的，二者關聯顯而易見。前人在對經變畫故事情節與思想內涵的辨識已經花了很多精力，做出很大成績。譬如敦煌研究院孫修身先生就有多篇考證敦煌莫高窟佛教故事畫的專論——《莫高窟佛教史迹故事畫介紹》（一）到（四），載於《敦煌研究文集》，較全面翔實地考察了這一類佛教畫題材在經典中的故事原型。還有樊錦詩、趙聲良的著作《燦爛佛宮》中有專章介紹了敦煌壁畫中的佛經故事畫與經變畫的內容與經典內涵。

（一）經變中的佛傳、本生、本事題材

經變是根據佛經繪製的，二者關係最爲密切，歷來研究佛教美術者都會首先對經變的故事情節與佛經的對應關係做出辨析。

具體來說，佛傳故事又叫本行，講述釋迦牟尼佛從誕生到涅槃這八十年間的事迹，《修行本起經》、《太子瑞應本起經》、《普曜經》、《佛本行經》、《佛本行集經》、《方廣大莊嚴經》等眾多經典都有記載。佛傳圖一般截取佛陀一生中最重要的一些事件來刻畫，成爲情節連貫的一組繪畫。著名的行雨大臣爲未生怨王繪製的佛陀事迹壁畫就是史載較早的佛傳畫。摩訶迦葉尊者因擔心未生怨王聽到佛祖入涅槃之事，受不了打擊會嘔血而死，因而就讓行雨大臣

> 疾可詣一園中，於妙堂殿，如法圖畫佛本因緣。菩薩昔在?史天
> 宮，將欲下生，觀其五事，欲界天子，三淨母身，作象子形，託生

〔註20〕 李小榮：《變文講唱與華梵宗教藝術》，上海：上海三聯書店，2002 年，頁13。

〔註21〕 李小榮：《變文講唱與華梵宗教藝術》，頁 99。

母腹。既誕之後，踰城出家，苦行六年，坐金剛座，菩提樹下，成等正覺。次至婆羅疤斯國爲五苾芻三轉十二行四諦法輪。次於室羅伐城爲人天眾現大神通。次往三十三天爲母摩耶廣宣法要。寶階三道，下贍部洲，於僧羯奢城人天於諸方國在處化生，利益既周，將趣圓寂。遂至拘尸那城娑羅雙樹，北首而臥，入大涅槃。如來一代所有化迹，既圖畫已。〔註22〕

「畫中畫」，克孜爾石窟第205窟

圖像來源：〔美〕梅維恒著，王邦雄譯：
《繪畫與表演——中國的看圖講故事和它的印度起源》。

未生怨王看到壁畫之後知道佛已涅槃，但因對佛生平事迹的次第講述已使他經歷了一個心理緩衝過程，便在得知這一噩耗時厥而復蘇，此事成爲佛教美術史上的一段佳話。而這段經文正好概括了佛陀的生平行迹，也可以看作是繪製佛傳圖的方法。佛教美術實踐中根據此文繪製的壁畫確實不少，僅克孜爾石窟中就有八幅，其中最著名的是205窟阿闍世王故事中所謂的「畫中畫」

〔註22〕〔唐〕義淨譯：《根本說一切有部毗奈耶雜事》卷38，《中華大藏經》第39冊，頁365上～下。

變相。這幅畫現在還很清晰完整，畫中行雨大臣手持畫有佛傳的帛畫正向阿闍世王展示，他手中的佛傳圖如四格連環畫，分別畫出了佛陀誕生、降魔、初轉法輪、涅槃四件大事，對經文中的敘述又作了進一步地概括。南傳佛教很流行這種佛傳四相圖。中土更常見的是「八相成道」圖，包括了：降兜率相、託胎相、誕生相、出家相、降魔相、成道相、說法相和涅槃相。還有根據《大乘起信論》歸納的：從兜率天退、入胎、住胎、出胎、出家、成道、轉法輪、入涅槃八相。

不論哪種佛傳圖，或多幅連綴，或僅取其一，其內容都是有經典依據的，比如白象入胎是各種佛傳圖都很喜歡演繹的一段情節，佛經中是這樣記載的。佛將託胎降生閻浮提時，

> 告天眾言，我當以何形象下閻浮提？或有說言為童子形，或有說言釋梵之形，或有說言神妙天形，或有說言阿修羅、乾闥婆、迦樓羅、緊那羅、摩睺羅伽等形，或有說言日月天形，或有說言金翅鳥形，說如是等種種形象。爾時眾中有一天子，名曰勝光，昔在閻浮提中為婆羅門，於無上菩提心不退轉，作如是言圍陀論說，下生菩薩當作象形而入母胎。即說偈言：菩薩降神，應為象形。端正姝好，頂上紅色。皎潔鮮淨，如白玻璃。具足六牙，飾以金勒。無不吉祥，圍陀先記。三十二相，當下閻浮。〔註23〕

佛傳題材在歷代佛教美術中都比較受重視。如北魏時期就有「釋迦四塔」變，即是一種四相圖，唐代《歷代名畫記》所載經變圖有四十多處，其中佛傳類就有：

> （化度寺）楊庭光、楊仙喬畫本行經變。〔註24〕
>
> （大雲寺）外邊四面楊契丹畫本行經。〔註25〕
>
> （永泰寺）鄭法士畫滅度變相。〔註26〕
>
> （聖慈寺）本行經變……楊廷光畫。〔註27〕

輪迴轉世是佛教的根本理念之一，諸佛菩薩及弟子眾都曾歷劫修行，前

〔註23〕〔唐〕地婆訶羅譯：《方廣大莊嚴經》卷2，《中華大藏經》第15冊，頁240中。

〔註24〕〔唐〕張彥遠：《歷代名畫記》，北京：人民美術出版社，1963年，頁60。

〔註25〕〔唐〕張彥遠：《歷代名畫記》，頁64。

〔註26〕〔唐〕張彥遠：《歷代名畫記》，頁65。

〔註27〕〔唐〕張彥遠：《歷代名畫記》，頁70。

世都發生過許多動人的故事。在佛經中，述釋迦文佛前生行事者稱爲本生經，述菩薩及弟子前生行事者爲本事經。當然這些前世的故事多是來源於民間傳說，佛教把這些故事編織進佛經，可謂非常善於利用現有的資源來解釋佛教精義。與之相應，佛教美術的題材中也包括了大量的本生及本事故事。釋迦佛就曾令須達在精舍「簷下畫作本生事。」〔註28〕

本生、本事故事主要收在《六度集經》中，還有一些見於《大智度論》、《賢愚經》、《菩薩本緣經》、《九色鹿經》、《睒子經》、《大方便佛報恩經》等經典中。《六度集經》中的佛本生、本事故事就有數百個之多，以六度爲綱，分別講述佛陀前世修行六度的事迹。如著名的須大拏太子布施故事、薩婆達王割肉貿鴿故事等旨在宣揚布施，太子墓魄經、彌蘭經等說明持戒，睒子故事、雀王經等意爲忍辱修行，彌勒爲女人身經等講精進修行，常悲菩薩故事等說禪定修行，最後講明度無極之智慧。

薩埵太子本生故事（局部）

圖像來源：陳江曉：《現代敦煌石窟壁畫繪製》。

魏晉南北朝時期的壁畫中，這類旨在宣揚六度精神的本生、本事畫很多。這一時期國家長期處於分裂、戰亂之中，安定的時間和地域範圍相對較小，人民生活比較痛苦，最易與佛教之苦諦產生共鳴。佛教本生、本事故事中很多都表現了這種現實的艱苦與抉擇。如薩埵太子捨身飼虎，當時的情況是虎將要餓死而周邊環境中卻沒有任何食物，薩埵唯有選擇看著虎餓死或是以自己的身體來飼虎換取它們的生命，當然在佛經中他選擇的是後者。這樣的故事表現了以生命布施的崇高，但這種崇高卻是與人性相違的。又如五百強盜成佛

〔註28〕〔唐〕義淨譯：《根本說一切有部毗奈耶雜事》卷 17，《中華大藏經》第 39 冊，頁 147 下～148 上。

的故事表現了統治階級對人民反抗力量的殘暴鎮壓，也可以說是現實的影射。雖然故事的結局是佛祖慈悲度這些被鎮壓者成佛，但從此種故事畫中還是可以明顯地感受到悲慘的現實生活，以及受迫害者對被解救的消極等待。

以敦煌莫高窟爲例，魏晉南北朝時期的此類題材壁畫就有不少，如第254窟中有一壁北魏時期的大型的長卷連環畫九色鹿本生故事，第254窟、428窟分別有北魏和北周時期的薩埵太子捨身飼虎本生故事壁畫，第 254 窟北壁還有北魏的一壁尸毗王本生圖。還有睒子本生與善友、惡友本生等也是此期的常見題材。在佛教流傳中華的初期，在民生艱難的動蕩時代，這些看上去濡染著血腥的故事畫曾經起到了廣泛的宣傳效果，但這類題材從隋唐已明顯減少，而代之以表現佛教理論性經典的經變畫。

（二）經變中的哲理

在佛教傳入中國的初期，講述故事的佛經流傳較多，佛教也需要通過淺顯易懂的形式來宣傳佛教的基本理論。到了隋唐以後，佛教在中國已經很流行了，佛教理論性的經典更受到重視，於是在佛教壁畫中也就流行起經變畫了，很多經變畫僅僅表現佛說法的的場景，表現佛所在的淨土世界。〔註29〕

隋結束了中國長期以來的混亂局面，佛教本土化的進程也於此基本完成，華嚴宗、天台宗、淨土宗、禪宗等很多重要的宗派也在此時形成。佛教界越來越重視理論建設，佛教美術也相應地發生著變化，闡釋某部經文思想內涵、發明哲理的經變畫一時流行。各宗經典基本上都有變相與之相互爲用，如《法華經》、《楞伽經》、《金剛經》、《華嚴經》、《金光明經》、《十輪經》等都被繪成變相流傳。〔註30〕

根據《大般涅槃經》繪製的涅槃變出現年代較早，涅槃作爲佛傳故事中的一個場景，北周時期就已經出現在敦煌壁畫中，到隋時已脫離佛傳故事成爲

〔註29〕樊錦詩，趙聲良：《燦爛佛宮──敦煌莫高窟考古大發現》，杭州：浙江文藝出版社，2004年，頁118。

〔註30〕案：參見張彥遠：《歷代名畫記》卷3，頁53～69：「（興唐寺）塔院內西壁，吳畫金剛變……次南廊，吳畫金剛經變……西壁西方變，亦吳畫。東南角，吳弟子李生畫金光明經變。」「（懿德寺）中三門東西華嚴變」。「（敬愛寺）法華太子變……十六觀及閻羅王變。西禪院北壁華嚴變……東西兩壁西方彌勒變……日藏月藏經變及業報差別變。東禪院殿內十輪變。東壁西方變……山亭院十輪經變。」等。

獨立的經變畫，唐代所繪更多。涅槃經變一般都選取佛涅槃後眾人舉哀的場景，如中唐時期的莫高窟第 158 窟中，塑有長達十幾米的佛涅槃像，佛像前後壁上都繪有巨幅舉哀圖，表現了佛弟子與西域各國王子涕泣悲哀的場面。也有一些多幅的涅槃變，如初唐第 332 窟的涅槃變就有九個場景之多，包括了臨終說法、雙樹涅槃、弟子舉哀、分舍利等佛涅槃前後的九個情節。

維摩詰經變也是經變畫的一個常見題材，早在東晉，顧愷之就首作了有「清羸示病之容，隱几忘言之狀」的維摩詰像，此後世人就紛紛效法，創作了許多維摩詰畫像及經變。唐代士人更是對《維摩詰經》喜愛有加，在美術題材上，維摩詰變也受到了他們熱烈歡迎，此題材在莫高窟中數量眾多，涉及了《維摩詰所說經》中全部十四品的內容，一度出現了「諸經變相以維摩詰爲最多」的盛況。〔註31〕

維摩詰像，莫高窟第 103 窟

圖像來源：〔唐〕玄奘、辯機原著，宋強譯：《大唐西域記》，上海社會科學院版。

〔註31〕饒宗頤：《饒宗頤史學論著選》，上海古籍出版社，1993 年，頁 392。

維摩詰經變多截取維摩詰與文殊師利菩薩辯論，大眾在旁的場景來繪畫，此一個靜止的場面就包含了二人辯論的內容，以此來引起觀眾對經文的聯想與思索。美術的形式不適宜表現深刻的哲理，但在大眾對佛經比較感興趣並且比較熟悉的情況下，觀看相應的圖畫可以直觀自然地引發人們繼續深入思考經典中哲理的熱情。隨著唐代社會審美風潮的變遷，此時的維摩詰也一改病容，成了一位神采奕奕、雄辯滔滔的長者，其中莫高窟第 103 窟東壁盛唐時的維摩詰經變堪稱代表。不過這樣的形象似與經典原文中塑造的清羸臥病之像有些差別，應該說這樣的維摩長者能夠代表盛唐奮發昂揚的時代精神狀態，而未必代表得了原典中不二法門齊生死的原意。即使是根據經文繪製的經變畫，其藝術構思與表現技法都是對原典的一次再創作。美術作品與文字本身就存在差異，經變畫藝術成就的高下與其內容是否完全忠實於原典似乎未能等同。

隨著淨土信仰的不斷發展與流行，淨土題材在盛唐逐漸成為經變畫的主流，歷來對佛教美術之淨土題材的研究也最多。淨土變包括彌勒淨土變、東方淨土變、西方淨土變等，《記兩京外州寺觀畫壁》所記 40 多種經變圖中明確提到各種淨土變之不同名稱者就有十處之多。〔註 32〕唐人詩文中提及淨土變者亦多。〔註 33〕在敦煌壁畫中，各種淨土題材的經變就有一百多幅，其中的宏幅巨製也不勝枚舉，如第 329 窟彌勒經變，第 148 窟藥師經變，第 220 窟阿彌陀經變，第 172 窟觀無量壽經變，等等。淨土變一般沒有完整的故事情節，僅描繪出佛說法的場面及淨土美景，以此來引導人們思索經義。這類經變一般採取以佛說法為中心，眾菩薩、弟子環繞的模式，有些還在畫面兩邊各繪一系列連續的小圖似對聯形式，如第 172 窟北壁盛唐時期的觀無量壽經變，中央的大幅主畫面展現了阿彌陀佛在淨土說法的場景，一側繪有未生怨王故事連環畫，表現《觀無量壽經·序品》的內容，另一側繪十六觀圖。這裡描畫了阿彌陀佛居中於蓮座之上趺坐說法，觀世音、大勢至菩薩分侍兩

〔註32〕案：參見張彥遠《歷代名畫記》卷 3，頁 52～69：「（光宅寺）尹琳畫西方變」。「（興唐寺）西壁西方變」。「（安國寺）西壁西方變」。「（雲花寺）小佛殿有趙武端畫淨土變」。「（千福寺）彌勒下生變」。「（敬愛寺）東西兩壁西方彌勒變……東壁西方變」。「（大雲寺）淨土經變」。「（昭成寺）香爐兩頭淨土變，藥師變」。

〔註33〕案：《全唐文》中收錄有李白《金銀泥畫西方淨土變相贊並序》，王維《西方淨土變畫贊並序》與《畫西方阿彌陀變贊並序》，皎然《畫藥師琉璃光佛贊並序》等。

側，舞樂飛揚，飛天優游。更引人注目的是圖中規模宏大的建築群，壯麗巍峨的仙宮樓閣高聳於七寶蓮池之上，整體布局之嚴謹與細節刻畫之精細都令人驚歎，是唐代壁畫中表現寺院建築的代表作。

宗教與現實的一個重要區別在於，宗教世界中有各種神異、超自然的人與事物存在。靈異神通是宗教所認同的普遍現象，這些現實世界中不可能存在的情形恰好可以用語言和美術形象來表現。佛經故事中就有很多是離開了神通便不能成立的，佛教美術中所表現的神變現象也比比皆是。這類神變畫想像瑰奇、風格靈動，表現出與現實主義作品的差異。其實，佛教中的偶像及故事都是神異，像淨土世界中的寶樹、寶池、化生蓮花這些都是現實中不存在的事物。佛傳故事中的降魔變描繪了佛陀在修行中降伏前來干擾他的魔軍，這也是一種神變。還有一種以鬥法形式專門表現佛教神通的神變畫，最典型的當數敦煌張議潮家族時期的鬥法圖，如著名的《勞度叉鬥聖圖》在當時的壁畫和寫卷中都有保存。這種經變是依據《賢愚經》中的《須達起精舍品》而繪製的，描繪了婆羅門勞度叉與舍利弗鬥法的全過程，表現了佛法的神通廣大，降伏外道最終令其皈依。

從內容方面來說，經變題材畫的容量很大，既有單幅的說法圖，也有多幅組合表現一個完整的故事。值得注意的是，這類圖畫往往都發生在非常宏闊的背景之中，如本生故事、神變故事多發生在山林城郭，淨土變之說法圖則離不開淨土世界這個大舞臺，還有一些在主畫面的周圍配置了反映現實生活場景的圖畫。這些山水風景、亭臺樓閣和生活圖景雖然是經變畫的陪襯，與畫面的故事內容融爲一體，但這些風景畫在佛教美術作品中出現本身就有重要意義，對中國傳統美術題材與技法的發展有很大貢獻。目前對敦煌壁畫中山水風景畫的專門研究已經取得很多成績，王伯敏《敦煌壁畫山水研究》及趙聲良《敦煌壁畫風景研究》等都是較新的成果。中國傳統美術中人物畫起步較早，但山水畫則在晉宋山水審美興盛以後才逐漸受到重視。現存最早的紙本山水畫作於隋代，而早在南北朝時期的一些佛教故事畫中，爲了配合故事情節的發生、發展，畫面上已經包含了多姿多彩的自然景物。敦煌壁畫中北魏、北周時期的佛傳圖中就出現了山水背景，如九色鹿本生、薩埵太子本生等，唐代壁畫如第 103 窟和 217 窟中的化城喻品中的山水圖等基本上都是青綠山水，正體現了當時富麗堂皇的審美特徵。其它如經變中的生活圖景，像農耕圖、狩獵圖、嫁娶圖這些都是對當時社會生活的生動反映，是我們直

觀瞭解社會歷史的一個窗口。總之，經變是佛教美術中一個最富有創造空間的題材，可以提供更大的信息量，在佛教以美術作品宣傳佛理的過程中發揮了很大的作用。佛教充滿智慧與進取精神的故事，深奧的哲理與神奇的法術都是其吸收信眾，擴大影響的基礎，這些都能在經變中得到體現，滿足其廣泛宣傳的需要。

三、密教題材

密教爲大乘之一宗，傳入我國後主要流傳在西藏等地，「藏密」是我國密教之主流。大乘佛教在中國經逾千年的發展，到中唐時已顯式微，其後也沒有再出現大規模的譯經活動，中國佛教美術也趨於程序化、精細化、世俗化，宗教意義逐漸弱化而更強調美術之技法的發揮。我國密教恰在盛唐時達到成熟期，此後密教美術的創作也隨之一直處於發展繁榮的狀態。密教空前地重視象徵主義，更加注重儀式和咒語的力量，崇拜的偶像更多，密教美術的特點也在於此。密教主要是通過「象徵」手法來展現教理哲學思想，宣傳宗教信仰的。對於密教而言，美術的功能地位更顯重要。

> 顯教只是將圖像作爲一種輔助手段，而密宗則將圖像視爲成佛之必要媒介與途徑。〔註34〕

密教美術題材在大乘佛教的基礎上有所發展和變異，他們禮拜佛像及各種各樣怪異的形象，而這些一般都是和密教儀式與咒語結合在一起，不可分割的。密教美術也形成了儀式、圖像、咒語三位一體的特殊形式。

藏經的密教部有專門的美術理論著述，用以指導繪畫、造像，最著者爲《佛說造像量度經》、《造像量度經》、《畫相》和《佛說造像量度經疏》這所謂的「三經一疏」，這幾種經典是清代工布查布所譯，他還根據這些藏文經典撰寫了《造像量度經引》、《佛說造像量度經解》、《造像量度經續補》來解釋「三經一疏」，爲密教造像提供了準則與極大的方便。這些經文在密教造像中的作用和地位非常重要，目前已有不少相關研究成果，如四川大學廖方容的碩士學位論文《淺析〈造像量度經〉中的象徵性因素》，魏查理、羅文華《〈造像量度經〉研究綜述》，康‧格桑益希《藏傳佛教造像量度經》，金申《藏傳佛教美術的〈造像量度經〉》等都是對密教「三經一疏」的專門研究。由於這

〔註34〕黃陽興：《咒語、圖像與法術──密教與中晚唐文學》，復旦大學博士學位論文，2008年，頁7。

些密教造像、繪畫的經典漢譯於清代，因而不在本書所研究的範疇之內，於此僅略述及。

目前密教美術的創作與研究都是佛教美術研究中的重要課題，還有專門研究密教美術的專家學者，取得了不少相關成果。如弘學居士《佛教圖像說》就是一部研究密教曼荼羅圖像的專書。書中全面介紹了密教圖像的起源、《造像度量經》等經典，以及佛、菩薩等各類密教圖像題材，包括了胎藏界與金剛界兩大部曼荼羅的內容，對研究密教美術者有一定的參考價值。復旦大學黃陽興的碩士學位論文《唐代密宗曼荼羅信仰及其傳播》認爲密宗的信仰是以曼荼羅爲中心展開的，論文闡述了曼荼羅的宗教意義及其在密教傳播過程中的意義。並且，他的博士學位論文《咒語、圖像與法術——密教與中晚唐文學》也涉及到不少密教美術的內容，論文考察了中晚唐時期密教與文學的交涉關係，側重於闡釋密教信仰對中晚唐文學藝術的影響問題。其中以較大篇幅介紹了幾種流行的密教信仰，以尊勝陀羅尼經幢、千手眼觀音、毗沙門天王爲中心，分別敘述其各自的繪畫、造像藝術。

曼荼羅藝術是密教美術研究的中心，目前研究密教美術者一般都認爲「曼荼羅」與「壇場」是同一概念，如弘學《佛教圖像說》中言：

> 曼荼羅是梵語 mandala 的音譯，其他還有曼陀羅、滿荼羅、漫怛羅、曼拏、曼荼等音譯，意譯有舊譯和新譯兩種，舊譯爲「壇」或「道場」；新譯爲輪圓具足或者是聚集發生、藏書語稱爲「吉廓」。〔註35〕

他認爲「曼荼羅」與「壇場」分別是同一梵語詞的音譯和意譯，這種觀點目前在學界具有一定的代表性。宋代以前的漢譯佛典中，對曼荼羅與壇場有詳細的描述和界定。因此，曼荼羅與壇場的同異，我們可以通過對佛經原文的研究來比較分析。

（一）曼荼羅與壇場

曼荼羅意譯爲輪圓具足及聚集，整個宇宙都可括爲一曼荼羅，胎藏界與金剛界曼荼羅都是把眾聖及其眷屬繪製在一定界廓之內，但二者格局有異〔註36〕。曼荼羅有很多種，「大曼荼羅」指繪畫曼荼羅，將諸佛、菩薩的相好

〔註35〕弘學：《佛教圖像說》，成都：巴蜀書社，1999年，頁504。

〔註36〕案：密教以大日如來爲主尊，視整個宇宙爲大日如來之化現。胎藏界曼荼羅表現大日如來之理性方面，依《大日經》繪製，格局爲從內而外層層延展而

之身圖畫在一定界廓中來表現「五大」聚集，並分別用青、黃、赤、白、黑五色繪畫，代表地、水、火、風、空。「羯磨曼荼羅」指在一定界廓內雕鑄成諸佛、菩薩的立體造型，是一種形象更加直觀的立體曼荼羅。「三昧耶曼荼羅」是不繪出諸佛、菩薩的色身形象，僅以一些象徵性的器仗及手印等來代表佛、菩薩，還有一類「法曼荼羅」是以文字來代表本尊，從不直接繪出形象而重在象徵的意義上來說，與「三昧耶曼荼羅」有相似之處。其中「大曼荼羅」與「羯磨曼荼羅」在密教美術中應用最多，也是其最爲重要的組成部分。

　　曼荼羅雖然是眾聖聚集之所，但眾像並非無序的集合，而是有著嚴格等級制度的排列。經文中對密教曼荼羅內外院諸尊的座次都有詳細的說明，如《佛說陀羅尼集經》中就詳列了曼荼羅眾聖的座次排列規則以及五色敷布的順序。經云：

　　　　次阿闍梨與曾入壇弟子二三人等，於一夜中，以五色粉敷置壇
　　　　內，莊嚴其地。其法用者，先從內布以白色粉，次黃色粉，次赤色
　　　　粉，次青色粉，次黑色粉，四面布訖即至外院。從東北角右回作
　　　　之，布五色粉亦如前法。四面布訖，以帝殊羅施爲之座主，當中心
　　　　敷大蓮花座，座主即是釋迦如來頂上化佛，號佛頂佛。如其不以佛
　　　　頂爲主，隨意所念諸佛、菩薩替位亦得，除其座主以外，諸佛及菩
　　　　薩等，皆在本位而受供養。自非諸佛般若及十一面等菩薩相替，餘
　　　　皆不得而作都會法壇之主。餘有療病諸水壇等，及經一宿懺悔壇
　　　　者，隨其所應，以當部中佛、菩薩等而爲座主，作供養者，種種皆
　　　　好。中心安置座主位已，次於內院東面當中，安般若波羅蜜多華座
　　　　（一），次右邊安釋迦牟尼佛座（二），次左邊安一切佛心佛座
　　　　（三）。次於北面正當門中，安大勢至菩薩座（四），次右邊安觀世
　　　　音母座（五），次左邊安觀世音菩薩座（六）。次於南面正當門中，
　　　　安金剛囉闍座（七），次右邊安摩麼雞座（是名金剛母八），次左邊
　　　　安摩帝那座（名金剛使者九）。次於西面院門南，安普賢菩薩座
　　　　（十），次院門北安彌勒菩薩座（十一），次院東北角安阿舍尼座
　　　　（十二），次東南角安跋折囉蘇皤（二合）悉地（二合）迦囉座（十

爲主次。金剛界曼荼羅表現大日如來之智德方面，依《金剛頂經》繪製，其格局以「井」字格爲界分爲九會。

三），西南角安跋折囉健荼，西北角安火神座。次外院東面北頭第一，先安曼殊室利菩薩座（十四），以次南安十方一切佛座（十五），次安栴檀德佛座（十六），次安阿閦佛座（十七），當院門中安阿彌陀佛座（十八），次安相德佛座（十九），次安虛空藏菩薩座（二十），次安烏瑟尼沙座（二十一），次安十方一切佛頂座（二十二）。當院北面從東向西第一，先安陀羅尼藏座（二十三），次安地藏菩薩座（二十四），次安馬頭觀世音座（二十五），次安不空罥索座（二十六），次安一瑳三跋底伽座（二十七）。當院門中，安隨心觀世音座（二十八），次安摩訶室唎耶座（二十九），次安六臂觀世音座（三十），次安毗俱知觀世音菩薩座（三十一）。當院南面從東第一，安烏摳沙摩座（唐云不淨金剛三十二），次安跋折囉吒訶婆座（三十三），次安跋折囉母瑟知座（名金剛兒三十四），次安跋折囉央俱施座（名爲金剛小女三十五），次當院門安蘇摩訶座（三十六），次安跋折囉商迦羅座（名爲金剛天女三十七），次安迦你俱嚧陀座（三十八），次安隨心金剛座（三十九），次安跋折囉阿蜜哩多軍荼利座（四十）。當院西面門南，安烏摩地毗摩座（四十一），次安尼藍跋羅座（四十二），次安一切天座（四十三）。次其門北，安摩醯首羅座（四十四），次安母鬱（二合）陀吒佉座（此是正位四十五），次安毗嚟齯唎知座（四十六）。當院東北角，安婆擒毗伽座（四十七），東南角安母鬱（二合）陀吒迦座（此是攝位四十八），西南角安迦尼俱嚧陀（此是攝位四十九），西北角安跋折囉室哩（二合）尼座（五十）。至次外院東面北頭第一，安毗那夜迦座（五十一），次安毗陀耶（二合）陀囉座（五十二），次安首陀會天座（五十三），次安提頭賴吒座（五十四），剎院門北，安帝釋弟子座（五十五），剎院門南，安帝釋天座（五十六），次南安月天座（五十七），次安跋摩天座（五十八），次安星天座（五十九），次安佛使者座（六十），當院北面東頭第一，安伊沙那鬼王座（六十一），次安婆羅醯鬼座（六十二），次安遮文荼座（六十三），次安藍毗迦座（六十四）。剎院門東，安跋折囉健荼座（六十五），剎院門西，安毗沙門王座（六十六），次西安俱毗囉藥叉座（六十七），次安旃達波羅婆娑菩薩座（六十八），次安摩尼跋陀座（六十九），次安斯馱過他座（七十）。當院南面東

頭第一，安火天座（七十一），次安毗藍婆咒馱座（七十二），次安那羅延座（七十三），次安彌嚧尸佉囉座（七十四）。劑院門東，安毗樓茶迦座（七十五），劑院門西，安琰摩壇茶座（七十六），次西，安琰摩弟子座（七十七），次安緊那羅王座（七十八），次安毗舍遮王座（七十九），次安囉刹婆王座（八十）。當院西面門南第一，安難陀龍王座（八十一），次安日天座（八十二），次安摩唎支座（八十三），次安阿素囉王座（八十四），次安閻羅王座（八十五）。劑院門北，安憂婆難陀龍王座（八十六），次安地天座（八十七），次安毗樓博叉座（八十八）次安乾闥婆座（八十九），次安風天座（九十）。當院東北角，安枳唎枳唎俱嚧陀座（九十一），東南角安跋折囉邊那座（九十二），西南角安婆榆鞞伽座（九十三），西北角安跋折囉尸佉羅座（九十四）。〔註37〕

此曼荼羅自內而外白色、黃色、赤色、青色、黑色依次使用，〔註38〕座主佛頂佛及九十四位佛、菩薩、諸天、弟子等皆按部就班，各據一席。經文還特別說明若不以釋迦如來頂上化佛為秘密主時，可以隨意所念之諸佛、菩薩等來替此位，而秘密主以外的諸佛、菩薩座次則應固守本位，不能相代。不同的法壇秘密主替位者也有不同規定，如都會法壇之主只能同諸佛般若及十一面等菩薩相替，餘皆不可。而袪病等普通的短期壇場則可以其祈願之當部菩薩為秘密主，隨意所作。秘密主以外諸尊位置敘述詳明，可以直接按照經文指示一一安排座次製作曼荼羅。

如果秘密主不是佛頂佛時，諸尊也有相應的座次，譬如當秘密主是根本蓮花頂觀世音菩薩時，此曼荼羅眾聖的形象位置經文中亦有例，其做法是

當心畫根本蓮花頂觀世音菩薩大梵天相，三面四臂，面目熙怡，當中正面，眉間一眼，首戴七寶月冠，冠有化佛。右第一手把三叉戟，右第二手把蓮花貫索，左第一手把七寶開敷蓮花，於花臺中出觀世音菩薩面首，頭戴寶冠，繞頭冠上發火光焰。左第二手下舒五指雨出七寶，手上繞發火焰眾寶瓔珞耳璫環釧。天諸衣服，種種莊

〔註37〕〔唐〕阿地瞿多譯：《佛說陀羅尼集經》卷 12，《中華大藏經》第 20 冊，頁196 上～197 中。

〔註38〕案：不同經典對五色使用的先後有不同規定，此處白、黃、赤、青、黑之列次一般稱為金胎不二之五色。

飾，結加趺坐，寶蓮花座，身圓光焰，其蓮花下畫大海水，七寶岸泝，二九頭蛇龍王水中出身，左右繳蓮花幹。其蓮花右水中，難陀龍王出現半身，合掌瞻仰。其蓮花左水中。跋難陀龍王出現半身。合掌瞻仰。水中白鶴、孔雀、命命鳥、鴛鴦諸鳥、魚獸雜色眾花。觀世音右多羅菩薩半加趺坐，微微曲躬，持花敬觀世音。左半拏羅婆臬扼白衣菩薩，半加趺坐，微微曲躬，持花恭敬多羅菩薩，後毗俱胝菩薩半加趺坐，半拏羅婆臬扼菩薩後，濕廢多白身菩薩，半加趺坐，腰著白裙。是諸菩薩，眾寶冠瓔耳璫環釧，天諸衣服，種種莊嚴，坐蓮花座，身圓光焰。濕廢多菩薩後，一髻羅剎女神，面目瞋怒，身有六臂，手執器仗，半加趺坐。毗俱胝菩薩後度底使者，面目瞋怒而有八臂，手執器仗，半加趺坐。各以眾妙衣服瓔珞，用莊嚴身，觀世音頂上空中右置大梵天，大自在天，並諸天眾，各持寶花供養瞻仰。右置帝釋天，那羅延天，並諸天眾，各持寶花供養瞻仰。多羅菩薩座下，置焰摩王，水天，毗樓博叉天王，毗沙門天王，半加趺坐，各持器仗。半拏羅婆臬扼白衣菩薩座下，置俱廢羅天，俱摩羅天，提頭賴吒天王，毗樓勒叉天王，半加趺坐，各持器仗。觀世音菩薩座下右持眞言者，長跪而坐，一手把數珠，一手把香爐，瞻仰菩薩秘密主此根本蓮花頂觀世音像，能攝一切旖暮伽王廣大解脫蓮花曼拏羅像。若常無間歡喜合掌觀禮供養，則得解除一切惡作，五無間罪，得住不空大成就地，當爲世間一切人民受敬尊重，得大安樂，財富豐饒，辯慧開悟，色力增進，積集善根，具大威德。〔註39〕

以上是比較典型的金剛界曼荼羅格局，以下再舉一例以明胎藏界曼荼羅之形制格局。此種曼荼羅以蓮花爲中心，每一花瓣畫一尊像，層層向外輻射延展，不同於金剛界曼荼羅九格均分的形式，如意轉化陀羅尼經壇法的布局座次如下，

內院當心畫三十二葉開敷蓮花，於花臺上畫如意輪聖觀自在菩薩，面西結加趺坐，顏貌熙怡，身金色相，首戴寶冠冠有化佛。菩薩左手執開蓮花，當其臺上畫如意寶珠，右手作說法相，天諸衣

　　服，珠璫環釧，七寶瓔珞，種種莊嚴，身放眾光。東面畫圓滿意願
　　明王，左畫白衣觀世音母菩薩，西面畫馬頭觀世音明王，左畫一髻
　　羅剎女，南面畫四面觀世音明王，左畫毗俱胝菩薩。是等菩薩寶冠
　　珠瓔耳璫環釧，天諸衣服，種種莊嚴，坐蓮花上，半加趺坐。外院
　　東面畫天帝釋，左右畫諸天眾圍繞，南面畫焰魔王〔大閻羅王〕，左
　　右畫諸鬼母眾圍繞，西面畫水天王，左右畫難陀龍王及諸龍王，烏
　　波難馱龍王及諸龍王眾圍繞，北面畫多羅天王，左右畫諸藥叉眾圍
　　繞，東南面畫火天神，左右畫苦行仙眾圍繞，西南面畫羅剎王，左
　　右畫諸羅剎眾圍繞，西北面畫風天王，左右畫風天眾圍繞，東北面
　　畫大自在天王，左右畫宮槃荼鬼眾圍繞。又東面畫日天子，左右畫
　　七星天眾圍繞，又西面畫月天子，左右畫七星天眾圍繞，又西面畫
　　地天神，左右畫藥叉神圍繞，又東面畫大梵天王，左右畫諸梵眾天
　　圍繞，又西面畫阿素落王，左右畫阿素洛僕從圍繞，又西門畫始縛
　　〔無可反〕婆歌〔呼我反〕明王，是等天神，各執器仗種種衣服如
　　法莊嚴，半加趺坐，內外院界畫寶階道，內院界上遍種種色如意寶
　　珠，繞畫火焰，外院界上遍畫獨股金剛杵，令頭相次繞畫火焰，此
　　秘密曼荼羅三昧耶力不逮者，但畫座位，各於位上題書名字，做法
　　亦得成就。〔註40〕

一處曼荼羅包括數十甚至數百聖眾，諸多尊聖各具面目，但同時還要依賴一
些明顯的外在標誌和特徵來作分別，或是服飾莊嚴有異，或是器仗手印不同。
如根本蓮花頂觀世音菩薩曼荼羅中的菩薩、天王等都持有器仗，經文中對器
仗手印等的形制與製作方法也有詳細的說明，還有專門以器仗等來代表眾聖
的「三昧耶曼荼羅」，佛教美術自身的宗教象徵意義也很明顯地體現在對器物
與一些宗教程序化特徵的表現上。

　　　如《不空羂索神變真言經》的法界密印莊嚴品，對廣大蓮華曼拏羅三昧
耶的各種手印和器仗印的名稱與作用作了說明。

　　　　此廣大解脫蓮華曼拏羅三昧耶種種手印，諸器仗印，廣博無量，
　　譬如大地一切有情生育依住，譬如如來一切智智一切有情依住滿
　　足。若隨喜者當知是人得滅眾罪，於斯三昧當得成就，若修治者住

〔註40〕〔唐〕菩提流志譯：《如意輪陀羅尼經》，《中華大藏經》第 19 冊，頁 825 上
　　　～825 中。

大悲心。具持眞言淨戒律儀受持讀誦，不空羂索心王母陀羅尼眞言三昧耶，求於無上正等菩提者。若能如法圖畫廣大解脫蓮花曼拏羅印三昧耶，受持供養隨觀一切三昧相，俱精進修學者是。當知是人如大輪王，具足七寶威德，無量導化四洲。隨所至處，一切有情莫不敬伏而得尊仰，一切毗那夜迦藥叉羅刹惡神鬼等，便自臣伏發歡喜心。或則滅壞，或復馳走，賊謀讎怨亦皆除解，無始重罪一切病惱亦皆壞滅。世尊，如是説此法者，爲諸有情得安樂故，説爲得成就一切三摩地故，説爲除一切罪障故，説爲降伏一切惡鬼故，説爲得一切菩提故，説爲令一切持眞言者，發生種種三昧智觀相應慧解故，説令得遍依廣大解脫蓮華壇印，一切三昧耶，一切相狀圖畫，一切廣大解脫蓮華壇開敷蓮花臺上圖畫，一切手印，諸器仗印，一切寶花果印者。皆繞印上火光光焰，其諸蓮花枝條莖葉分佈色相，一切印相皆象生相鮮麗妙好，所謂執一切寶果印，執一爭金剛果印，執三股金剛杵印，執寶箭印，執曼拏喇印，執金剛蓮花鬘印，執跋楞迦印，執跋折囉瑟恥多印，執濕縛娑印，施無畏印，彈指讚歎印，拳印，期剋印，未只臨皤印，合掌鈎印，獄印，執鎖印思惟印，執寶手印，執善金剛杵印，執不空蓮花印，執金剛鈴印，執劍印，執三叉戟印，執杵印，執寶杖印，執花掊印，執索印，執大魚印，執寶輪印，執寶螺印，執無緣果印，執石榴果印，執月印，執日印，執鎚印，執楊枝印，捧寶花印，執數珠印，執五股金剛杵印，不空羂索手印，不空成就印，如是手印皆指□上畫七寶環釧，種種莊飾。隨手印眞言（咒語略）。如是蓮花手印三昧耶，若常一一依三昧耶字觀相應受持讀誦者。所有蓋障五逆重罪當目除滅，不墜惡道，凡所施爲則得成見不空廣大解脫蓮華曼拏羅三昧耶。於當來世證趣阿耨多羅三藐三菩提處，爲阿彌陀佛之眞子從法化生。奉覲供養殑伽沙俱胝那臾多百千善逝如來，積集無量福聚次糧，是諸如來無量稱歎諸福業事，爲授一切記別。〔註41〕

這種廣大解脫蓮華曼荼羅的種種手印和器仗印功能亦十分強大，經文中將其比喻爲厚德載物的大地，可以包容孕育一切，修行者可滅罪成正等菩提，解

〔註41〕 〔唐〕菩提流志譯：《不空羂索神變眞言經》卷4，《中華大藏經》第19冊，頁379中～381上。

除仇怨，**壞滅煩惱**，安樂有情。以上引文介紹種種手印，或彈指、或握拳作各種動作，或執各種不同法器即成爲不同之印相，表達各種象徵意義。這種詳細的羅列，體現了這些印相的重要地位，也爲其諸多強大的功能提供了有形的支持，同時給曼荼羅的製作者帶來不少方便，只須一一對應而作即可。密教更重視象徵，不同的手印與器仗印越多，相應地就能表達更多地意義，與包容一切的內涵相適應。正因爲有這麼重要的作用，佛經中對種種手印與器仗印詳加列舉，以下是此廣大解脫蓮華曼荼羅經中的器仗地印，

> 一切器仗地印，摩尼寶印，雜寶花印，寶蓮花印，寶珠花鬘印，數珠印，白蚕印，五色蚕印，寶金輪印，繚縈拮印，鐵槊印，獨股金剛杵印，三戟叉印，釭置婆印，橫金剛杵印，金剛鉞斧印，一底喇首喇印，金剛寶杵印，寶槊印，羯磨金剛杵印，如意珠印，大橫刀印，寶杖印，囉矩吒印，大自在天三叉戟印，刀索印，鐵鈎龍印，窆嚕摩印，赤寶珠樹印，鉞斧輪印，鉞斧拮印，手出火焰印，寶珠光焰印，五色光印，姥娑羅杵印，努羅樹繩印，鉞斧印，耳璫印，吉祥瓶印，五色吉祥石印，山樹石印，須彌山印，蟠龍印，傘蓋印，大幢印，大魚印，小魚印，龜印，難你喧縛路左萬字相印，苾鞁曼挈理印，苾鞁印，圓頭三叉印，刀子印，曲刀印，大蓮花鬘印，室覆羅輪羅棄耶印，暮巽抳鐵拮印，牝抳波攞印，不空牙印，折咄沒陀囉印，四牙印，遇攞迦印，蚕輪印，三股金剛蚕杵印，兩股金剛蚕杵印，珠蚕印，蓮花蚕印，鄔喇頭縛缽吒攞印，師子頭口印，命命鳥印，迦陵頻伽鳥印，共命鳥印，鳧雁鳥印，鴛鴦鳥印，娑羅娑鳥印，白鷺鳥印，白鶴鳥印，孔雀鳥印，焰摩王拮印，四面神印，四團鏡印，三叉戟幡印，寶瓶印，半月輪印，日輪印，四蓮花印，三蓮花印，大海印，手捧花印，梵夾印，斑鹿皮印，五股金剛杵印，商迦梨金剛鎖印，妒羅挈金剛柱門印，寶缽印，袈裟印，迦伎羅迦錫杖印，迷抳印，米禰迦基陛印，寶腰帶印，注挈頂印，絡膊寶索印，園林寶樹花印，三斜角印，普遍金剛杵印。〔註42〕

與顯教不同的是，密教的尊聖多表現出多頭多臂、獸首人身等新奇怪異的形象，以恐怖威嚴的形象來鎮壓邪惡。密教諸聖中形象極有特色的有十一面觀

〔註42〕〔唐〕菩提流志譯：《不空羂索神變眞言經》卷4，《中華大藏經》第19冊，頁381上～下。

音、千手千眼觀音、不空羂索觀音、馬頭觀音等。這些形象誇張炫目，令人驚悚而振奮，表現了更加豐富的寓意，還蘊含著極大的想像空間，激發了人們探索新異的熱情，成爲佛教美術園地中的一枝奇葩。

十一面觀音　　　　　　　　　　不空羂索觀音

圖像來源：弘學：《密教圖像說》。

　　密教觀音中顯現三面者如不空悉地王觀世音菩薩有三面四臂，其形象做法是：

> 圖畫不空悉地王觀世音三面四臂，身眞金色，結加趺坐，正面熙怡，右面微怒合口，頻眉努目，左面可畏，奮目張口，狗牙上出，首戴月冠，冠有化佛，一手執蓮花，一手施無畏，佩身光焰。
> 〔註43〕

此不空悉地王觀音像單從其正面熙怡之相及身服裝飾來看與顯教諸菩薩基本一樣，也是金色身體，戴天冠，有化佛，佩身光，手印亦是極普通的執蓮花與施無畏印相，所異者在於其左右兩側之面，一邊微怒合口，一邊獰厲張口，還獠牙可畏，各呈異相。密教還有獸首人身形象，如象頭神的形象是：「夫婦

〔註43〕〔唐〕菩提流志譯：《不空羂索神變眞言經》卷11，《中華大藏經》第19冊，頁442下。

二身，令相抱立，各長五寸，七寸亦得，二身並作象頭人身。」〔註44〕

密教形象中，千手千眼觀世音菩薩形象在中土流傳最廣。「於妙疊上畫一千臂觀世音像，並本經咒進上神皇，令宮女繡成，或使匠人畫出，流佈天下，不墜靈姿。」〔註45〕這些「流佈天下」的繡像或畫像所傳的千臂觀世音即通常所說的千手千眼觀音，我國各地的佛教造像與繪畫作品中幾乎都有千手千眼觀音像傳世。如開封大相國寺現存一軀清乾隆年間的四面千手觀音像，由整株的銀杏木雕刻而成，像高近七米，共一千多隻手，每隻手心裏都有一個眼睛，是真正的千手千眼。而且這種四面完全一樣，每面各有六隻大手，二百多隻小手的立體造型在千手觀音造像中是絕無僅有的，從各個角度都可以欣賞到菩薩端麗慈祥的面容，堪稱佛教藝術中的傑作。重慶大足石刻中也有多處千手千眼觀音造像，其中一軀南宋年間雕造的，據說有 1007 隻手（目前又有研究成果稱此千手觀音像有 829 隻手）的千手千眼觀音像，千餘隻手呈孔雀開屏狀排佈在山崖上，佔據了八十多平方米的面積，且每隻手中各有一眼並執一種法器，姿態各不相同，一向被稱作同類造像中的登峰之作。對千手千眼觀音形象與信仰的源流與演變之研究目前已有一定成績，凡涉及密教藝術之論者多數都要考察論述千手千眼觀音造像，本書僅整理相關密教文獻，從中舉例說明千手千眼觀音像造像之法。

以千手千眼觀音菩薩為秘密主的曼荼羅壇場的製作方法，在《千眼千臂觀世音菩薩陀羅尼神咒經》中有詳細說明，曼荼羅中心當安千眼千臂觀世音菩薩像，畫像法云：

> 謹案梵本，造像皆用白疊廣大十肘，此土一丈六尺，長二十肘，此土三丈二尺，菩薩身作檀金色，面有三眼，一千臂，一一掌各有一眼，彩色中不得著膠，以香乳和彩色。菩薩頭著七寶冠，身垂瓔珞。又一本云此無好白疊，大者但一幅白絹，菩薩身長五尺，作兩臂依前第五千臂印法亦得供養，不要千眼千臂，此法亦依梵本，惟菩薩額上更安一眼即得。〔註46〕

〔註44〕 〔唐〕阿地瞿多譯：《佛說陀羅尼集經》卷 11，《中華大藏經》第 20 冊，頁 187 中。

〔註45〕 〔唐〕智通譯：《千眼千臂觀世音菩薩陀羅尼神咒經》卷上，《中華大藏經》第 19 冊，頁 724 下。

〔註46〕 〔唐〕智通譯：《千眼千臂觀世音菩薩陀羅尼神咒經》卷上，《中華大藏經》第 19 冊，頁 729 下。

這段話特別說明了中土所繪千眼千臂觀音畫像雖然與梵本一脈相承，但也有所不同。因爲中梵的絹疊制度不同，梵本觀音像選用廣大十肘、寬二十肘的白疊繪製，中土選用廣一丈六尺、寬三丈二尺的白疊繪製。經中又云中土無好的白疊，只能以白絹來代替白疊繪製觀音像。千眼千臂觀音像有兩種形制，第一種繪像法是菩薩身體金色，頭戴寶冠，身披瓔珞，這與普通的菩薩像一樣，不同的是此像面上有三隻眼睛，手臂按一千之數繪製，每隻手掌中各有一隻眼睛，合千眼千臂之數。這麼多的手和眼繪出來要占很大空間，也很難與像身相諧調，因而有時受條件限制，不一定能正好繪出一千隻手眼，可只取約數，表示極多之意。如前述重慶大足石刻中著名的南宋千手觀音也並非正好有一千隻手眼才叫千手觀音。但這種形制的千眼千臂觀音像往往要求盡量多繪、造出觀音的手臂，目前此類造像較多的是以二十四臂或四十八臂來表示千臂。第二種造像形制是不作出千臂或多臂，而是和普通的菩薩像一樣只作出兩臂，但面額上必須多安一隻眼睛顯示出其特殊的一面，並且供養時要持千臂觀音印法。這種只作出兩臂的「千眼千臂觀音」像亦可說是一種象徵與變通的結合。

經文中還提及了此千眼千臂觀音像法由梵入華時的情況，爲我們研究此種繪畫形制提供了有意義的參考資料。

> 其千眼千臂觀世音菩薩像法，武德年中，中天竺婆羅門瞿陀提婆將此像本來進，入內即不出通，案梵本只言千眼千臂，更無釋名，又案梵本，菩薩過去毗婆尸佛亦現作降伏魔身，千眼中各出一佛以爲賢劫千佛也，千臂各各化出一轉輪聖王，此菩薩降魔身中最爲第一法門，我若廣說者，窮劫不盡。爾時，世尊千觀世音菩薩等，我以佛神力窮劫廣說，不能得盡。〔註47〕

這段話明確說了千臂千眼觀世音菩薩像是在唐高祖武德年間（618～626）由中天竺的婆羅門瞿陀提婆帶入中國的，但當時梵本言之不詳，對千眼千臂菩薩的名字沒有作出具體的解釋。又梵本言此菩薩在過去毗婆尸佛世時化現作降伏魔身相，其形象是千眼中各出一佛，千臂中各出一轉輪聖王，這種有千眼千臂，並出千佛千轉輪聖王之化現身相是觀世音菩薩的一種變現，被稱爲第一法門，以佛神力窮劫不能盡說，可謂奧妙無窮。這裡只是說瞿陀提婆將

〔註47〕〔唐〕智通譯：《千眼千臂觀世音菩薩陀羅尼神咒經》卷上，《中華大藏經》第 19 冊，頁 730 上。

此種像進獻給皇帝，但不知為何當時卻未能流通，今察《千手千眼觀世音菩薩陀羅尼神咒經》之別本，記載更詳，可補此處之疑。

> 千眼菩薩者即觀世音之變現伏魔怨之神迹也。自唐武德之歲，中天竺婆羅門僧瞿多提婆於細氎上圖畫形質，及結壇手印經本，至京進上。太武見而不珍，其僧悒而旋轡。至貞觀年中，復有北天竺僧齎千眼千臂陀羅尼梵本，奉進上帝文武聖帝，勅令大總持寺法師智通共梵本僧，翻出咒經，並結壇手印等。智通法師三復既了，即祈心懇切佇流徵應，於是感慶喜尊者之俯降形儀，通悲喜驚嗟，投身頂謁，蒙在慰喻，問欲何求，通曰搗昧庸心輒取此詳譯，不審情詣稍符聖旨，以否默而印許，竊表衷便錄本進上，帝委問由緒，通具以事述，事愜帝心，於是齎稿本出內將顯。弘福大德玄謨法師一見此文，嗟稱不已，有人云勅未流行，何因忽茲漏泄，其本遂寢，不復弘揚。又有西來梵僧，持一經篋以示智通，通翻出諸餘不殊舊本，唯闕身咒一科。有常州正勤寺主慧琳法師，功德為務，定慧是崇，深入總持，周窮藝術，歷遊京邑，棲遲實際伽藍，思廣異聞，希誠脫簡。爰有北天竺婆羅門僧，名蘇伽陀，常持此法結壇手印，朝夕虔祈，琳罄祈咨詢，每致艱阻。後同之洛下，漸示津途，即請一清信士李大一，其人博學梵書玄儒，亦究紆令筆削潤色成章，務盡梵音身咒具足，至神功年中，有一仁者，自京都至，將通師所翻後本有上下兩卷，唯闕身咒，琳參入其中，事若一家，宛而備足，又佛授記寺有婆羅門僧達摩戰陀，烏伏那國人也，善明悉陀羅尼咒句，嘗每奉制翻譯，於妙氎上畫千臂菩薩像，並本經咒進上，神皇或令宮女繡成，或使匠人畫出，流佈天下，不墜靈姿。波崙又於婆羅門真諦律師聞此像由來，云有大力鬼神毗那翼迦能障一切善法，不使成就一切惡業，必令增長雖有妙力通心無制伏者，觀音菩薩現作千眼千臂之形以伏彼神，及有咒印用光不朽，將來好事者佇無惑焉。〔註48〕

千眼千臂觀世音菩薩的形象與經文在中土流傳的過程可謂一波三折，經歷了從初唐武德（618～626）時初入中華，到貞觀（627～649）時復進並勅令漢

〔註48〕　〔唐〕智通譯：《千眼千臂觀世音菩薩陀羅尼神咒經（別本）》卷上，《中華大藏經》第 19 冊，頁 738 上～下。

譯，本將流行而復止。後來智通法師再次得一西來之本譯之，而缺身咒一科。常州慧琳法師又向北天竺婆羅門僧蘇伽陀學習此法之結壇手印，復請清信士李大一潤色。直至神功年（697）才得與智通法師譯本合成完本，又得佛授記寺婆羅門僧達摩戰陀畫出千臂菩薩形象，將像與經本進呈皇帝武則天，得其勅令，千眼千臂觀世音經像方才流佈天下。一種信仰歷經了三位帝王，七八十年的時間，得數位高僧大德文人信士的譯介推薦，才得以廣泛流傳，可知傳法艱辛。初傳時雖非一帆風順，後來千眼千臂觀音菩薩的形象與信仰卻長久地深入人心，千眼千臂造型在佛教美術史中也佔據了一席之地。

不空羂索觀世音菩薩也常常作爲壇場的秘密主，不空羂索之意即觀世音菩薩救苦救難無有遺漏，如撒獵網，網網不空。此菩薩像特殊在其羂索，其像與索的製作都有專門法則。如不空如意心輪羂索菩薩曼荼羅法，

> 輪羂索三昧耶當以金銀赤銅鑄寫爲輪，方圓八指〔手二把則量〕六輻輪轂輻輞具足分明，如法莊飾其羂索等，分取蓮荷莖絲，杜仲木絲，蠶絲，如法治練，白月八日如法作壇，於壇中心白栴檀香泥鬱金香泥，沉水香泥，圖畫一肘一百八葉開敷蓮華，標郭界道，當花臺上盤置三絲三白飲食，種種香花，如法供養，每日誦母陀羅尼眞言，秘密心眞言，加持三絲，一百八遍，至十五日斷食誦念調調不絕，合持索股長爲一條，勿別爲股，覆疊三股，長三十六肘，合成羂索，輪法亦爾，以索一頭繫輪轂上，於神通月白月八日，清淨洗浴，著淨衣服，食三白食，如法作壇於壇東面，置不空羂索觀世音菩薩像，壇心莊嚴雜綵高座，其座高下方圓一肘，座上盤置輪索，加持塗香塗輪索，加持末香散輪索上，加持白芥子亦散其上，以諸香花香水三白飲食，如法供養，四角置香水瓶，於座四面置香水碗，每日面東燒焯香王，供養一切，依法加跌坐，時常無間誦母陀羅尼眞言，秘密心眞言，先持輪索，若初夜時若後夜時，加持白芥子，先打輪索三十六旬精進持法，無間時日，初夜後夜五更曉時，其輪索上一時放光，昇空騰轉，持眞言者，頭上熾放大火光焰，觀世音像讚語其言，善哉善哉，善男子，汝今成就不空如意心輪羂索三昧耶。〔註49〕

<hr>

〔註49〕　〔唐〕菩提流志譯：《不空羂索神變眞言經》卷5，《中華大藏經》第19冊，頁385上～下。

佛像是曼荼羅的主體，按要求在佛像周圍順次郭界繪像加以裝飾即是一件完整的曼荼羅作品，但對於一次完整的密教法事活動來說這還不夠，還須將曼荼羅安置到壇場中，在此空間內舉行儀式，念咒供養禮拜，有時要經很長時間才能完成一次儀式。曼荼羅是壇場中的主體，壇場作爲舉行儀式的聖地同樣十分重要不能忽略。建立壇場首先要選取一處合適的地方，如千眼千臂觀世音菩薩及一切佛、菩薩的壇場選址時都有特殊要求，且梵漢不同。

> 千眼千臂觀世音菩薩置十肘曼拏羅壇法：次説壇法，凡作一切
> 曼荼羅法門時，謹案梵本云此國土無有作曼荼羅地，如彼天竺皆取
> 上勝福德之地以爲壇場，婆羅門別有擇地方法，不能廣説，止論此
> 漢地第一山居閒靜之處，掘地去其石礫及瓦器惡物，然始平治，以
> 瞿摩夷和香塗地，縱廣丈六尺，起基十二指乃至十六指，一肘以爲
> 勝上第一，取白栴檀香於其石上磨，取末塗曼荼上，以五五色粉模
> 界，其壇開四門，東方門安提頭賴吒天王，南方門安毗樓勒叉天王，
> 西方門安毗樓博叉天王，北方門安毗沙門天王。〔註50〕

天竺國作壇場選址要求取上勝福德之地，且婆羅門壇場的選址之法與佛教壇場不同，經文還說中土沒有能夠達到梵本所要求的作壇場之福地，所以只能按實際情況來制定標準。中土選址的標準以山居閒靜處爲上，選址之後先清理雜物，剔除石礫等物，平整地面塗香，然後才起基郭界開四門，各安天王像。還有一些壇場，平地起基後還要在壇中畫藥叉女等，其用各不相同，如

> 若治地作壇，以瞿摩夷如法泥塗，當壇心上以赤土畫藥叉女，
> 以粳米粉界，壇四面以粳米麥壇中供養，用前炭香，如是一眞言一
> 呼藥叉女燒已，復以白芥子一眞言一打藥叉女像，得眞藥叉女現前
> 而來，任諸命使。〔註51〕

此壇場中心用赤土畫藥叉女像，並作種種法令其現身供人驅使，以達到祈願等目的。

曼荼羅除畫在絹疊上，或塑像供養於壇場中，還可畫在一些器物上，如瓶曼荼羅。

〔註50〕〔唐〕智通譯：《千眼千臂觀世音菩薩陀羅尼神咒經》卷上，《中華大藏經》
第 19 冊，頁 728 下。
〔註51〕〔唐〕菩提流志譯：《不空羂索神變眞言經》卷18，《中華大藏經》第 19 冊，
頁 520 中。

其瓶以金以銀以銅以瑪瑙以鍮石以磁以泥隨力辦作。瓶如珠形，中受一斗，底像覆蓮，口像瓶口，內外塡飾。繞瓶身上圖畫蓮花圓繞，項口畫花蕊葉，題記四方，中層東北面葉上多羅菩薩，半加趺坐，東面葉上不空羂索觀世音菩薩，結加趺坐，東南面葉上毗俱胝觀世音菩薩，半加趺坐，南面葉上除八難觀世音菩薩，結加趺坐，右畔葉上執金剛秘密主菩薩，結加趺坐，西南葉上濕廢多白身菩薩，半加趺坐，西面葉上十一面觀世音菩薩結加趺坐，西北面葉上白衣觀世音母菩薩，半加趺坐，北面葉上，如意輪觀世音菩薩，一手執輪，一手執蓮花，一手掌如意寶珠，一手掌頰，一手膝上執持數珠，一手按地結加趺坐，右畔葉上僑理菩薩，手執蓮花，半加趺坐，此諸菩薩面目熙怡，花冠瓔珞，耳璫環釧，天諸衣服，種種莊嚴，坐蓮花座，上層東北面葉上，伊首羅天子摩醯首羅天子，東面葉上，大梵天子帝釋天子日天子，東南面葉上，大自在天子，大天神苦行仙眾，南面葉上那羅延天子，焰摩王，西南面葉上俱廢羅天子，婆馭縛天子，西面葉上水天子月天子，西北面葉上風天子淨居中天子，背面葉上一切諸天二十八宿天七耀星天，是諸天等種種衣服具莊嚴之，半加趺坐，下層東面葉上提頭賴吒天五，左手把槊，右手揚掌，半加趺坐，東南面葉上，度底使者並及眷屬，南面葉上毗嚕詫迦天王左手執槊，右手揚掌，半加趺坐，西南面葉上，功德天地天神，半加趺坐，西面葉上，毗嚕愽叉天王，眉間一目，左手持槊，右手掌獨股金剛杵，半加趺坐，西北面葉上辯才天，俱摩羅天，加趺坐，北面葉上多聞天王，左手執槊右手把獨股金剛杵，半加趺坐，東北面葉上白象毗那夜迦一髻羅刹女使者，半加趺坐，是四天王種種衣甲天衣莊飾，諸天使者天諸衣服而莊飾之，其瓶周匝種種寶採，間錯莊嚴，瓶座花座以白栴檀木，或楓香木，或柏木，或木檞木與瓶相稱，刻天蓮花，周匝畫彩，一如蓮花，一一葉上諸器仗印以淨香水淨白芥子，當令曝乾，盛滿瓶中，淨帛蓋上，白芥子，龍腦香、麝香、牛黃、雄黃和合末治置於帛上，復以緋帛重疊覆上，上置七寶，白月八日治潔身服食三白食，淨治其地，作曼挐羅，基高一肘，堅築平塡，以瞿摩夷黃土泥周遍塗摩，以諸香泥重上摩拭，規郭界院，內院二肘，純白栴檀香泥，又遍塗摩，純鬱金

香泥、栴檀香泥，中畫三十二葉開敷蓮華，繞花四面畫蓮花鬘，鬘
外院一肘四面除門，畫開蓮花，四門畫蓮花鬘，四面臺上置種種印，
標飾界道。如意寶瓶，置花臺上，獻諸香花香水果蓏三白飲食，種
種花鬘酥燈油燈，稻穀花、白芥子、白栴檀香、沉水香、酥合香、
薰陸香、或餘諸香而供養之。〔註52〕

一隻如意寶瓶即是一處完整的曼荼羅，建立壇場，壇中繪曼荼羅，曼荼羅之
中再置這樣一隻曼荼羅瓶，層層包容，層層延展，內外皆無窮無盡，這也正
是曼荼羅這種能包蘊宇宙之美術題材的深意所在。

（二）密教美術技法與行儀

密教美術創作注重儀式，對功德主、創作者、創作過程及應用器具都有
較高的要求，這些儀式和要求主要體現在咒語的應用上，佛經中有具體的說
解。如曼荼羅的製作者在進入壇場作畫之前必須先行潔浴齋戒。

其畫師自從起首欲畫之時，日日與受八關齋戒，香湯灑浴，著
新淨衣，然後畫作，乃至畫了。〔註53〕

畫匠畫時，一出一浴以香塗身著淨衣服，食三白食，寂然斷
語，受八齋戒。〔註54〕

請一畫師最巧能者，勿違其價，香湯灑浴，著新淨衣與受八
戒。〔註55〕

喚一畫師上好手者，日日與受八戒齋，清淨灑浴，亦與畫師作
護身印，先共畫師斷其功力，隨所須者，咒師不得違價。〔註56〕

畫師從欲畫時到畫全部完成期間，每天都要齋戒沐浴，穿新淨衣服，食三白
食（即乳、酪、米飯等三種白色飯食），斷絕言語。還強調了對畫師的選擇，

〔註52〕〔唐〕菩提流志譯：《不空羂索神變真言經》卷12，《中華大藏經》第19冊，
頁454中～455中。

〔註53〕〔唐〕阿地瞿多譯：《佛說陀羅尼集經》卷6，《中華大藏經》第20冊，頁103
下。

〔註54〕〔唐〕菩提流志譯：《不空羂索神變真言經》卷8，《中華大藏經》第19冊，
頁419上。

〔註55〕〔唐〕阿地瞿多譯：《佛說陀羅尼集經》卷6，《中華大藏經》第20冊，頁101
下。

〔註56〕〔唐〕阿地瞿多譯：《佛說陀羅尼集經》卷10，《中華大藏經》第20冊，頁
171中。

應請技巧最高明者來繪製曼荼羅，爲其作護身印，並不得與其還價，這充分
體現了曼荼羅的神聖性與其功能的重要性。除畫師外，咒師、功德主、侍者、
弟子等凡參與製作壇場、曼荼羅者都須齋浴，

> 若欲供養此法門者，先畫像，其像法必須作曼荼羅，如法令匠
> 者受八戒，日日持齋出入，一上廁一洗浴。〔註57〕

> 畫匠給侍人等，皆出入浴，以香塗身，著淨衣服，受持八戒，
> 教令修營。入壇吃食上廁衣服各皆別對，特勿相觸，其所弟子給侍
> 人等，同真言者。〔註58〕

人在壇中時甚至規定吃飯與上廁時不能穿同一套衣服，要分別有一套不同的
衣服每次更換，每次都還必須洗浴，細節處不能有絲毫馬虎。這些活動都是
與真言相結合的，洗浴要念誦洗浴真言，進入道場時要著新淨鞋履，還要念
誦鞋履真言。

> 河中洗浴真言（咒語略）此三昧耶入河浴時當誦五遍，畫河海
> 印亦加持之。鞋履真言（咒語略）。此法若入道場，入佛殿者，加持
> 新淨鞋履襪三遍著入，畫鞋履印亦加持之。〔註59〕

對於咒師來說，不單要身服潔淨，受持咒法，念動真言之前還當漱口，

> 若欲受持咒法，嚼楊枝澡豆漱口，然香於佛像前，胡跪合掌。
> 〔註60〕

齋戒潔浴念咒語要貫穿於整個製作曼荼羅、建立壇場的過程，是其組成部
分。

不僅是參與製作曼荼羅者要清潔謹慎，同時對製作曼荼羅的畫材也有很
高的要求，如畫布當用白疊或細布、壁板、紙絹等，畫盞、顏料等亦各有
其說。

> 世尊，是不空王像三昧耶，當以白疊或細布上，或覆絹上，方

〔註57〕〔唐〕智通譯：《千眼千臂觀世音菩薩陀羅尼神咒經》卷上，《中華大藏經》
第 19 冊，頁 729 下。

〔註58〕〔唐〕菩提流志譯：《不空羂索神變真言經》卷 9，《中華大藏經》第 19 冊，
頁 425 中。

〔註59〕〔唐〕菩提流志譯：《不空羂索神變真言經》卷 3，《中華大藏經》第 19 冊，
頁 369 中。

〔註60〕〔劉宋〕求那跋陀羅譯：《拔一切業障根本得生淨土神咒》，《中華大藏經》第
19 冊，頁 813 中。

圓四肘或方八肘，……盞筆彩色皆令淨好。〔註61〕

用凡色畫界壇亦當好料理地，不須有金銀寶物等之色。〔註62〕

世尊，此猗暮伽王廣大解脫蓮花曼拏羅印三昧耶若圖畫者，皆須如法，彩色鮮潔，勿和皮膠，當畫彩印，皆使妙好，青白分明，其相象生，隨壇法則，一一模畫，或白氎上，絹上，壁上，板上，紙上，隨其一一大小壇量三昧耶，隨心畫之，皆得供養。〔註63〕

作何耶揭唎婆像法：復次更有畫作像法，取淨白氎不得截割。〔註64〕

又若欲受持成就驗者，先須畫作文殊師利菩薩之像，其畫像法，取好白氎，勿令有毛髮，亦不得割斷盧縷。〔註65〕

以上諸例強調了作畫用的疊布等不能剪裁，要隨其量而用，畫盞、畫筆、顏料等要潔淨，畫地界時只能用普通顏料，不能顯現金銀等寶色。作畫時選取精細潔淨的絹紙用具等，當是受到佛教追求圓滿完美潔淨的思想影響。但密教美術中還存在一些看似怪異的現象，比如繪製某些特定的佛像時，須用持咒者本人所織疊，有時作畫之絹又須用十五歲未嫁之女所織者，還要以咒過的黃牛尿澆灑後方用，這又體現了密教怪異隱秘的特殊性。譬如若有人欲持觀世音心咒，則

若有人持此咒者，彼人當織一白疊，闊五尺長一丈，不得割斷綜縷。〔註66〕

東方阿閦如來，南方寶相如來，西方無量壽佛，北方微妙聲佛，功德天像法。取未嫁女，年十五者，織絹一丈四尺，用功德天大身咒，咒黃牛尿一千八遍，以尿灑其絹面上。〔註67〕

〔註61〕〔唐〕菩提流志譯：《不空羂索神變眞言經》卷8，《中華大藏經》第19冊，頁419上。

〔註62〕〔唐〕李無諂譯：《不空羂索陀羅尼經》，《中華大藏經》第19冊，頁707上。

〔註63〕〔唐〕菩提流志譯：《不空羂索神變眞言經》卷4，《中華大藏經》第19冊，頁381下～382上。

〔註64〕〔唐〕阿地瞿多譯：《佛說陀羅尼集經》卷6，《中華大藏經》第20冊，頁101下。

〔註65〕〔唐〕阿地瞿多譯：《佛說陀羅尼集經》卷6，《中華大藏經》第20冊，頁103中。

〔註66〕〔隋〕闍那崛多譯：《不空羂索咒經》，《中華大藏經》第19冊，頁661下。

〔註67〕〔唐〕阿地瞿多譯：《佛說陀羅尼集經》卷10，《中華大藏經》第20冊，頁

> 勿用皮膠，調和彩色。〔註68〕

曼荼羅所使用的顏料不能以皮膠調和，這與佛教不得殺生的戒律也有一定關係。中國畫常用礦物質顏料，這類顏料多呈粉末狀，必須用膠質並加水將其調和成糊才能使用，加膠調和後還更易於與繪畫基質相結合，並使色彩持久。明膠即動物骨膠、皮膠細膩易溶於水且透明度高是很好的膠結材料，但因佛教教義以慈悲爲懷，不能使用類似的動物製品，因而佛經中也明確給出了皮膠的替代品香膠。

> 其彩色中不得用膠，應以香汁和畫。〔註69〕

> 用薰陸香、沉水香、白檀香乳汁和彩色，不得用諸皮膠。〔註70〕

> 所和彩色，應和香膠，自外諸膠，咸不得用。〔註71〕

> 彩色中不得用膠，當和香及乳，和彩色畫之。〔註72〕

以上薰陸等種種香都是從植物中提取的，加乳汁成爲膠結材料，對於佛教來說，這才是潔淨的，神聖的曼荼羅每一個小細節都要潔淨精微。

曼荼羅中除諸尊像外，一應器物都要繪飾與主體相配襯，是壇場的組成部分，如畫幡。畫幡的製作方法是，取長竿以繩穿挑繪有種種圖案的彩幡，其長短大小色彩線繩等皆有規制，經云：

> 好長椽一十六根（根別徑頭三寸各長二丈五寸斫削鑿孔如法相串），小竹竿六十枚（各長二丈粗三指許），畫金剛幡十八口，畫神王幡二十四口，畫四天王幡四口，雜綵幡一百口（各長一丈新好色者）。繩八十尺者，十二條（各粗如筆管大）。五色線二十兩（五色者，紫青緋白黃，各須等，分色別絡之於一簍上，絡之各令色目等，別作不得和雜，取長四百尺爲一段，殘者五十尺爲一段，又須四段許足用之）。五色小幡子（並身共腳總長三尺，闊五寸，色別各二枚

---

171 中。

〔註68〕〔唐〕菩提流志譯：《不空羂索神變眞言經》卷8，《中華大藏經》第 19 冊，頁 419 上。

〔註69〕〔唐〕阿地瞿多譯：《佛說陀羅尼集經》卷6，《中華大藏經》第 20 冊，頁 103 中。

〔註70〕〔唐〕阿地瞿多譯：《佛說陀羅尼集經》卷 10，《中華大藏經》第 20 冊，頁 171 中。

〔註71〕〔唐〕玄奘譯：《不空羂索神咒心經》，《中華大藏經》第 19 冊，頁 670 上。

〔註72〕〔隋〕闍那崛多譯：《不空羂索咒經》，《中華大藏經》第 19 冊，頁 661 下。

深青、二淺青、二緋、二白、二黃四口）。甲冑金剛八軀（各高五尺，
莊嚴新好色者）。甲冑神王八軀（各高五尺，莊嚴新好色者）。生絹
六十段（五尺爲之）。淨白布二丈，白練一丈，緋綾一丈，紫綾一丈，
黃綾三尺，緋綾四尺，淨線鞋兩量（一量擬淨用，一量污用）。襪兩
量（一量擬淨用，一量擬污用）。襪帶準此（自從線鞋乃至襪帶，人
人各具）。〔註73〕

除咒師、畫師等壇場的製作者以外，壇場中應用的各種器物亦各須以不同眞
言加持，才能達成祈願等效力。譬如

　　器杖眞言（咒語略）此法加持畫器杖印一切眞言，明神歡喜。
金剛鈴眞言（咒語略）此法場中贊詠行道請召念誦護摩之時，加持
於鈴，即搖聲之一切賢聖悉皆警發，歡喜來會。燈明眞言（咒語
略）此法加持燈明供養，則令諸天眞言明神使者皆見寶燈光爛供
養。〔註74〕

所有壇場中應用器杖、金剛鈴、燈明等皆應咒過而後用。

金剛鈴與金剛杵

圖像來源：拉薩布達拉宮管理處藏（攝影：侯艷）。

〔註73〕〔唐〕阿地瞿多譯：《佛說陀羅尼集經》卷 12，《中華大藏經》第 20 冊，頁
　　　203 下～204 上。
〔註74〕〔唐〕菩提流志譯：《不空羂索神變眞言經》卷 3，《中華大藏經》第 19 冊，
　　　頁 368 中～下。

　　莊嚴佛像、供養禮拜、召請神佛等亦皆有眞言，如一切菩薩敬禮解脫三昧耶眞言品中就有治地眞言、治水眞言、標界眞言、彩色眞言及各種印相眞言等。還有

　　　　莊嚴眞言（咒語略）。此法加持一切寶珠環釧瓔珞幢蓋莊列供養，其諸形象若以環釧瓔珞自嚴飾者，亦加持之。供養眞言（咒語略）。此法若讚歎時，若讀誦時，先誦三遍，讚歎供養。禮拜眞言（咒語略）。此法若禮一切佛菩薩時，先誦三遍，合掌頂禮一切諸佛菩薩歡喜讚歎。〔註75〕

　　　　召請眞言（咒語略）此法若授法時，加持安悉香燒焠請召一切諸佛菩薩眞言，明神神通加被。〔註76〕

以眞言加持還能請得觀世音菩薩化現與願，

　　　　成就不空變像壇印三昧耶，能請一切天龍八部，能摧一切毗那夜迦，能令一切人民歡喜得大精進。常見一切諸佛菩薩摩訶薩故，執金剛神一切天神，皆作祐護秘密主，加持粳米白芥子安悉香酥蜜。觀世音像前，以秘密心眞言護摩之者，觀世音菩薩爲現化身，與所求願。〔註77〕

密教曼荼羅的供養也不同顯教，其儀複雜，供養之物也十分特別。如不空羂索觀世音菩薩曼荼羅法，

　　　　如法修治不空王八種羂索三昧耶，其像羂索三昧耶。以金或銀鑄不空羂索觀世音菩薩身，長八指量〔取手兩把量是〕，三面兩臂，下面慈悲，左面大瞋，怒目張口，右面微瞋，頻眉合口，首戴寶冠，冠有化佛，左手執羂索，右手揚掌，七寶瓔珞環釧，天衣而莊嚴之。坐蓮華座，又以銀或鑌鐵作三叉戟，長十六指量〔取一肘量是〕，其羂索等，分用蓮荷莖絲，杜仲木絲，素迦木絲，樹皮絲，蠶絲，如法治練。白月八日作曼挐羅，壇心純以白栴檀香泥，沉水香泥，鬱金香泥，圖畫一肘三十二葉，開敷蓮華，當華臺上盤置五

〔註75〕〔唐〕菩提流志譯：《不空羂索神變眞言經》卷3，《中華大藏經》第19冊，頁368上。

〔註76〕〔唐〕菩提流志譯：《不空羂索神變眞言經》卷3，《中華大藏經》第19冊，頁368中～下。

〔註77〕〔唐〕菩提流志譯：《不空羂索神變眞言經》卷19，《中華大藏經》第19冊，頁524中。

絲，三白飲食，香花香水如法供養。每日斷諸談論戲笑，誦母陀羅尼眞言，秘密心眞言，加持五絲，一百八遍。至十五日，斷食誦持眞言不絕。合持索股長爲一條，勿別爲股，覆疊八股，長十六肘，合成羂索，其索兩頭，一頭繫菩薩，一頭繫三叉戟，阿摩羅果。於神通月，白月八日，清淨洗浴，著淨衣服，食三白食，作曼挐羅。中嚴寶彩法座，其座方圓高下一肘。正於座上置像索戟，其索寬，盤像置索中，誦母陀羅尼眞言，秘密心眞言，加持像索戟二十一遍而安置之。當加持塗香塗於像上、索上、戟上，種種末香亦遍散上。又加持白芥子亦散其上，以諸香花香水飲食果蓏，隨心供養。四角置香水瓶，四門座前置香水碗，每日六時面東依法而坐，於坐觀心。寂靜燒焯香王結印，誦母陀羅尼眞言，秘密心眞言，加持像索戟上。作是法者，當斷言論，外來飲食皆不應食，是食穢觸，每初夜時後夜時，一加持白芥子，一先打戟索，三十六旬精進持法，無間時日。初夜中夜五更曉時，其像索上一時放光，若放火光，當成世間悉地之法。若放種種雜色光明，當成出世悉地三昧。是時，空中出聲告言，善哉善哉，善男子，汝今已成出世世間菩提心羂索三昧耶。是羂索力，挽攝最上菩提心王，住得十波羅蜜功德圓滿如如意寶。〔註78〕

製作曼荼羅的時機也須把握，某種壇場要在相應的時月建立，每月之中又多以上半月爲佳。如

> 白月一日閒靜處，淨治五肘壇地量。〔註79〕

> 白月八日淨治地，作四肘壇開四門。〔註80〕

> 從月八日至十四日，淨好泥地作四肘水壇，取釋迦像一軀安置壇中，供養種種香華飲食。〔註81〕

〔註78〕〔唐〕菩提流志譯：《不空羂索神變眞言經》卷5，《中華大藏經》第19冊，頁364上～下。

〔註79〕〔唐〕菩提流志譯：《不空羂索神變眞言經》卷21，《中華大藏經》第19冊，頁551上。

〔註80〕〔唐〕菩提流志譯：《不空羂索神變眞言經》卷21，《中華大藏經》第19冊，頁549下。

〔註81〕〔唐〕阿地瞿多譯：《佛說陀羅尼集經》卷10，《中華大藏經》第20冊，頁171中。

白月即指月漸生之上半月，相當於農曆的初一至十五，黑月相應是指農曆的下半月。一年之中還有正月、三月和七月是適宜作壇場的月分，其餘則不行。即經之所言「若欲做法時，正月、三月、七月，當以此月入壇，天女歡喜，餘月並不得。」〔註82〕

四、個案研究——光明意象

佛教崇尚光明，認爲佛的身體有種種光明，這種佛光在佛像中以背光的形式表現出來，光明意象的象徵意義也表現了佛教對光明清淨的強烈追求。目前，關於佛像背光的論述散見於一些佛教史及佛教藝術著論中。如任繼愈主編的《中國佛教史》在介紹我國南北朝時期的佛教藝術時對一些佛像背光有所提及。閻文儒《中國石窟藝術總論》中也言及佛光是石窟造像中的重要組成部分。金申《佛教美術叢考》一書在討論佛像時代特徵時也有談及。這些論述或略陳造佛光之原因及其佛經依據；或在論不同造像藝術風格時，以背光之不同作爲區別項之一；或列舉出幾種背光的不同造型制式而未詳加考辨。目前，關於佛像背光發展流變成系統的專門研究尚未見到。其實，佛像背光的宗教內涵與藝術價值都值得深入研究，我國魏晉南北朝到唐初這段時間佛像背光的創作非常發達，因而有必要對其發展演變做出詳細梳理以管窺佛教的像教意義及我國佛像製作發展的藝術歷程。

（一）佛光概說

《後漢書》、《水經注》、《法苑珠林》等書都記載了漢明帝的一個異夢，他夢到殿前飛來一個「項佩日光」〔註83〕的丈六金人。第二天大臣告訴他這是西方的佛陀，於是他就遣使者去天竺求法。這雖是一個傳說，但身體會發光的金色佛陀卻因此而廣爲國人所知。1954 年山東沂南發掘的一座東漢畫像石墓中發現

> 墓室八角石柱的頂端背面和南面各刻有一個神童，頭上用帶結髮，繞頭有一個圓圈，好似佛的頂光，……在柱子中部南面神童的下方有一結跏趺坐的羽人，肩生雙翅，右手上舉，掌心向外，似作施無畏印，可以認爲這是早期的受佛教影響的造像，特別是羽人，

〔註82〕〔唐〕阿地瞿多譯：《佛說陀羅尼集經》卷 10，《中華大藏經》第 20 冊，頁 171 下。

〔註83〕〔北魏〕酈道元：《水經注》，長沙：嶽麓書社，1995 年，頁 251。

佛教味道很濃，說它就是佛像也未嘗不可。〔註84〕

1959 年新疆民豐出土了一塊東漢時期的臘染棉布，圖案中有一個帶頭光的半身裸體人物，這也被判斷爲是一件佛教藝術品。這兩例說明頭光或曰項光已成爲佛教人物的一種特殊標誌。

佛經中廣說造像功德，鼓勵人們造作佛像，佛光則是佛像的一個重要組成部分。佛陀因以往累世的修行業緣而獲得了不同常人的美好相貌，其身有種種光明。佛的光輝甚至超過日月，能照徹三千大千世界。環繞佛身，周圍各一丈之光爲常光，亦稱丈光，是佛的「三十二相」之一。如《大智度論》卷四中說佛身「四邊皆有一丈光，佛在是光中端嚴第一」〔註85〕佛將說妙法或欲爲後世將能作佛的眾生授記時就會從面門、頸項或眉間白毫處放大光明。如《法華經》卷一序品中說佛在說法之前：「眉間白毫相放光，照東方萬八千世界，靡不周遍。」〔註86〕佛經中還說了造作佛光的諸多好處：

　　　佛告阿難，佛滅度後，佛諸弟子，若能割捐諸事，捐棄諸惡，
　　繫念思惟佛常光者，佛不現在亦名見佛。以見佛故，一切諸惡，皆
　　得消除。隨其所願於未來世當成三種菩提之道。〔註87〕

思念佛光即是思念佛，就可消除一切罪惡，來世成菩提道，自然應在佛像中造出佛光。佛光在佛像中表現在佛身背後，成爲背光，包括了頭光與身光。同時造出佛光的重要性還當與佛教之光明崇拜有關。光明可以驅走黑暗，帶給人溫暖，世界上的大多數宗教都有對太陽與火的崇拜。佛教就規定在佛像前一定要供奉長明燈，甚至在佛經中還有因爲一燈之奉而得來世成佛的本生故事。也有許多佛的名字與光明有關，如阿彌陀佛又叫無量光佛，毗盧遮那佛即是大日如來。

「圓光含萬象。」〔註88〕無常形之光在佛像中往往以圓的形狀來表示，這一來是象日之形，以圓來表示光線的發散性特質，再者中西哲學中都有以

〔註84〕吳焯：《佛教東傳與中國佛教藝術》，杭州：浙江人民出版社，1991 年，頁 131
　　　　～132。

〔註85〕〔姚秦〕鳩摩羅什譯：《大智度論》卷 4，《中華大藏經》第 25 冊，頁 180
　　　　中。

〔註86〕〔姚秦〕鳩摩羅什譯：《妙法蓮華經》卷 1，《中華大藏經》第 15 冊，頁 509
　　　　上。

〔註87〕〔東晉〕佛陀跋陀羅尼譯：《觀佛三昧海經》卷 3，《中華大藏經》第 22 冊，
　　　　頁 498 下。

〔註88〕〔明〕居頂撰：《續傳燈錄》卷 11，《中華大藏經》第 74 冊，頁 752 上。

圓爲美的觀念。古希臘哲人畢達哥拉斯在公元前六世紀時就指出「一切立體
圖形中最美的是球形，一切平面圖形中最美的是圓形。」〔註89〕中國美學思
想中對圓的愛好亦由來已久，如《易》之所謂：「著之德，圓而神。」〔註90〕
佛教認爲圓的形象代表著圓滿無缺與中道不偏，也是最高智慧的象徵，佛經
中往往以滿月喻如來智慧。禪師們在向人開示經義時，總是一言不發而動不
動就畫個圓圈讓人自悟，正是自有深意者。事理圓融，圓照圓覺，《華嚴經旨
歸‧示經圓第十》中更是概括出佛教的十大圓通，表現了佛教對圓滿完美的
強烈追求。而且圓無起點亦無終點，是宇宙無窮的象徵，從這一點來看，也
只有圓形才能表現佛光的無處不在。

　　從宗教意義上講，佛像背光表達了豐富的教理內容，開闊了觀者的眼
界，使之對佛的觀想易於爲功。從藝術角度講，背光不僅是佛像的附屬物，
而且是一種獨具魅力的表達方式，成爲藝術家馳騁想像發揮創造力的神奇
園地。

（二）佛像的產生與中國早期佛像背光形制

　　東漢時期佛教從印度傳到中國，從那時起就開始了佛教藝術中土化的漫
長過程。中國的藝術家創造出了具有中國特色的佛像，這些佛象形形色色的
精美背光也成爲佛教藝術中的奇葩。

　　關於佛教來華的傳說有很多，東漢時期已傳入中國的說法是可信的。佛
教是外來的宗教，印度佛教藝術對中國的影響自不待言。在佛教傳入中國
後的三四百年間裏留存下來的佛像也以犍陀羅風格的爲多。但中國這樣一
個文化發達的國家，對外來文化不可能一味地接受，而是以本民族固有的文
化傳統來認識，甚至是同化和改造外來文化，對佛教與佛教藝術就是如此。
因而可以說印度有印度之佛教，中國有中國之佛教及獨具中國特色的佛教
藝術。

　　我國自東漢以來就開始開窟造像，魏晉南北朝時期更加盛行，直到中唐
以後才逐漸衰落，歷時千載。這些遍佈全國各地的大小石窟是佛教藝術的淵
藪重鎮。西域的絲綢之路是佛教最初傳入中國的通路之一，早期的石窟多在

〔註89〕　北京大學哲學系、外國哲學史教研室編譯：《古希臘羅馬哲學》，北京：三聯
　　　　　書店，1957年，頁36。
〔註90〕　〔魏〕王弼，魏康伯注，〔唐〕孔穎達等正義：《周易正義》，上海：上海古籍
　　　　　出版社，1990年，頁157。

新疆、甘肅，如著名的克孜爾石窟和敦煌莫高窟。然而漢魏造像遺存不多，「晉代實爲中國佛教造像之始。」〔註91〕到了五胡十六國時期才眞正出現了作爲禮拜對象的獨體佛像。從此期留存的造像和壁畫來看，這時還基本沿襲了犍陀羅風格，但頭光、身光俱全的背光形式已很普遍。佛像頭光一般爲圓形，身光有圓形或蓮瓣形，裝飾性紋樣較簡單，多以圈線分層，每層塗染不同色彩，有些有簡單的線刻紋飾，有的則直接在佛身後的窟壁上彩繪背光，表現出北方質樸的風格。早期的如新疆克孜爾石窟中的佛像背光就僅以層層光圈的形式來表現，以樸雅的白、褐、綠爲主色調。甘肅的金塔寺石窟北涼造像的背光中還出現了五彩波紋，彷彿從佛身放出萬道光芒，旋轉閃爍，華彩流動。這樣繪製背光正好與佛經中的描述相吻合，北涼所譯《大般涅槃經》中就有多處提到：

> 爾時世尊，於晨朝時從其面門放種種光，其明雜色，青黃赤白頗梨馬瑙光。〔註92〕

> 世尊從其面門放種種色青黃赤白紅紫光明。〔註93〕

甘肅炳靈寺一座西秦建弘元年（420年）建的石窟中有一屏極其精美的飛天樂伎背光，當是同類設計中最早的。這些樂伎在佛光中翩然飛舞，演奏著羌笛、阮、排簫、箜篌等中西樂器，是研究古代樂舞的珍貴資料。佛經中常常出現飛天樂伎爲佛、菩薩奏樂的場面，當如來演說妙法時他們更少不了「作天伎樂歌歎彼佛及諸菩薩聲聞大眾。」〔註94〕因而在佛背光中造其形象以表達讚美佛法之意。此後在北朝出現更多背光中帶有飛天的金銅造像，南朝小型造像背光上也常有飛天樂伎。南朝飛天姿態更加優美婉轉，對身體的柔韌性表現更到位，與炳靈寺的背光飛天相比確實是藝術上的進步。

總之，我國早期的佛像背光還普遍因襲印度傳統，形式簡單古樸，且多以佛經的描述爲依據，爲得福報而製作背光之目的性也較強。

（三）南北朝佛像背光的創新與發展

南北朝時期佛教藝術的中國化跨出了堅實的一大步。這與東晉著名畫家

〔註91〕　梁思成：《中國雕塑史》，天津：百花文藝出版社，2006年，頁55。
〔註92〕　〔北涼〕曇無讖譯：《大般涅槃經》卷1，《中華大藏經》第14冊，頁1上。
〔註93〕　〔北涼〕曇無讖譯：《大般涅槃經》卷10，《中華大藏經》第14冊，頁103下。
〔註94〕　〔蕭齊〕曇摩伽陀耶舍譯：《無量義經》，《中華大藏經》第15冊，頁498中。

戴逵所做的努力與嘗試是分不開的。戴逵並不是佛教徒但卻從十餘歲起就在佛寺畫畫，一生創作出很多佛像，在中國佛教美術史上佔有重要地位。佛教初來時，人們對其理解是中國式的，往往將佛陀與黃老並稱，以中國原有的概念來比附佛教概念，是爲格義佛教。魏晉時期高僧與士大夫密切交往，很多成爲名士型高僧，而當時士大夫的不爲物役、不拘禮法的曠達個性，使佛教在他們的談玄說理中認歸了中國文化，此時的佛教藝術也不可避免地濡染了魏晉風流，終在名士兼佛畫家的戴逵手中成爲一種在技法與面貌上都不同於印度的中國南朝式樣。戴逵造佛像不完全按照佛經的要求，而是

> 以自己的生活感受去塑造形象，以自己對佛陀的理解去創造佛陀，因此才達到「精妙」的程度。〔註95〕

他正是因爲不墨守成規才走上了藝術創新的道路，開創了所謂的南朝樣式，在我國佛教美術史上留下華彩的一頁。

現存最早的南朝式佛像，是一尊有元嘉十四年（437年）銘文的銅佛，〔註96〕此像

> 高約一尺三寸。兩肩覆袈裟，頗似健陀羅佛像。然在技術上毫無印度風。其面貌姿態乃至光背之輪廓皆爲中國創作，蓋戴安道所創始之南朝式也。〔註97〕

此像頭光圓形分爲兩層，外層中刻有極簡潔的線刻卷草紋，身光共三層，內兩層橢圓形無雕飾，而最外層則爲寬大的葉形，雕有繁富華麗的火焰紋，邊緣呈鋸齒狀像火焰跳躍之自然形。銅金色在這構成火焰的繁密圈紋中流動閃爍，帶給人們的美感或已超越了其本身所承載的宗教意義。外緣參差的火焰紋在此後的佛像背光中成爲一種最常見的構成要素。元嘉二十八年（451）的劉國之所造佛像背光外緣雖平滑無齒，但其密圈火焰紋與此像相似。北朝亦常採用火焰參差的外緣樣式，包頭博物館收藏的一件北魏延興三年（473）銅佛像與河北寬城出土的太和十二年（488）銅佛像就有類似的舟形火焰紋背光。不同的是，北魏銅像中的佛身體是直接以背光爲底板的淺浮雕，彷彿與背光融爲一體，但其背光與底座卻不是一個整體，僅由佛的兩腳連接，延興三年的一軀佛像底座已斷失。

〔註95〕吳焯：《佛教東傳與中國佛教藝術》，頁202。

〔註96〕案：現有學者提出對此像的疑僞意見，參見金申《談元嘉十四年韓謙金銅像的疑點兼及其他僞像》。

〔註97〕梁思成：《中國雕塑史》，頁64。

劉宋元嘉十四年韓謙之造像　　　　劉宋元嘉二十八年劉國之造像

圖像來源：金申：《中國歷代紀年佛像圖典》。

　　這種大背屏的背面一般刻有題記或發願文，這一點南北都有多例，有些還有線刻佛像，如永明八年（490）法海造像的背面就有陰刻一佛二菩薩像。北朝許多石造像的背屏背面雕刻有佛傳故事，更充分地利用了空間，傳達了豐富的信息。北魏太安元年（455）張永所造像背光的背面浮雕有「睒子本生」和「捨身飼虎」的故事。

　　興皇五年（471）一尊彌勒造像背面竟分八層以連環畫的形式雕刻了佛本生和佛傳的許多情節。太和二十三年（499）比丘僧欣造像背面有佛像及多達八十八字的發願文。北魏金銅造像還很流行觀音和彌勒的組合樣式，這種情況也反映在造像的背光形式上，太和十三年（489）阿行造觀音立像的背光背面就雕有樹下的半跏思維彌勒菩薩像。東魏武定元年（543）駱子寬造佛立像背光背面刻有二佛並坐像。北朝佛教藝術的代表雲岡石窟中保存了大量造像和壁畫，其中開鑿較早的「曇曜五窟」內就已出現了二佛並坐像。自後秦鳩摩羅什翻譯《法華經》以後，其中釋尊與多寶佛並坐說法的事迹就逐漸成為佛教藝術中一個較為常見的題材，並流行了很長時間。

北魏太安元年張永造像背面　　　　　高句麗二佛並坐像

「北魏太安元年張永造像」圖像來源：金申：《中國歷代紀年佛像圖典》。
「高句麗二佛並坐像」圖像來源：〔日本〕村田靖子著，金申譯：《佛像的系譜》。

　　在雲岡第二十窟大佛背光中有浮雕千化佛，一一化佛亦有圓形頭光及身光。這種化佛在炳靈寺的西秦樂伎背光中已有出現。北齊一座石佛坐像大背光中飾有五尊化生於蓮花中的佛像。另一尊高句麗二佛並坐像背光中亦有五個這樣的化生童子，這五個童子頭梳雙髻，造型更加生動。可見將蓮花童子納於背光中的形式廣爲人們喜愛。

　　最早在貝格拉姆佛像的代表作「大奇迹佛」背光中即有化佛形象，這裡的化佛已不再是一種單獨的造像而成爲佛光也即佛本身的組成部分。佛經對佛光中化佛的記載很多，如《佛說觀普賢菩薩行法經》中說：

　　　　釋迦牟尼佛舉身毛孔放金色光，一一光中有百億化佛。諸分身佛，放眉間白毫大人相光。其光流入釋迦牟尼佛頂，見此相時，分身諸佛一切毛孔，出金色光一一光中，復有恒河妙微塵數化佛。
　　〔註98〕

〔註98〕〔劉宋〕曇無蜜多譯：《佛說觀普賢菩薩行法經》，《中華大藏經》第 20 冊，

《觀無量壽經》云：

> 彼佛圓光如百億三千大千世界，於圓光中有百萬億那由他恒河
> 沙化佛。〔註99〕

因而在佛像背光中常常塑造出多尊甚至是上百尊化佛，甚爲壯觀。

北朝還有不少造型獨特的佛像背光。如雲岡中期孝文帝時造的一龕交腳彌勒菩薩像頭戴天冠，頭巾緞帶在背光中悠然飄拂，令人不禁想起犍陀羅的王子菩薩像。龍門石窟古陽洞北魏時期的楊大眼造像龕佛像背光也極有特色，其像頭光內圈中有一尊趺坐化佛，外圈是火焰紋，身光蓮瓣形飾火焰紋，像這樣化佛較大且佔據頭光中心位置的背光形式應算是一個特例了。北朝晚期的北響堂山石窟中有一龕華麗的九龍背光，釋迦佛身後以明豔的紅、藍、綠三色繪出蓮瓣形火焰背光，背光上雕刻了九條立體的面朝釋尊的龍，九龍代表了最高等級的造窟主身份。這屏背光雕繪繁複精美堪稱北朝佛像背光中的一件傑作。

梁代佛教鼎盛，佛教造像也相應地達到一個高峰。小型金屬和石質造像的寬大背屏式背光是梁代佛像的重要特徵。這類造像主尊兩旁一般侍立兩個或多個菩薩及弟子，有如石窟中的一鋪造像。佛像頭光有圓形和寶珠形，光心飾一圈蓮瓣。身光是蓮瓣形，一般分爲兩層，外層雕多個姿態優美，裙帶飄揚的飛天，有些還在頂部中央刻佛塔，內層是七尊化佛。北朝佛像多將佛傳圖刻在背光背面，南朝則將其移到了正面。成都萬佛寺出土的一尊佛像背光外層爲飛天，內層刻有三組佛祖說法圖，每組都有一佛坐蓮座說法，眾弟子跪坐傾聽，構圖嚴謹，刻畫非常精細，人物眾多而不迫促，裝飾性較強。梁中大同十一年（556）的一尊造像表現的是釋迦牟尼佛與多寶佛並坐說法的情景，二佛頭光均爲桃形，背光相融爲一個共用的巨大蓮瓣形背屏，背光頂部中央有一方形佛塔，兩邊是十二飛天，內層亦雕說法圖。這種能容納更大信息量的背光形式之所以成爲此期造像的主流，當與佛教在我國的進一步深入傳播有關。隨著佛教的廣泛流傳，民間對佛像的需求量也越來越大。石窟集中體現了佛教藝術，但石窟中的造像壁畫是不可移動流通的，僧人和普通百姓在家中有限的地方只能供奉小型的金屬或木製佛像，當然不能像造石窟

頁 873 上。

〔註99〕 〔劉宋〕畺良耶舍譯：《佛說觀無量壽佛經》，《中華大藏經》第 18 冊，頁 665 中。

那樣開闊很大的空間來繪製佛傳壁畫或雕塑人物群像，只能想辦法在有限的空間中盡量表現更多的內容。在佛身周圍擴展空間，最自然的方式就是增加對背光的刻畫。於是就在背光上雕刻出了化佛及佛傳故事，佛像背光此時成了一種敘事載體，擴大了其宗教宣傳的效果，信眾對著一尊小小的佛像就可既觀佛又觀佛傳，更易浮想連翩。同時，這種背光形式在南北朝時期的普遍應用也說明了這時佛教正從魏晉的士大夫佛教轉變為民間佛教。

南北朝時期佛像背光形式中還值得一提的是對後世產生了較大影響的北齊的雙樹背光模式。這種背光形式通常是佛身左右有雙樹，枝葉向上伸展相交構成拱形背屏，枝葉之間多有鏤空，顯得玲瓏剔透。太原華塔出土的觀音五尊立像就有內容比較豐富的一組雙樹背光，這組像佛、菩薩、弟子皆佩樸素的圓形頭光，雙樹樹冠舒展交疊成蓮瓣形，頂端刻二龍拱護一座方形佛塔，兩側有六身正在演奏各種樂器的精美飛天，飛天身體屈曲婉轉，比晉時的背光樂伎飛天更顯柔美悠揚。北齊這種雙樹背光對南朝的板式背屏作了改造，為以後空靈的網狀背光設計之先導。到隋唐時代這種背光形式經過改造與發展成為了四川地區石窟造像的流行樣式。

（四）隋唐佛像背光的演變

隋唐時佛教在中國發展較快，許多本土的重要宗派如天台宗、華嚴宗及禪宗都在此時確立並迅速發展，使佛教這種外來宗教真正成為本土化的宗教。我國的佛教藝術也在此期出現了第二個高峰。

隋代時間雖短，但卻有不少石窟雕刻及一些銅像留存下來，可以看作是北朝到唐代的過渡。此期石窟佛像背光一般較為簡單，四川地區的佛像背光較有特色，廣元皇澤寺大佛洞佛、菩薩、弟子組像群雕背後有浮雕雙樹背屏及人形化的天龍八部神像，正是沿用了北齊的雙樹模式而又加以改造的新樣式。到了唐代四川各地的洞窟中廣泛流行的雙樹型背屏已發展為鏤空的圓雕且與窟頂相

隋開皇十三年造像
（雙樹背光形制）

圖像來源：
金申：《中國歷代紀年佛像圖典》。

連，樹冠刻畫細緻色彩鮮明，樹身如殿堂中的雙柱並在像後留出一定空間可供信徒右旋禮拜。隋代小型金銅造像的背光亦沿用了北齊模式，而裝飾更加繁富。開皇十三年（593）所造的一尊銅像背光就雕刻得十分細膩精美。主尊佛坐在高高的束腰蓮臺上，臺下有兩層方形基座，座旁立二菩薩，座上蓮臺旁立侍四弟子。佛與二菩薩都佩有鏤雕的桃形頭光。佛身兩側雙樹從基座生出，在佛頭上方枝葉相交如傘蓋，且每片葉子都精細刻畫，樹兩邊還有花環如珠鏈從枝葉上垂下，似可迎風而動，極其華麗。這種背光雖還保留有一點背屏的形式，但顯然已與南朝樣有很大不同，已成爲完全離開底板依託的獨立圓雕作品。

另有一件開皇四年（584）的造像就只造出佛及菩薩的頭光而無身光。梁思成認爲：

> 周齊以來，銅像背光似已消滅，考之此時印度佛像，多無背光，
> 殆受其影響歟。〔註100〕

當然周齊以後佛像中的背光並未完全消滅，不過隋唐以來幾乎不再在背光上刻繪佛教故事，而是更加強調了其裝飾功能，化佛及花草火焰紋都仍常用。

出現這種轉變或與唐代變文與變相的興盛有一定關係。變文始於唐代，是一種講述佛經故事、宣揚教義的講唱文學樣式，「變」既表示將佛經轉變爲通俗的宣講文字，也包含了佛教中神變之義。講唱變文時往往有與之配套的圖畫叫做變相，可以說是看圖講故事。變相多以連環畫的形式畫出佛經中的神變及本生、佛傳等故事。

> 說故事人通過他的職業上的各種手段使一幅畫卷上變現的人物
> 和場景變得眞實而生動。〔註101〕

在敦煌文獻中就發現有這樣的唐代畫卷。有了變文與變相這樣方便靈活的宣傳載體及通俗生動的宣講形式，似乎已沒有必要再通過佛像背光中刻畫的佛經故事來增加宗教宣傳的力度。佛像的背光作爲純粹的審美對象來莊嚴佛身更爲合適，唐代一些大像背光就以極爲高超的技法雕繪出奢華的裝飾紋樣來襯托佛像之美，一些獨立的小型佛像往往就只有頭光而無身光了。唐代的裝飾性花紋極發達，不僅繼承了漢魏的傳統紋樣，而且還吸收了印度、

〔註100〕 梁思成：《中國雕塑史》，頁133。
〔註101〕 〔美國〕梅維恒著，王邦維，榮新江，錢文忠譯：《繪畫與表演》，北京：北京燕山出版社，2000年，頁1～2。

薩珊波斯及羅馬的優秀成果，如廣爲大眾喜愛的忍冬唐草紋樣就是從希臘傳來的。敦煌幾座唐代石窟中不僅建了二三十米高的大像，而且洞內裝飾極其富麗，佛像背光色彩鮮明花團錦簇，每一處細節都精雕細琢，映襯著大佛高貴而寧謐的神情。因密教的興起，唐代還出現了十一面觀音等新奇的形象，佛像背光的設計也不可避免地受到一些密教的影響，一改以往的蓮瓣和尖葉形，而較多運用了上寬下窄的背光形式。如山西大同善化寺大雄寶殿的毗盧遮那佛的背光就是一個上寬下窄的巨大覆缽形，這種造型與藏式佛塔的主體部分類似。毗盧遮那佛是密教的主尊，爲其設計這樣的背光自然合適。但這屏背光同時也具有中原的裝飾風格，採用浮雕鏤雕結合的形式滿刻花紋，外層火焰光邊緣參差有致，全屏鎏金，體現出一派富麗堂皇的盛唐氣象。

唐以後佛教在中原地區已逐漸衰落，佛教造像的宗教含義也越來越淡化了。但佛像製作在工藝技術上更加精湛圓熟，作爲一種優秀的藝術成果爲更多的人所欣賞。佛像背光也從信眾最初的依據佛經爲得福報而造，到以背光雕刻爲陣地來擴大宗教宣傳的影響，再發展成爲一種裝飾性的純藝術作品。這多姿多彩的佛像背光正如佛教藝術中的一片華光，永遠在佛教藝術園地中流光溢彩。

第二節　技法論

假使供養，諸佛舍利。大聖最勝，及滅度者。興立佛廟，眾億百千。黃金白銀，水精琉璃。若以馬瑙，造作塔寺。車渠異寶，及明月珠。若以墼泥，立作形象。斯等皆當，成得佛道。假使以石，用作佛廟。或以栴檀，若木蜜香。設令塔寺，立天尊像。材木刻鏤，彩畫眾飾。……若爲如來，作寶模像。三十二相，執持殊最。假使復有，誦經說誼。斯等皆當，成得佛道。設爲安住，興立彩像。後致七寶，覺意道路。其光遍照，通徹眾行。斯等皆當，成得佛道。若復以銅，刻鏤碧玉。爲大聖尊，立殊特形。設以經字，載妙素帛。斯等皆當，成得佛道。若繕壞寺，修立形象。功德志性，有百福相。出家學法，書佛經卷。斯等皆當，成得佛道。……設爲是等，安住舍利。興立塔寺，彩畫形象。塗治重飾，書經著壁。供上華香，薰

散塔像……得成佛道。〔註102〕

> 諸佛滅度已，供養舍利者。起萬億種塔，金銀及頗梨。車渠與
> 馬瑙，玫瑰琉璃珠。清淨廣嚴飾，莊校於諸塔。或有起石廟，栴檀
> 及沉水。木蜜並餘材，磚瓦泥土等。若於曠野中，積土成佛廟。乃
> 至童子戲，聚沙爲佛塔。如是諸人等，皆已成佛道。若人爲佛故，
> 建立諸形象。刻雕成眾相，皆已成佛道。或以七寶成，鍮石赤白銅。
> 白鑞及鉛錫，鐵木及與泥。或以膠漆布，嚴飾作佛像。如是諸人等，
> 皆已成佛道。彩畫作佛像，百福莊嚴相。自作若使人，皆已成佛道。
> 乃至童子戲，若草木及筆。或以指爪甲，而畫作佛像。如是諸人等，
> 漸漸積功德。具足大悲心，皆已成佛道。〔註103〕

無疑，佛經對造像功德的大力鼓吹，使佛教美術得以迅速發展。無論哪種形
式的佛教美術作品，哪怕是兒戲之作都是修行善果，能得無量福報。因而佛
教並不避忌美術的各種形式，還可以使用各種材質與工藝。佛教美術的分類
包括了繪畫、雕塑、書法、建築與工藝等，幾乎涵蓋了所有的美術種類。不
同的美術類型都會受到其自身特殊規律的制約，而相應地使用不同的表現技
法。既然佛經中明確提出金銅、珠玉、木石乃至草泥等都可作佛像，並要書
寫經卷，建立寺塔供養舍利與佛像，那麼書法、雕刻、圖畫、模鑄等技法也
相應地都包含在佛教美術中。各種美術技法基本都適用於佛教美術，但佛教
美術同時也因其宗教本質而影響到某些技法的使用，相應地要遵循佛經中的
規定來創作。佛經中就反映出不同類型的佛教美術創作對不同技法的運用。
中國佛教美術的創作實踐在受到我國美術技法發展現狀影響的同時，也必然
從伴隨著像教東流而帶來的新鮮技法中吸收了很多營養，最終形成了中西合
璧的技法特徵。形式爲內容服務，美術技法的運用是爲了更好地表達作品的
主題內涵，佛教美術無疑是爲其宗教本質服務的。佛教繪畫、雕塑等技法的
運用是受佛教思想影響的，有很多都能在佛教經典中找到其依據。佛教美術
傳播與佛經傳譯都影響了我國的美術創作，促進了我國美術創作技法的進一
步成熟。

〔註102〕〔西晉〕竺法護譯：《正法華經》卷1，《中華大藏經》第15冊，頁608下～
609上。

〔註103〕〔隋〕闍那崛多譯：《添品妙法蓮華經》卷1，《中華大藏經》第15冊，頁746
下～747上。

一、佛教雕塑、工藝美術

> 畫像原始出自覺製，於是金石香絭，鑄刻遂滋，皆所以摹影相
> 好，彷彿尊儀。及優塡所造，殆其神力所化乎。〔註104〕

這裡所說的優塡王造佛像因緣最早出自《增一阿含經》。其時，如來上三十三
天爲母說法而未帶侍從，其去日久，優塡王與波斯匿王因思念如來而得苦患。
優塡王對群臣說如果他見不到如來就會死去。群臣就商議爲王造作如來形象
以解優塡之思。於是

> 群臣白王言：我等欲作形象，亦可恭敬承事作禮。時王聞此語
> 已，歡喜踊躍，不能自勝。告群臣曰：善哉！卿等所說至妙。群臣
> 白王：當以何寶作如來形象？是時王即勅國界之內諸奇巧師匠，而
> 告之曰：我今欲作形象。巧匠對曰：如是大王。是時優塡王即以牛
> 頭栴檀作如來形象。高五尺。波斯匿王聞優塡王作如來形象高五尺
> 而供養。是時波斯匿王復召國中巧匠而告之曰：我今欲造如來形象。
> 汝等當時辦之。時波斯匿王而生此念：當用何寶作如來形象耶？斯
> 須復作是念：如來形體黃如天金，今當以金作如來形象。是時波斯
> 匿王純以紫磨金作如來像，高五尺。爾時閻浮裏內始有此二如來形
> 象。〔註105〕

雖然此處二王造像因緣與原始佛教不作佛像之說相牴牾，其傳說之事亦不可
信，但此事影響卻很大。《觀佛三昧海經》、《大乘造像功德經》、《大方便佛報
恩經》、《經律異相》以及《大唐西域記》、《法顯傳》、《法苑珠林》等眾多典
籍都轉載了這個故事。〔註106〕在佛教美術史上，傳說中的二王所造之栴檀佛
像與眞金佛像已成爲雕塑佛像之典範。佛教典籍中也常常會提到栴檀像與金
佛像，可知這兩類造像的普遍應用。玄奘大師從印度取經回來時隨身攜帶的

〔註104〕〔唐〕道宣撰：《釋迦氏譜》，《中華大藏經》第 52 冊，頁 711 上。

〔註105〕〔東晉〕僧伽提婆譯：《增一阿含經》卷 28，《中華大藏經》第 32 冊，頁 327
下。

〔註106〕例如：《釋迦氏譜》之文作：「優塡造釋迦栴檀像緣：《增一》云帝釋請佛在天
爲母說法，佛念四眾懈息，不將侍者，獨在天宮。時優塡王等咸思如來，即
勅巧工以栴檀作佛形高五尺。觀佛三昧六，優塡鑄金爲像，佛從天下，戴像
來迎，爲佛作禮，佛言，汝於來世大作佛事，我諸弟子咸付囑汝。空中化佛
言，若有造佛形象供養，必得念佛清淨三昧。波斯匿王造金像記：《增一》
云：王思佛久，遂得病苦，聞優塡作佛，便召匠工以金作之。煌若天金，高
五尺，爾時閻浮提始有二像。」

七尊佛像中就包括金像兩軀、銀像一軀和刻檀像四軀。他在《大唐西域記》中還說起憍賞彌國的一處刻檀佛像就是當時的優填王栴檀像。

> 城內故宮中有大精舍，高六十餘尺，有刻檀佛像，上懸石蓋，
> 鄔陀衍那王（原注：唐言出愛。早云優填王，訛也。）之所作也。
> 靈相音起，神光時照。諸國君王恃力欲舉，雖多人眾，莫能轉移，
> 遂圖休養，俱言得真，語其源迹，即此像也。〔註107〕

佛經中還有很多地方說及金佛像，如《根本說一切有部苾芻尼毗奈耶》中云「以贍部金隨佛形量作等身像，王即以金作像。」〔註108〕雖然說佛經中已明確講出無論用何種材質，所造佛像也無論大小，都是莫大之功德，但人們還是想盡力使用貴重的材質來造佛像，認為布施之財愈多就愈能表達敬佛之心，得福報也更大。即使不能用真金、紫檀等造佛像者，也往往想以大取勝，如此攀比，想其靡費亦巨，致有多次滅佛毀像之厄。世俗之分別心一起，則真經之義難彰矣。

（一）佛教雕塑

雕塑可以三維展示對象的各個方面，表現力極強，木刻與金銅雕塑在我國也較早用於佛像製作。在我國以金屬鑄造佛像的歷史已久，有關記載早在《漢書・霍去病傳》即有之，云：「收休屠祭天金人」。張晏注「佛徒祠金人也」，可知此金銅像即是佛像。中國美術史上較早大量製作佛像且成績突出的當數晉宋時期的戴逵、戴顒父子。

> 尋二戴像制，歷代獨步，其所造甚多並散在諸寺，難悉詳錄。
> 〔註109〕

二戴父子藝術造詣極高，且所造佛像眾多，成為後世範式。他們的造像形式即以木質與金銅雕塑為主。

> （戴逵）善鑄佛像及雕刻。曾造無量壽木像，高丈六，並菩薩。
> 逵以古制樸拙，至於開敬，不足動心。乃潛坐帷中，密聽眾論。所
> 聽褒貶，輒加詳研。積思三年，刻像乃成。〔註110〕

〔註107〕〔唐〕玄奘，辯機原著，季羨林等校注：《大唐西域記校注》，北京：中華書局，2000年，頁468～469。

〔註108〕〔唐〕義淨譯：《根本說一切有部苾芻尼毗奈耶》卷2，《中華大藏經》第38冊，頁770中。

〔註109〕〔唐〕道世撰：《法苑珠林》卷16，《中華大藏經》第71冊，頁443上。

〔註110〕〔唐〕張彥遠：《歷代名畫記》卷5，頁123～124。

戴逵的兒子戴顒當時名氣也很大，

> 宋太子鑄丈六金像於瓦棺寺。像成而恨面瘦，工人不能理。乃
> 迎顒問之。曰：非面瘦，乃臂胛肥。既鋁減臂胛，像乃相稱。時人
> 服其精思。〔註111〕

以上兩則關於他們造像之軼聞，一者可見木像與金銅像爲當時佛寺造像之主
流。再者也展示了藝術家在創作中的藝術構思過程，戴逵事迹體現了他對藝
術接受的重視，戴顒事迹表現了他對藝術規律的精思熟習。後人評論戴逵，
有的認爲他所作佛像的缺點是不能超脫世俗。其實這正是他在實踐中學習，
向藝術作品的審美接受者學習，總結美術技法的成果。他作佛像不再像以往
那樣重質輕文，而是以更精湛的技巧和練達的人情來詮釋神明，他所作這種
世情未盡的佛像更受人喜愛，可謂是後世佛教美術世俗化之宗。

刻像之說在經文中最爲常見，以雕刻、拼接技法制作的主要是木佛與石
佛等。有一些大型的佛像因受材木或石料大小的限制，需要分別作好身體各
部分然後拼合而成。這種做法近似於製作木偶，如《生經》中記載了一個精
通工巧技藝的王子，曾以木材造作一個機關木人，如眞人一般，無人能看出
破綻。後來國王要處死這個木人時，工巧王子即上前「拔一肩榍。機關解落，
碎散在地。」〔註112〕可見這個木人就是由各部分零件拼合而成的，並很有可
能是用了榫接的方法。但是大型的佛像不需要製成可活動的偶像，固定接合
在一起成爲一個整體即可，拼接方法應該更爲簡單。石雕佛像十分常見，此
種材質價廉易取且質地均勻、色彩豐富，包括十分符合眞人膚色的青白色、
黃白色，都很適合雕刻人像。不過石質比較沉重，爲了流通方便而造作的小
型佛像往往不選石材。各種石材多用於製作供奉於寺院中的大型佛像，如《景
德傳燈錄》記有

> 剡東石城寺百尺石像。〔註113〕

> 高齊時有釋僧護，守道直心，不求慧業，願造丈八石像，咸怪
> 其言。後於寺北谷中見一巨石可長丈八，乃顧匠營造。……其像現
> 在。〔註114〕

〔註111〕〔唐〕張彥遠：《歷代名畫記》卷5，頁125。

〔註112〕〔西晉〕竺法護譯：《生經》卷3，《中華大藏經》第34冊，頁760中。

〔註113〕〔宋〕道原撰：《景德傳燈錄》卷27，《中華大藏經》第71冊，頁344上。

〔註114〕〔唐〕道世撰：《法苑珠林》卷32，《中華大藏經》第71冊，頁705下～706
　　　　上。

還有不少石佛像直接利用了石質山體，依山而建，規模巨大者屢見，如建於唐代的四川樂山大佛高達 71 米，爲世界之最。石之美者爲玉，玉雖爲石而更加細膩且較爲貴重，玉料一般都用來製作小型雕像，玉像技法與石像略同，不過琢玉之法亦比石雕精細。玉質珍貴加之雕工精美的玉像更是難得一見，亦因其稀有而受愛重，多能得到妥善留傳。經中還記有以玉石雕佛足迹者，如「昭怙釐寺佛堂中有玉石方二盡，有佛足迹，長尺八寸，廣六寸。」〔註 115〕

因材質可熔融之特性，模鑄是製作金屬佛像的主要方法，鑄後還可以再進行雕塑修飾。金銅佛像可雕、可塑、可鑄，其像制也可大小隨心。金銅像雖然不能如石像之倚山爲勢，但往往亦有丈餘高之鐵像、銅像等存世。《洛陽伽藍記》還記錄了尒朱榮曾以比較諸位王子鑄像優劣來確定可當王位之人。

> 於是（尒朱榮與元天穆）密議：長君諸王之中，不知誰應當璧。
>
> 遂於晉陽，人各鑄像；不成，唯長樂王子修像光相具足，端嚴特妙。
>
> 是以榮意在長樂。遺蒼頭王豐入洛，詢以爲主。〔註 116〕

此事說明至少在北魏時期就在使用以鑄造金像能否成功占卜吉凶的方法。同時也可以看出當時鑄像絕非易事，所以人們才會認爲能夠鑄像成功者或有天助。從鑄像過程之複雜即可看出其難度，我國是較早運用失蠟法鑄造青銅器的國家，因石蠟柔軟易於雕刻，就先雕出蠟模，然後用耐火材料如陶土等填充及外敷，把整個蠟模包裹起來後將蠟燒熔，蠟汁流出，形成一個模殼，向其中灌注金屬熔液，等液態金屬冷卻凝固後打開模殼即可得到與蠟模一樣造型的金屬器。現代鑄造翻砂法也是由此發展而來的，這種工藝一般以木模置入沙型，而後取出木模再以金屬澆鑄，二者原理相同。我國現在傳世的商周以來的青銅器大多都是用失蠟法模鑄而成的。模鑄需經過很多道程序，從雕蠟模到最後鑄成金像，每一個環節都不能有失誤，較大型的金屬器鑄造難度更大。器具出模後還須打磨精修，有時還要輔以鑲嵌貼塗等多種工藝來裝飾。佛經中多以模鑄金像時像在模內，外不能見，而像成開模乃現眞金來比喻人自身中皆有如來藏而有時未知，一時開發則立時成佛。

> 如人融眞金，鑄在泥模中。外有焦黑泥，內有眞寶像。彼人量

〔註 115〕〔唐〕道宣撰：《釋迦方志》卷上，《中華大藏經》第 52 冊，頁 642 上。

〔註 116〕〔北魏〕楊衒之著，楊勇校箋：《洛陽伽藍記》，頁 14。

已冷，除去外泥障。開模令顯現，取內真實像。佛性常明淨，客垢
所染污。諸佛善觀察，除障令顯現。離垢明淨像，在於穢泥中。鑄
師知無熱，然後去泥障。如來亦如是，見眾生佛性。儼然處煩惱，
如像在模中。能以巧方便，善用說法椎。打破煩惱模，顯發如來
藏。〔註117〕

此喻可謂貼切之至，本體喻體之對應關係明瞭又合乎實際，亦精鍊概括了整
個鑄像過程，是佛教對美術特性深刻認識與靈活應用的體現。

佛陀色身爲紫磨金色，加之世人多以珍貴財物布施造像以體現敬佛之
心，所以即使是物力所限不能全用真金造佛像，信徒們一定也會盡力爲銅鐵
等佛像貼金或塗金，或以金色的黃銅代替真金。其法即在金屬胎體佛像表面
再貼一層金箔或塗成金色以作莊嚴。貼金之事也可由眾位發心者親自去做，
大家合作完成，如《釋迦方志》云：

　　媲摩城中有栴檀立像，高二丈餘，極多靈異光明。疾者隨痛以
金薄帖像上，便愈。〔註118〕

爲醫疾而直接去以金箔貼像者與給寺廟捐資爲佛像貼金一樣都是功德極大的
一種布施。福州開元寺現存一軀宋代的大型鐵鑄佛像，是我國現存最大最早
的鐵佛之一。開元寺歷來都香火極盛，這尊據說至少有三十噸重的巨大鐵佛
就鍍有金裝。鐵佛殿前明末舉人曾異所撰的對聯就反映了這種情況：「古佛由
來皆鐵漢，凡夫但說是金身。」這看來頗有些調侃意味的對聯不僅是對殿內
佛像鐵胎金裝的說明，而且對其教理對透過表象探究本質的追求也作了解
說。更深入一層來看，從佛教萬法皆空的本質而言，無論殿內佛像是鐵漢還
是金身不過都是表象而已，實質終歸是空，莫作凡夫但知膜拜金身而不知金
身原空。這看似淺顯的對聯用意卻不可謂不深，雖非禪家非經毀像之當頭棒
喝，亦足以發人深省，若不能詳參則只好謂爲凡夫矣。

黃銅色如黃金，價值又相對較低，用黃銅代替黃金鑄像者極多，有些較
大的佛像就外塗黃銅以象金色。佛經中說鍮石像者也較多，鍮石即黃銅，如
巴米揚大佛東邊一軀就是立在山壁的鍮石像。《大唐西域記》這樣描述這軀佛
像：「鍮石釋迦佛立像，高百餘尺，分身另鑄，總合成立。」〔註119〕這軀像比

〔註117〕〔元魏〕勒那摩提譯：《究竟一乘寶性論》卷1，《中華大藏經》第30冊，頁
481上。
〔註118〕〔唐〕道宣撰：《釋迦方志》卷上，《中華大藏經》第52冊，頁639下。
〔註119〕〔唐〕玄奘，辯機原著，季羨林等校注：《大唐西域記校注》，頁131。

西邊的石像稍小一些，據奘師所說可知其像是分鑄合成立於依山所開之窟中的。可惜巴米揚這兩軀「金色晃曜，寶飾煥爛」〔註120〕的大佛現已毀於戰火。另外，鑞這種鉛錫合金也是一種常用的鑄像材料，如《法苑珠林》記有「一鑞像高亦三尺，瞬目而語，三稱極佳。」〔註121〕

雕塑佛像在實踐中應用較爲普遍的還有夾紵像、泥塑像等，經文中也頗有言此數種像者。如

寺有夾紵立像，從屈支國來。〔註122〕

問如何是佛？師雲土身木骨。僧曰意旨如何，師云五彩金裝。

〔註123〕

問如何是佛？師雲泥龕塑像。〔註124〕

這種以木爲骨架，外縛紵麻或敷泥的雕塑方法在佛教造像中應用也頗廣。

以上各類雕塑形象完成之後都可添加繪飾，以更加美觀，如上文之五彩金裝即是。普賢菩薩勸妙眼女修補佛像時，妙眼女從其教「既修補已，而復彩畫，既彩畫已，復寶莊嚴，發阿耨多羅三藐三菩提心。」〔註125〕敘述了在雕塑形象外還應圖繪彩畫並配以珠寶等裝飾品的過程。

（二）佛教工藝美術

實用性與審美相結合是工藝美術的首要特徵。佛教工藝美術包括了很多類別，可使用多種材質製做法器及生活用品等。但教團的生活畢竟不同世俗，佛經中關於教團使用器物就有很多規定，有些是不可用的，有些則是必不可少的。比如

佛言苾芻不應著指環，及寶莊嚴應用五種物爲印，所謂鍮石、赤銅、白銅、牙、角。……若大眾印可刻轉法輪像，兩邊安鹿伏跪而住，其下應書元本造寺施主名字。若私印者，刻作骨鎖像，或髑

〔註120〕〔唐〕玄奘，辯機原著，季羨林等校注：《大唐西域記校注》，頁130。

〔註121〕〔唐〕道世撰：《法苑珠林》卷12，《中華大藏經》第71冊，頁384中。

〔註122〕〔唐〕道宣撰：《釋迦方志》卷上，《中華大藏經》第52冊，頁640上。

〔註123〕〔宋〕惟白編：《建中靖國續燈錄》卷3，《中華大藏經》第74冊，頁422下。

〔註124〕〔宋〕惟白編：《建中靖國續燈錄》卷3，《中華大藏經》第74冊，頁426下。

〔註125〕〔唐〕實叉難陀譯：《大方廣佛華嚴經》卷70，《中華大藏經》第13冊，頁354下。

體形，欲令見時生厭離故。〔註126〕

可知出家人不能像在家人那樣佩帶指環來裝飾自己，而應當佩帶刻有佛傳故事或是骷髏圖案的印章，這樣做的目的顯然可以起到督促僧人學習佛法及警戒的作用。這段經文對作印之材質與圖案題材內容都說得十分詳細，當用鍮石等五種材質，這就涉及了鑄造、雕刻等技法工藝。至於寺中公眾之印上應書造寺施主之名以作迴向功德之用。同時印在佛經中也有其特定的意義，

> 譬如印泥，泥中無印，印中無泥，要因泥印，文像可睹，依止根境，有眼識生，三事和合，說爲能見，境不在識，識不在境，根境識中，本無有見，分別妄計，境界相生。〔註127〕

境界相生的道理可以印文相生之況作爲譬喻，可見佛祖令眾比丘佩印爲自身莊嚴，絕非一時隨興所爲，而是別有深意者。除了裝飾以外，印還有封識的作用，中國古代公文書函等就長時間使用封印之法。「（統上先師從一僧處）獲銅印一枚，國王面像，以封此函。」〔註128〕可知在佛教中，印也作封識之用，亦知其爲教團生活中一種常用的工藝品。

佛經所及之工藝美術類型還包括了皮革製品、珠寶製作、牙角雕，刺繡，螺畫，漆藝雕等眾多工藝門類。言皮革工藝者如：

> 如大眾中以其皮革及餘臭穢共制人像或造種種諸雜面相，彩畫莊飾令極端嚴，有人持之置於面上或以衣物纏裹遊行，豈以相貌謂爲好耶，審知穢惡便生厭離，如是如是諸惡比丘以如來威德容儀嚴整，審諦觀察方知極惡由自他我想而生貪愛，若人了知我想非實聞是等經不生瞋恚，何以故由爲他人毀訾違逆，聞此等經倍增厭離，左右有眾生心懷執著當知即是邪見之人，若起邪見於是等經如實教誨即生瞋恚，何以故有我想者有瞋恚故。〔註129〕

這是以皮革等製作人物形象，以其外表光鮮而內存穢惡而告知大眾不應生著貪愛。還有以皮革作箱等物什者，

〔註126〕〔唐〕義淨譯：《根本說一切有部毗奈耶雜事》卷1，《中華大藏經》第39冊，頁4下。

〔註127〕〔唐〕地婆訶羅譯：《方廣大莊嚴經》卷5，《中華大藏經》第15冊，頁275中。

〔註128〕〔唐〕道世撰：《法苑珠林》卷12，《中華大藏經》第71冊，頁384上。

〔註129〕〔唐〕菩提流志等譯：《大寶積經》卷2，《中華大藏經》第8冊，頁403下。

> 猶如大眾聚集祠處，作一革箱，形容極妙，彩畫眾色，盛以糞
> 穢，若復有人以上衣。〔註130〕

此雖所作之物不同而喻意與前同。佛教崇尚各種寶物，如所謂金、銀、琉璃、
硨磲、眞珠等七寶，不同時期不同經典中的七寶所指都不盡相同，實際上佛
教尚愛之珍寶遠不止七種。佛經中也常常會出現有關珠寶加工製作的情節，
多以其工藝技巧來譬喻佛理。

> 如有人遇得寶珠示治寶者，言我此寶價直無量，然其形色未甚
> 光鮮，汝當爲我如法磨瑩，但令鮮淨勿壞形色，其治寶者，隨彼所
> 言依法專心如如磨瑩，如是如是光色漸發乃至究竟，映徹表裏，既
> 修治已價直無量。〔註131〕

此是譬喻精進修行而後自身佛性得以顯發。其它如牙雕、刺繡、螺雕、漆雕
等亦各有經文言及，如有仙人勸人出家修行者則曰：

> 如螺貝上雕畫文像，堅固難壞。風吹日曝及餘外緣，卒難毀滅。
> 出家人行亦復如是，在家不能修如是行，雖暫受持而尋毀壞。有餘
> 師說如螺貝上雕畫文像，清潔明瞭，無諸垢穢。出家人行亦復如是，
> 在家不能修如是行，雖極受持而猶雜穢。〔註132〕

以螺貝雕畫之潔淨堅固譬喻出家修行比在家修行之易於爲功。還有

> 白象牙所作佛像或刺繡像。〔註133〕

> 木素漆雕畫等像。〔註134〕

摩尼珠網也可看作一種佛教工藝品，摩尼寶珠可以映現出周圍種種形象，而
結珠爲網則珠像相映，一現大千，大千如一。

> 悉現眾生諸影像，諸佛影像摩尼王，普散其地靡不周，如是赫
> 弈遍十方，一一塵中咸見佛，妙寶莊嚴善分佈，眞珠燈網相間錯，
> 處處悉有摩尼輪，一一皆現佛神通，眾寶莊嚴放大光，光中普現諸

〔註130〕〔北涼〕曇無讖譯：《大方廣三戒經》卷中，《中華大藏經》第 9 冊，頁 492
上。

〔註131〕〔唐〕玄奘譯：《大般若經》卷 575，《中華大藏經》第 6 冊，頁 740 上。

〔註132〕〔唐〕玄奘譯：《阿毗達磨大毗婆沙論》卷 66，《中華大藏經》第 45 冊，頁
585 下。

〔註133〕〔元魏〕瞿曇般若流支譯：《正法念處經》卷 43，《中華大藏經》第 35 冊，
頁 300 下。

〔註134〕〔唐〕玄奘譯：《阿毗達磨順正理論》卷 12，《中華大藏經》第 47 冊，頁 398
上。

化佛。〔註135〕

佛教建築也自覺應用了這種光影映現技巧，如

> 汝應觀我宮殿莊嚴，善財頂禮周遍觀察，見一一壁中一一柱中一一鏡中一一相中，一一形中，一一摩尼寶中，一一莊嚴具中，一一金鈴中，一一寶樹中，一一寶形象中，一一寶瓔珞中悉見法界一切如來。〔註136〕

摩尼珠網中每一粒寶珠的相互映現與宮殿中的鏡像相映都表現了佛教中一與多的關係問題，並且可見光影運用技法在美術創作中的重要作用。

以上簡述了佛教雕塑及工藝美術所使用的多種材料和技法，然而無論是哪種佛像，若以禪宗的眼光來看待，就皆如趙州禪師所言

漆畫三十六絃豎琴

圖像來源：西藏博物館藏（攝影：侯艷）。

> 金佛不度爐，木佛不度火，泥佛不度水，眞佛內裏坐菩提，涅槃眞如佛性盡是貼體衣服，亦名煩惱實際理地什麼處。〔註137〕

這等不管鐵漢金身何種形象，只認內裏菩提便是佛，即佛性亦如煩惱當拋卻，直乃徹悟快語。佛教美術也正是在其緣起性空的理論基礎上得以建立的，雖然佛教雕塑及工藝美術製作的種類繁多，其技藝亦有堪稱高超精細者，終究佛教藝術還是要爲其宗教內涵服務的。但是作爲佛教理論的形象教材，甚至是緣起性空論的明證，佛教美術的存在自有其特定的意義，探討其分類、製作技法及其在現實生活中的實用性仍然是必要的。

〔註135〕〔唐〕實叉難陀譯：《大方廣佛華嚴經》卷8，《中華大藏經》第12冊，頁695中。

〔註136〕〔唐〕實叉難陀譯：《大方廣佛華嚴經》卷65，《中華大藏經》第13冊，頁300下。

〔註137〕〔宋〕普濟編：《五燈會元》卷10，《中華大藏經》第75冊，頁403上。

二、佛教繪畫

　　佛教繪畫包括了壁畫、紙本畫、絹本畫、版畫等，是一種二維平面的空間藝術形式。繪畫技法有相通者，又因物質載體的不同，各類畫的製作過程也會有些差異。在紙、絹等材料上繪畫的技法一般也可以應用於壁畫，不過製作壁畫還包括了整治壁面、設計粉本等程序，還必須要考慮到壁畫與建築物和周圍環境的關係問題。除了創作圖稿以外，製作版畫還要經過拷貝、雕版、印刷等環節，雖然版畫最終也要在紙上展現出來，但若從技法方面而言，其與紙、絹本畫也確有不同之處。

（一）紙、絹本繪畫技法與佛經

　　從經典記錄中可以看出，佛教繪畫多採用勾線塡色之法，

> 　　如欲彩畫，必先作模，後塡眾彩。如是尊者，欲畫法像，如作模法，故先立章，如塡彩法。〔註138〕

> 　　譬如畫師，先以一色，圖其形狀，後塡眾彩。〔註139〕

《大般若經》還以此種繪畫之法來譬喻修習佛法時漸漸有成，

> 　　如巧畫師，以眾彩色，畫作人像如如。先以一色作模，於後後時，塡布眾彩。若時若時，以眾彩色，漸次塡布。爾時爾時，容顏形色，展轉殊妙，勝彼畫師，百千萬倍。如是菩薩，若時若時，諸聲聞眾，教誡教授，令勤修學菩薩淨戒波羅蜜多，迴向趣求一切智智。爾時爾時，菩薩淨戒波羅蜜多轉得明淨。若時若時，菩薩淨戒波羅蜜多轉得明淨。爾時爾時，轉勝一切聲聞乘人，所有功德，由彼功德，迴向涅槃，不能趣求一切智智。〔註140〕

勾線塡色之法歷來也是中國繪畫技法中占主流地位的一種，從現存的敦煌壁畫中就不難看出這一點。

　　在佛經中，描述紙、絹本繪畫過程與技藝的情況並不太多，所涉及的繪畫載體材質多爲白疊布、絹素等。如前揭揚州齊謐首座爲自己畫像所作讚語有「可惜人間三尺絹」〔註141〕之語，自然其像是畫在絹上的。再如畫在疊布

〔註138〕〔唐〕玄奘譯：《阿毗達磨大毗婆沙論》卷46，《中華大藏經》第45冊，頁402中。

〔註139〕〔唐〕玄奘譯：《阿毗達磨順正理論》卷43，《中華大藏經》第47冊，頁727下。

〔註140〕〔唐〕玄奘譯：《大般若經》卷584，《中華大藏經》第6冊，頁830中。

〔註141〕〔明〕居頂撰：《續傳燈錄》卷23，《中華大藏經》第74冊，頁875上。

上者亦有證，

> 譬如三千大千世界，所有眾生悉善知畫。其中或有善能泥塗，
> 或能磨彩，或曉畫身，不曉手足，或曉手足，不曉面目。時有國王
> 以一張疊與是諸人，而告之言，凡能畫者，悉來聚集。於此疊上，
> 畫吾身像。爾時諸人悉來聚集，隨其所能而共作之。有一畫師以緣
> 事故竟不得來。諸人畫已，持共上王。善男子可言諸人悉集作不？
> 不也，世尊。善男子，我說此喻其義未顯。善男子，一人不來故不
> 得言一切集作，亦不得言像已成就。佛法行者亦復如是。若有一行
> 不成就者，不名具足如來正法。是故要當具足諸行，名為成就無上
> 菩提。〔註142〕

此即是於疊上作畫者，同時也可說是解析了人物畫的做法，經文中的這些畫
師分工極細，從題材來看分別有善畫面目、身相、手足者，從技法來看，又
分別有善於泥塗、磨彩諸事者。

中國美術史上自古就稱書畫同源、書畫同體，因於此略述佛教書法。佛
教思想賴佛經而傳播，不論是手抄本還是雕版印刷本，都能表現書法藝術。
所以卷帙浩繁的佛經就是承載、研究佛教書法的珍貴實物。然而佛經中則少
有專門探討佛教書法藝術者，其中提到寫經與刻經時，也多是在宣揚寫經傳
經之功德。但亦偶有涉及書法者，雖片言隻語卻對我們理解佛教藝術之特性
很有意義，如

> 此中書印，以前身業及彼能發五蘊為體，非諸字像即名為書，所
> 雕印文即名為印。然由業造字像印文，應知名為此中書印。〔註143〕

佛教藝術畢竟不同一般，其對「書」的認識就是非常佛教化的。所謂字像非
書印就是說外在形式上表現為文字者不一定真如其像，而與因果業報理論聯
繫起來，業為因、書印為果，業為體、書印為名耳。

> 一切心於是中書，具經正字頭角所持時學時，當諦授與，菩薩
> 摩訶薩與好長素卷善書，令經上下句相得，書時當得好筆書好素上，
> 當自歸承事作禮供養。〔註144〕

〔註142〕〔北涼〕曇無讖譯：《大方等大集經》卷25，《中華大藏經》第10冊，頁329
下～330上。
〔註143〕〔唐〕玄奘譯：《阿毗達磨順正理論》卷44，《中華大藏經》第47冊，頁744
上。
〔註144〕〔後漢〕支婁迦讖譯：《道行般若經》卷1，《中華大藏經》第7冊，頁1000中。

此言書寫經文的方法，當用好筆好素善書，還應注意書寫連貫使經義明瞭，「一切心於是中書」雖有唯心觀念，但對於藝術創作而言，構思、想像的作用甚至可以是決定性的，成竹在胸才會下筆有神。「作禮供養」是提醒寫經者正心正意、端正態度，崇敬經書及藝術。此段經文既論創作之心理因素，也談書法藝術之工具載體，又涉及了書法藝術與文字、文學之關係，直可作一簡明之書論觀。

（二）佛教壁畫技法與佛經——以敦煌壁畫為例

壁畫是佛教美術中使用最為廣泛的一種形式，這是由佛教美術的內容和壁畫本身的特點所決定的。首先，雕塑受到空間和材料的限制比壁畫為多，製作雕塑的成本更高。石窟等修行場所，空間有限，有的僅能容身，只有壁面可以利用了。有些較大的洞窟可以供奉雕像，但為了更好地利用空間，也為了襯托主體，增加信息量，一般都會輔以壁畫裝飾。其次，壁畫可以表現佛教美術的各種題材，諸如經變這樣場面宏大而紛繁複雜的內容，而雕塑一般更適合於造作獨立的偶像。再者，中國美術傳統不重視雕塑，對從事雕塑藝術者一概以工匠目之，而繪畫的地位則相對較高，因而雕塑的發展相對較慢。且隨著繪畫越來越受到文人士大夫的喜愛，很多藝術修養極高的畫家也都來熱情參與壁畫製作，壁畫創作達到了很高的水平，這種形式當然也更加受到佛教教團的歡迎和大眾的喜愛。不過壁畫也有一些局限性，它是固定依附在建築物上的，不能隨意移動也不易保存，不如紙、絹畫便於流通。但是一般佛教修行與宣傳都是有固定場所的，主要就是壁畫最為集中的寺廟和石窟。即便是未出家的居士和普通百姓也會經常到寺廟去進香或參加法事活動，他們都有機會接觸到寺廟中的壁畫。而信眾請到家中的佛像和畫像、經書，就成為他們個人的物品，反而不像在公共場合中的壁畫那樣，人人皆可前往觀之，所以說佛教信徒不可避免地會受到佛教壁畫的影響。壁畫技法之經典依據是研究佛教美術的一個重要課題。

壁畫不易流傳，會隨著建築物的毀損而磨滅，現在能見到的古代壁畫實物已經不多。所幸敦煌石窟群中還保存了兩晉到元代約五萬多平方米壁畫，其中百分之九十以上是佛教壁畫，我們可以藉此瞭解佛教壁畫的面貌與具體的製作技法。因而本節就以敦煌壁畫為例探討佛教壁畫技法之經典依據。

敦煌石窟包括了莫高窟、西千佛洞、安西榆林窟等石窟群，從前秦建元

二年（366）始，歷經北涼、北魏、北周、隋、唐、五代、宋、西夏、元等朝代相繼鑿建，到唐時已有一千餘窟龕。敦煌石窟群現存歷代壁畫五萬多平方米，是我國也是世界壁畫最多的石窟群，敦煌壁畫就泛指存在於這些石窟中的壁畫，是敦煌藝術的主要組成部分。人類最早的畫就是畫在岩壁間的岩畫，佛經中也說到就地取材在岩石這種原始畫布上作畫者。如《根本說一切有部毗奈耶雜事》言難陀初出家到寺廟生活，但他卻經常坐在石上思念妻子，「即於石上畫作其像。」〔註145〕隨著人類文明的發展又出現了畫在人工開鑿的洞窟和建築物上的壁畫，壁畫與彩塑描繪了廣闊的現實場景與理想中的佛國世界。這不僅為佛教信徒營造了莊嚴神秘的宗教氣氛，也為廣大勞動人民所喜聞樂見。壁畫才是最早的和應用最廣泛的繪畫形式，實際上也是中國畫的正宗。如敦煌壁畫這種淳樸渾厚、生動明快的畫風才是中國畫的真正代表。

　　近百年來的美術史與佛教美術著作都不會忽視敦煌壁畫，除各種敦煌藝術圖集與介紹壁畫故事的著作以外，還有不少專門研究敦煌壁畫的專著。如殷光明《敦煌壁畫藝術與疑偽經》，趙聲良《敦煌壁畫風景研究》，李最雄《絲綢之路壁畫彩塑保護研究》等。這些著作分別從考證內容、分析各時代藝術特色及製作技術特點等方面對敦煌壁畫作了較深入的探討。向達先生曾從畫壁制度、粉本比例和天竺傳來的凹凸花法等幾個方面對敦煌壁畫與中西壁畫藝術之關係作出過重要探索，但目前還沒有專門研究敦煌壁畫與漢譯佛經之關係的專著及論文。

　　敦煌是佛教東傳的通道和門戶，河西地區的佛教中心，中古時期各種西域文字的佛經都在這裡集散流播，不少漢譯佛經就是在這裡譯出然後傳入內地的。敦煌壁畫中分量最重的就是佛教題材，自然當與佛經的傳譯有很大關係，佛經中有關壁畫的記載必然會對其有一定的影響，二者之間存在多方面的聯繫。敦煌壁畫以佛教題材為主，就內容而言，經變、因緣、佛傳與本生故事等都無疑是來自佛經的，種種佛像、菩薩像的繪製標準也在佛經中有詳明的規定。這一點也是眾多介紹和考證敦煌壁畫內容的著作所重點關注的，現已取得了較多成果，因而本書對有關敦煌壁畫的內容與佛經之關係就不再作詳細評述。佛經中對壁畫的專門記述雖然很少，但卻可以為我們瞭解印度

〔註145〕〔唐〕義淨譯：《根本說一切有部毗奈耶雜事》卷 11，《中華大藏經》第 39 冊，頁 90 下。

與西域壁畫傳統補充一些獨特材料，而且我們還能看到佛經中的壁畫制度與敦煌壁畫之間的很多吻合之處。本節即收集整理了漢譯佛經中有關壁畫的源流和製作技法的內容，以敦煌壁畫為例分析佛教壁畫技法與經典之關係。

1. 佛經中反映的印度壁畫之發展興盛

中國很早就有了壁畫，陝西咸陽發現的秦宮壁畫殘片，距今已有 2300 年。近來還有一些魏晉南北朝時期的壁畫出土。以文字記載的，如《天問》就是屈原觀看楚人神廟壁畫時的感懷之作，漢代也有一些對當時畫屋的描述。但由於時代久遠，實物留存極少，相關史料亦語焉不詳，現已無由得見當時的具體情形，尚不能斷定其是否能以後世之壁畫目之。中國傳統建築多為木製結構，很容易在歲月中侵蝕磨滅，「譬如畫壁滅，彩畫亦皆亡。」〔註 146〕隸屬於建築物的壁畫往往隨著建築的毀損而消磨。我們現在只能從《歷代名畫記》等美術史著作中看到古代壁畫的興盛，如其所記之唐代僅吳道子一人就在兩京寺觀畫壁三百餘間，而惜皆不存。這裡說壁畫隸屬於建築物，是因其依賴於建築才能存在，並受建築空間和功用的限制，要與建築自身及其周邊環境相適應，因而要有整體構想設計，與建築的多樣化功能相一致。壁畫還具有很強的實用性，「是骨舍可惡，以筋纏束縛，外則以肉塗，衣裳服飾覆，如師畫覆壁。」〔註 147〕

壁畫就像牆壁的外衣，掩蓋建築內部的磚石草本，使建築物更加美觀。但壁畫也有著自己獨立的個性，它不僅具有繪畫的一般規律，並且其繪畫基質與技法的特點對畫家的修養還有很高的要求。同時這種在壁面上的繪畫、雕刻與建築和環境相結合，已突破了繪畫的界限，成為一種邊緣藝術，是藝術門類中的一個重要組成部分。

印度藝術發展較早，考古發現距今五千年左右的印度河印章就雕刻有許多生動的牛、馬、人物等形象。壁畫在印度的起源很早，應用也非常普遍，從王宮寺廟到普通民宅一般都有壁畫，現存最早的壁畫作品就是印度的阿旃陀石窟壁畫。

　　若比丘尼往觀王宮文飾畫堂、園林、浴池者，波逸提。〔註 148〕

〔註 146〕〔元魏〕瞿曇般若流支譯：《正法念處經》卷 62，《中華大藏經》第 35 冊，頁 196 上。

〔註 147〕〔宋〕釋寶雲譯：《佛本行經》卷 5，《中華大藏經》第 50 冊，頁 360 下。

〔註 148〕〔姚秦〕佛陀耶舍、佛念譯：《四分律》卷 26，《中華大藏經》第 40 冊，頁 587 上。

　　　　　（尼彌）大王造立精舍，方八十由旬，彩畫微妙，出過世間。

〔註149〕

　　　　　集諸木匠，造三層寺，不次向泥匠及畫工處各隨所作。〔註150〕

　　　　　給孤長者創造此寺施佛僧已，所有牆壁未爲彩畫，便作是念，

　　我今請佛，欲畫僧寺。〔註151〕

從以上第四例還可看出即使是布施寺院也不能少了畫壁這一程序。

　　還有不少未說明具體場合的壁畫，如「譬如壁上畫種種像」〔註152〕，「在
牆壁者應將畫壁」〔註153〕，都籠統地說了牆壁上應有畫。

　　　　　若草覆舍，一重名一處；若木覆舍，一木名一處；若仰泥舍，

　　一畫色名一處。〔註154〕

此例更是以一處壁畫來作一處房舍的單位量詞，可知印度壁畫的應用之廣。
甚至草舍也要作壁畫：

　　　　　佛住舍衛城，爾時諸比丘白佛言，世尊，聽我作草屋不？佛言

　　聽。如是作壁，作户扇户楣格，作白泥，作五種畫不？佛言聽。

〔註155〕

而且佛經中還常常會用壁畫來作譬喻，往往以壁畫的製作方法或特點來說明
深奧的佛教義理，由此可見此種藝術形式與人們日常生活的密切聯繫。如講
因緣時就以壁畫製作過程爲喻：「猶如畫師治素壁板，因緣合成。」〔註156〕

〔註149〕〔唐〕菩提流志等譯：《大寶積經》卷89，《中華大藏經》第9冊，頁171
　　　　下。

〔註150〕〔唐〕義淨譯：《根本說一切有部毗奈耶》卷30，《中華大藏經》第38冊，
　　　　頁547上。

〔註151〕〔唐〕義淨譯：《根本說一切有部毗奈耶雜事》卷15，《中華大藏經》第39
　　　　冊，頁128上。

〔註152〕〔元魏〕菩提留支譯：《入楞伽經》卷1，《中華大藏經》第17冊，頁627
　　　　中。

〔註153〕〔唐〕義淨譯：《根本說一切有部目得迦》卷9，《中華大藏經》第39冊，頁
　　　　462中。

〔註154〕〔姚秦〕弗若多羅、羅什等譯：《十誦律》卷1，《中華大藏經》第37冊，頁
　　　　173上。

〔註155〕〔東晉〕佛陀跋陀羅、法顯譯：《摩訶僧祇律》卷33，《中華大藏經》第37
　　　　冊，頁44下。

〔註156〕〔西晉〕竺法護譯：《佛說大方等頂王經》，《中華大藏經》第15冊，頁968
　　　　下。

說心性本無異但由外界薰染而呈種種不同即是「如以一彩色，畫壁見種種。」〔註157〕「如彩色一體，壁上見種種。」〔註158〕也以壁與畫分喻第一義諦和世諦：

> 假名與實法，心中一切無。依世諦有法，第一義悉無。無實法迷惑，是諸世諦法。一切法無法，我說於假名。言語及受用，愚癡見是實。從於言語法，是實有境界。從言語生法，見法無如是。如離壁無畫，亦如影離像。〔註159〕

還以壁畫來譬喻人間萬象和因果報應，「彼佛塔內壁中，而見如是已，見種種苦惱，有無量種世間生死，在彼壁中如善巧畫。」〔註160〕等即是。畫壁還是一種收入頗豐的專門職業。「有一畫師……詣諸塔寺，為畫一精舍，得三十兩金。」〔註161〕

印度畫壁之風興盛除與其藝術發達相關，還當與其特殊的自然地理環境有一定關係。《大般涅槃經》有一段對壁畫作用的解說：

> 譬如牆壁未被塗治，蚊虻在上止住遊戲，若以塗治，彩畫雕飾，蟲聞彩香，即便不住。〔註162〕

為我們揭示了壁畫在生活中的實用性。印度地處熱帶，有的地方還用乾牛糞塗牆壁，極適於蚊蟲滋生，必須採取措施以特殊藥物作顏料來防止蟲害。由此可見造作壁畫在印度並不僅僅是為了美化生活環境，更要解決蟲害的問題，因而畫壁與房屋如影隨形，幾乎是必須的配套設施。佛經中這一記載對研究壁畫在印度的起源與發展原因有重要意義，壁畫在這裡已不僅僅屬於藝術而是一種生活需要。

〔註157〕〔唐〕實叉難陀譯：《大乘入楞伽經》卷7，《中華大藏經》第17冊，頁800下。

〔註158〕〔元魏〕菩提留支譯：《入楞伽經》卷9，《中華大藏經》第17冊，頁716下。

〔註159〕〔元魏〕菩提留支譯：《入楞伽經》卷9，《中華大藏經》第17冊，頁716下。

〔註160〕〔元魏〕瞿曇般若流支譯：《正法念處經》卷47，《中華大藏經》第35冊，頁337下。

〔註161〕〔姚秦〕鳩摩羅什譯：《大莊嚴論經》卷4，《中華大藏經》第29冊，頁642中～下。

〔註162〕〔北涼〕曇無讖譯：《大般涅槃經》卷5，《中華大藏經》第14冊，頁50上。

2. 佛經中的壁畫製作技法對敦煌壁畫的影響

我國現有文獻最早記載壁畫制度的當是宋代李誡在《營造法式》中的敘述：

> 造畫壁之制，先以粗泥搭絡畢，候稍乾後再用泥橫被竹蔑一
> 重，以泥蓋平。又候稍乾，釘麻華以泥分披令勻，又用泥蓋平（以
> 上用粗泥五重厚一分五百，若撒網眼壁只用粗細泥各一重上施少泥
> 收壓三遍），方用中泥細襯。泥上施少泥。候水脈定收，壓十遍，令
> 泥面光澤。凡和少泥，每白沙二斤用膠十一斤，麻搗洗擇淨者七
> 兩。〔註163〕

這裡詳述了繪製乾壁畫之前所做的準備工作，先把牆壁整治平整等乾後就可作畫。佛經中對整治牆壁的方法就有介紹，說明想要令壁面平整，關鍵是要加入合適的纖維材料。

> 昔有一人往至他舍，見他屋舍牆壁塗治，其地平正清淨甚好。
> 便問之言，用何和塗得如是好？主人答言，用稻糠㲉水浸令熟，和
> 塗泥壁故得如是。愚人即便而作念言，若純以稻㲉不如合稻而用作
> 之，壁可白淨，泥治平好。便用稻糠和泥用塗其壁，望得平正，返
> 更高下，壁都𤙯烈，虛棄稻糠。〔註164〕

敦煌壁畫就是以乾壁畫爲主的，其製作壁面的方法是：

> 用摻入麥杆的粗泥敷到鑿好的石壁上，捶緊壓平，然後敷刷一
> 層細沙泥，形成光滑平整的壁面。〔註165〕

以上三例文字雖有詳略之別但基本方法相同，又因爲敦煌一帶沒有竹蔑而只能用麥杆作爲纖維材料。這些都只說到畫壁畫之前平整壁面的步驟，對具體的繪製程序、工具顏料等還未涉及。佛經中卻爲我們提供了一些有價值的信息。聯繫敦煌壁畫的實際情況來看，佛經中所描述的壁畫製作方法對敦煌壁畫的影響還是相當大的。同時，佛經勸人作壁畫求福消災，壁畫的內容又宣揚了佛教思想，令更多地人受到佛教教育和影響，二者是互相促進的。這或許就是歷代佛教壁畫極多且藝術價值很高的一個重要原因。

首先，佛經中對美術創作的主體作用是比較重視的。

〔註163〕轉引自向達：《唐代長安與西域文明》，石家莊：河北教育出版社，2001年。

〔註164〕〔蕭齊〕求那毗地譯：《佛說百喻經》卷2，《中華大藏經》第51冊，頁427下。

〔註165〕寧強：《敦煌佛教藝術》，高雄：高雄覆文圖書出版社，1992年，頁19。

　　譬如畫師，先治壁板素，便和調諸彩，自在所畫。〔註166〕

　　譬如畫師，治壁板素，和合彩具，因模作像，分賦彩色，從意
則成。〔註167〕

　　如畫工料理壁板，諸所畫處如法端潔，隨意所爲，圖繪眾像，
則工之識智俱無形色，而爲種種奇容異狀。〔註168〕

這些都概說了製作壁畫的主要步驟及畫師在繪製壁畫中的主導作用，反映了
創作構思與繪畫作品的關係。

　　《敦煌莫高窟供養人題記》中保存了一條關於壁畫製作過程的題記：

　　第216窟（盛唐）西壁龕下中央中唐功德記（紅地高30、寬25
釐米）……粉之繪之再塗再膜或飾或裝復雕復錯……〔註169〕

這句話文字雖有缺佚，但基本包括了製作壁畫的主要過程，尤其是對敦煌壁
畫作了最爲直接而簡明的解說，與佛經之言相應。「粉之」即是平治壁面，「繪
之」即圖畫形象，再次賦彩，更加潤飾，還要修飾或增添細節，有時輔以雕
鑿或打磨。可見壁畫製作的過程十分複雜，而敦煌壁畫中的絕大部分作爲宗
教藝術，在藝術創新的同時還不能脫離其經典依據。

　　繪製壁畫的第一步是要整治壁面，即以砂石泥灰等把牆壁塗抹平整。

　　泥牆濕性連，畫壁青衣損，砂石土相和。〔註170〕

　　佛聽我以彩色赤土白灰莊嚴塔柱者善。佛言，聽莊嚴柱。〔註171〕

《根本說一切有部毗奈耶藥事》經中還有一趣事更體現了治壁的重要性，

　　有二畫師，共鬥技能，皆稱我好，明解工巧。俱詣王所，白言
云，我明圖畫。第二亦云，我能圖畫。時即令壁上各畫一面，畫已
能知我不信說。其一畫師，時經六月，乃畫一面，其二者但唯摩飾

〔註166〕〔吳〕康僧會譯：《六度集經》卷5，《中華大藏經》第19冊，頁47中。
〔註167〕〔西晉〕聶承遠譯：《佛說超日明三昧經》卷下，《中華大藏經》第21冊，頁
　　　　311上。
〔註168〕〔唐〕地婆訶羅譯：《大乘顯識經》卷上，《中華大藏經》第9冊，頁960
　　　　上。
〔註169〕敦煌研究院編：《敦煌莫高窟供養人題記》，北京：文物出版社，1986年，頁
　　　　98。
〔註170〕〔唐〕義淨譯：《根本說一切有部毗奈耶》卷41，《中華大藏經》第38冊，
　　　　頁663下。
〔註171〕〔姚秦〕弗若多羅、羅什等譯：《十誦律》卷48，《中華大藏經》第37冊，
　　　　頁898上。

壁面。其畫了者，即白王言，我畫牆了。王共群臣來觀畫彩，告曰，大端正。第二畫師白言，看我畫作。由前壁畫，光影現斯，以薄衣覆，王見此事，甚大怪之，云更勝彼。其人禮王足已，白言，此非我畫，由彼壁畫，於此影現。大王爲復畫者端妙？爲復此處端正？王言，如汝作者，甚爲端正。〔註172〕

其次，要在壁面刷底色以奠定整個畫作的基調。

> 佛聽我以赤色、黑色、白色塗壁不？佛言，聽以赤色、黑色、白色塗壁。〔註173〕

給孤長者造成佛寺施於佛僧將作壁畫，就先請問作壁畫應用何色，

> 長者不解，來白苾芻。苾芻不知用何彩色，便往白佛，佛言，善哉！長者不知，汝今復問，應用四色，青黃赤白，及雜綵色，以充圖畫。〔註174〕

> 圖畫僧房、講堂、精舍，明淨彩色，以青黃朱紫種種雜色，圖畫佛塔、精舍、門閣。〔註175〕

敦煌壁畫色彩豔麗豐富，而最常用的紅、黃、綠、藍、白、黑這幾種，都與佛經所說吻合。敦煌壁畫顏料經過儀器分析後發現，上述幾種常見色幾乎都用的是礦物顏料，很少有機顏料。《根本說一切有部尼陀那》和《大比丘三千威儀》經中就提及顏料構成的問題：

> 以赤石塗拭其柱，於塔壁上，紫礦圖畫。〔註176〕

> 不得持草畫壁作字。〔註177〕

敦煌壁畫顏料的使用正符合佛經要求，這與後來中國文人畫重視水墨，多用透明的植物性顏料大異其趣。

〔註172〕〔唐〕義淨譯：《根本說一切有部毗奈耶藥事》卷16，《中華大藏經》第39冊，頁592上～中。

〔註173〕〔姚秦〕弗若多羅、羅什等譯：《十誦律》卷48，《中華大藏經》第37冊，頁897下。

〔註174〕〔唐〕義淨譯：《根本說一切有部毗奈耶雜事》卷15，《中華大藏經》第39冊，頁128上。

〔註175〕〔元魏〕瞿曇般若流支譯：《正法念處經》卷27，《中華大藏經》第35冊，頁128上。

〔註176〕〔唐〕義淨譯：《根本說一切有部尼陀那》卷4，《中華大藏經》第39冊，頁422下。

〔註177〕〔後漢〕安世高譯：《大比丘三千威儀》卷下，《中華大藏經》第42冊，頁817下。

礦物質顏料一般穩定性較強，但銀朱與白粉兩色則會變成黑灰色。我們現在所見的敦煌壁畫中就有很多人物面部手足爲黑色，正是這種顏料變色的特性所造成的，謝稚柳先生對此考察甚明。

> 今日壁間諸畫，無論佛、菩薩、鬼怪與夫供養人像，十之三四爲灰黑色，或棗黑色，十之四五爲彩色者，亦有半爲彩色半爲灰黑色者。元魏人好作夜叉，夜叉裸身，有作膚色，間或作綠色者。復有一種灰黑色，其身體手足邊緣之黑色，闊壯如帶，一若其勾勒行筆，豪放若此者，實則爲畫時所作之底，乃敷色之深處，以之表現立體。今面上之勾勒，並已不見，顏色亦盡變，其深處，其色黑；其淺處，其色灰。此即爲膚色所變，實無有灰黑色夜叉也。灰黑色爲銀朱與白粉所變，膚色乃銀朱與白粉相合而成。古時俱用重色（礦物質），重色中之青、綠、朱、黃，永不變色，惟銀朱與白粉俱能變。白粉變黑，銀朱亦變黑。白粉與銀朱合變黑，乃至青、綠、朱、黃與白粉合，則青、綠、朱、黃，俱變黑。白粉、銀朱亦有不變者，此或出於特製，或爲偶然，非常理也。今窟中諸畫，凡灰黑與棗黑者，俱係變色，非本來面目矣。〔註178〕

敦煌壁畫中膚色變黑的飛天

圖像來源：樊錦詩、趙聲良：《燦爛佛宮》。

〔註178〕謝稚柳：《中國古代書畫研究十論》，上海：復旦大學出版社，2004年，頁89
　　　　～90。

　　再者，製作壁畫還離不開畫稿，即古人所謂的「粉本」。

　　　　「粉本」有「狹義」與「廣義」之分。原始狹義即爲「刺孔」。

　　其法有二：一是用針按畫稿墨線（輪廓線）密刺小孔，把白堊粉或
　　高嶺土粉之類撲打入紙，或者用透墨法印製，使白土粉或墨點透在
　　紙、絹和壁上，然後依粉點或墨點作畫。二是在畫稿反面塗以白堊、
　　高嶺土之類，用簪釵、竹針等沿正面造型輪廓線輕劃描印於紙、絹
　　或壁上，然後依粉落墨或勾線著色。〔註179〕

「廣義」的「粉本」還包括了繪圖草稿。敦煌壁畫是有畫稿的，有很多還可
以明顯地看出使用針刺「粉本」的痕迹。在一些特殊的場合，按照畫稿勾畫
輪廓的具體方法在佛經中也有詳細規定。

　　　　此法加持（以繩界真言加持線繩）五色線繩，壇上周圍，括量
　　一切位界，或有壁上、白疊、絹上欲畫像時，皆以是線和朱括量。
〔註180〕

就是說畫前先將長線塗成彩色（敦煌壁畫前期多用土紅色，後期多用淡墨）
在壁上彈出印迹，可以給壁面分區，也可以確定圖形的大體輪廓，即「以一
色圖其形狀，後填眾彩。」〔註181〕敦煌壁畫就較多使用了這種方法。起稿之
後還要上色定稿並作最後的細節調整，即《敦煌莫高窟供養人題記》「中唐功
德記」所謂的「再塗再膜」。

　　　　（壁畫）的畫法和程序是開始在壁上起稿時描一道，到全部畫
　　好時，這起首的線條，已被顏色所掩沒不見，必須再在顏色上描一
　　道，也就是完成時的最後一道描。在魏、隋的起首一道描，是用赭
　　色的。至隋末起，漸用墨描。後一道描，都不外乎赭與墨。但魏畫，
　　如青色，則是用白粉來描的，從壁上的脫落部分可以看到。唐畫的
　　起首一道描，往往有馬虎的，但在最後一道描，卻都很精妙，且在
　　部位等方面，與第一道描，有時也不免有出入。壁畫是集體的製作，
　　這裡看出，高手的作家，經常是只作決定性的最後一描的。〔註182〕

〔註179〕沙武田：《敦煌畫稿研究》，北京：民族出版社，2006年，頁3。

〔註180〕〔唐〕菩提流志譯：《不空羂索神變真言經》卷3，《中華大藏經》第19冊，
　　　　頁366下。

〔註181〕〔唐〕玄奘譯：《阿毗達磨順正理論》卷43，《中華大藏經》第48冊，頁727
　　　　下。

〔註182〕謝稚柳：《中國古代書畫研究十論》，頁94。

正是因為礦物質顏料的不透明性才會出現這種色彩層層覆蓋的現象，要經過兩次甚至更多次的線描才能最後定稿。

一般來說，經過最後一描定稿，壁畫就算製作完成了。有一些更為複雜或作特殊用途的壁畫，在繪好後還要再進行雕刻或細磨，敦煌壁畫中有很多佛像光背就是以雕繪結合的方式製作的，這種技法的應用增強了壁畫的立體效果。

上述諸種過程是就乾壁畫而言的，直接在乾燥的壁面上繪製的壁畫就稱為乾壁畫。歐洲國家較多地採用了濕壁畫技法，其法即在壁面基底半干時，用清石灰水調和顏料繪畫，這樣顏料與牆面經水滲牢固結合產生一種特殊效果。印度、西域和中國則基本上都採用乾壁畫的形式，應屬同源，敦煌壁畫幾乎都是乾壁畫。與濕壁畫相比，乾壁畫的色彩與壁面結合不夠緊密，容易剝落損壞。因而佛教中就有一些關於修補脫色壁畫的規定，如「諸彩畫壁不分明者，苾芻生疑，不敢重畫。佛言，應可拂除，更為新畫。」〔註183〕

戒律中還專門有給損壞壁畫者所定的罪名：

> 有一比丘，不著襯身衣，倚新畫壁立，彩畫剝落。是事白佛，佛言，從今比丘不著襯身衣倚畫壁者，突吉羅。〔註184〕

> 有一時，諸比丘在僧房中，新塗治彩畫，為寒故煙薰，彩色皆壞。佛聞之不聽，若寒者，教露地燃火自炙。諸比丘後時白世尊，露地燃火自炙，炙前後寒，炙後前寒，不能令溫。佛聞之，聽房中燃火自炙，但使無煙。〔註185〕

由此亦可見佛教壁畫的普遍使用和對壁畫的重視。

通過對佛經中有關壁畫的描述不難看出佛教對壁畫的認識不可避免地帶有宗教色彩，但其中也不乏對這種藝術形式的客觀記錄，為我們瞭解古代印度和西域的壁畫製作情況提供了參考。這種繪畫藝術隨著佛經傳譯而影響了敦煌壁畫又經由敦煌影響了中原壁畫，這一點從《營造法式》中典型的中原壁畫制度與敦煌壁畫的相近即可見一斑。

敦煌的無名畫師與佛教信徒共同創造的藝術瑰寶成為我們今天考察古代

〔註183〕〔唐〕義淨譯：《根本說一切有部目得迦》卷8，《中華大藏經》第39冊，頁454中。

〔註184〕〔姚秦〕弗若多羅、羅什等譯：《十誦律》卷39，《中華大藏經》第37冊，頁759中。

〔註185〕佚譯人名：《毗尼母經》卷6，《中華大藏經》第42冊，頁764上～中。

壁畫的珍貴實證，對中國畫傳統的正本清源有著重要意義。敦煌壁畫與漢譯佛經之間的甚深淵源，也體現了我們對外來藝術成果的吸收與發展，展示了佛教藝術來華的軌迹，爲我們研究佛經中的美術文獻提供了可靠的依據。

第四章　審美論

北宋李昉等撰《太平廣記》卷174「薛道衡」條引《談藪》曰：

> 隋吏部侍郎薛道衡嘗遊鍾山開善寺，謂小僧曰：「金剛何爲努
> 目，菩薩何爲低眉？」小僧答曰：「金剛努目，所以降伏四魔；菩薩
> 低眉，所以慈悲六道。」道衡憮然不能對。〔註1〕

這段簡短而有趣的對話，精闢地概括了佛教造像中的兩種審美風格：「菩薩低
眉」式的莊嚴慈悲之美與「金剛怒目」式的以醜爲美、以惡爲美。鍾山開善
寺這位無名小僧以機智而精鍊的語言解答了薛道衡對佛教造像中風格不統一
這個問題的疑惑，他的解說甚至令薛心有所動而不能再有所措辭。佛教造像
中的金剛這類形象往往怒目張口、神情可畏，開善寺小僧分析說這種誇張恐
怖的形象可以震懾、降伏妖魔，而慈眉善目的菩薩造型則體現了佛教的慈悲
精神。這兩種風格恰好分別代表了顯教和密教形象的特徵，形成了鮮明對比。
審美是對事物美醜的主觀評判，顯教與密教對美的認識與實踐存在明顯的差
異，但二者又在某種程度上是相通互補的。

> 復次若作調伏護摩之法，當觀東方阿閦如來，從其身中流出青
> 光，眾德圓滿，坐於東方月輪之中。結跏趺坐，圓光巍巍，莊嚴自
> 身最勝第一十方世界，想一切菩薩作金剛怒，入我身中，摧滅煩惱
> 諸惡鬼神故。〔註2〕

〔註1〕　〔宋〕李昉等：《太平廣記》，北京：中華書局，1961年，頁1285。
〔註2〕　〔唐〕般若譯：《諸佛境界攝眞實經》卷3，大藏經刊行會編：《大正新修大藏
經》（後文簡稱《大正藏》），第18冊，臺北：新文豐出版股份有限公司，1996
年，頁282上。

圓滿莊嚴與金剛之怒調和於如來一身，這種多樣和諧充分顯示了佛教對不同審美傾向的兼容，佛教藝術的創作實踐也恰到好處地融通了這兩種審美觀，塑造出許多內涵豐富的感人形象。總之，顯教與密教的不同審美取向和審美特點及其相通互補共同構成了佛教的審美論，二者既在鮮明的對比中各自彰顯著獨特魅力，又和諧融通、映襯互補，向更高層次的審美境界昇華。

第一節　莊嚴之美

　　莊嚴的定義有很多種，佛家以佛教偶象形象之端莊威嚴爲莊嚴，並且對表相事物或心理行爲的修飾、加強，及以福德淨化身心等，也都稱爲莊嚴。佛教美術中的各種佛像及建築都需要以彩畫、珍寶等裝飾以作莊嚴，如

　　　　　今此釋師子，一切智無有。……相相皆分明，威神亦滿足。……
　　　一切諸彩畫，寶飾莊嚴像，欲比此妙身，不可以爲喻。〔註3〕

佛色身形象相相分明、威神滿足，其狀難以比擬，即便是以各種彩畫及眾寶裝飾的「莊嚴像」也不足以完全表現佛之美妙色身。種種佛像及佛教建築等都須裝飾莊嚴，如辟支佛像等無不如此，

　　　　　如難陀先世時一浴眾僧，因作願言：「使我世世端政淨潔。」又於異世值辟支佛塔，飾以彩畫，莊嚴辟支佛像，作願言：「使我世世色相嚴身。」以是因緣故，世世得身相莊嚴，乃至後身出家作沙門，眾僧遙見，謂其是佛，悉皆起迎。難陀小乘種少功德，尚得此報，豈況菩薩於無量阿僧祇劫中修立功德，世世形體而不似佛？〔註4〕

　　　　　佛久遊諸國，長者須達思戀渴仰。白佛言：「願留少物常得供養。」佛與髮爪，願聽起塔，佛乃許之。於舍衛國造作樂栱，彩畫莊嚴。〔註5〕

難陀先世時曾彩畫裝飾一座辟支佛塔，莊嚴辟支佛像就得到世世以佛之色相莊嚴自身形象的巨大福報。莊嚴佛像的重要意義不僅在於使佛像能更充分地

〔註3〕〔姚秦〕鳩摩羅什譯：《大智度論》卷2，《中華大藏經》第25冊，頁137中。
〔註4〕〔姚秦〕鳩摩羅什譯：《大智度論》卷29，《中華大藏經》第25冊，頁588下～589上。
〔註5〕〔梁〕寶唱撰：《經律異相》卷6，《中華大藏經》第52冊，頁786中。

表現佛色身的形象，更接近佛色身的眞實狀態，而且還是一種積累功德的修行事業。第二例言須達長者爲佛起髮爪塔，並以彩畫莊嚴此建築的情況。這幾例都是以彩畫、寶飾等來作佛像和佛教建築之裝飾，令其莊嚴。這樣以外在美好事物包括美術作品及美麗的珍寶來作莊嚴的情形在佛教造像中普遍存在，同時，佛色身的形象本來就是特殊的，即使不假外飾亦有莊嚴。

> 顏容端正甚微妙，眾相莊嚴最第一，超過一切諸妙色，如日出時螢光隱。〔註6〕

顯教造像之莊嚴主要體現在佛的特殊容顏形象及其含義上，與外飾之莊嚴相比，這種莊嚴是更加本質化的，此莊嚴與佛像是不可分的。具體說來，集中了人類理想中的種種美好形象，並把這種理想狀態的相貌優點加以選擇重組，最終形成了以「三十二大人相」、「八十種隨形好」爲佛之形象特徵。這些「相好」就是佛像自身固有的莊嚴，是佛教莊嚴佛像的具體表現。

本書在第三章「創作論」中已詳細引述了佛經中對佛像「三十二大人相」、「八十種隨形好」的描繪，這些相貌上的特徵是佛教美術創作中的依據和指導。然而在佛教審美中，佛像「相好」不再是一種簡單具象的形式，而成爲一個符號、標誌，是莊嚴之美的象徵，是構成並影響佛教審美心理的要素之一。

有關佛像「相好「莊嚴之美的研究成果，較早者有季羨林先生《吐火羅文 A 中的三十二相》〔註7〕指出佛的三十二相在吐火羅文文獻資料中多次出現，影響極其廣泛而深遠。近期還有張先堂《觀相念佛：盛唐至北宋一度流行的淨土教行儀——敦煌寫本〈佛說相好經〉新探》。〔註8〕該文通過對敦煌寫本《佛說相好經》的考察，辨析其眞僞，探討其產生的背景及時代，闡發了該經所存之觀佛相好行儀的意義。觀佛相好這種行儀曾在唐至宋初一度流行於敦煌和內地，佛的相好及觀佛相好都是佛教審美的一個重要因素。

一、三十二相、八十種好莊嚴

在佛國世界中，唯佛與轉輪聖王具有三十二相，以三十二相爲莊嚴：

> 佛告諸比丘：時輸檀王又與釋種共集議論，我此太子爲作轉輪

〔註6〕 〔唐〕菩提流志等譯：《大寶積經》卷62，《中華大藏經》第 8 冊，頁 964 中。
〔註7〕 季羨林：《吐火羅文 A 中的三十二相》，《民族語文》，1982.04。
〔註8〕 張先堂：《觀相念佛：盛唐至北宋一度流行的淨土教行儀——敦煌寫本〈佛說相好經〉新探》，《敦煌研究》，2005.05。

聖王，爲當出家成佛道也。時有五通神仙名阿斯陀，與外族那羅童子居雪山中，見菩薩生時有無量希奇之瑞。又聞虛空諸天贊言佛出於世，又見空中雨種種香花種種衣服，人天往來歡喜踴躍。即以天眼周遍觀察，見迦毗羅城輸檀王太子，福德光明照曜世間，成就三十二大人相。見此事已，告那羅童子言：「汝應當知，閻浮提內迦毘羅城輸檀王太子福德光明，普照十方世間之中。此爲大寶，三十二相莊嚴其身，若在家者，當爲轉輪聖王王四天下，成就七寶具足千子，統領大地盡海邊際，以法御物，不假刀兵自然降伏。若出家者，當得成佛，不由他悟，爲天人師，名稱普聞，利益一切。」〔註9〕

　　如菩薩初生七日之中，裹以白氈，示諸相師。相師以古聖相書占之，以答王曰：「我識記法，若人有三十二相者，在家當爲轉輪聖王，出家當得作佛。唯此二處，無有三處。」諸相師出已，菩薩寢息。〔註10〕

當今娑婆世界之如來釋迦牟尼剛出生時，相師就告訴他父親輸檀王，像太子這樣具有三十二相的人，將來如果在家就會成爲轉輪聖王，出家則會成佛。轉輪聖王是佛教政治理想中的統治者。依佛典所載，係指成就七寶，具足四德，統一須彌四洲，以正法治世的大帝王。佛經中的這些轉輪聖王有的是印度歷史上曾經實際出現過的君主，還有一些是對將來會出世的轉輪聖王的預言。在佛教秩序中，佛是至尊的導師，轉輪聖王是現實世界的最高統治者，佛經中宣揚轉輪聖王與佛一樣有「三十二相」，以此來體現與現實世界相應的佛教等級秩序。

　　除佛與轉輪聖王以外，顯教所崇拜的其他偶像，如菩薩、羅漢及佛弟子、護法等形象也都美好端莊，但他們多數只能具有佛「三十二相」中的一部分。難陀相貌堪稱如來諸弟子中端正第一，亦具三十相或三十二相，但他與佛之三十二相莊嚴還是有一定差別的。眾菩薩一般都只具備「二十八相」，像觀世音菩薩這樣的大菩薩，與佛之相好非常接近，具有佛三十二相中除頂

〔註9〕　〔唐〕地婆訶羅譯：《方廣大莊嚴經》卷3，《中華大藏經》第15冊，頁255下～256上。

〔註10〕　〔姚秦〕鳩摩羅什譯：《大智度論》卷29，《中華大藏經》第25冊，頁590中～下。

上肉髻及無見頂相以外的三十種相。有時她還能隨緣化現佛像，以三十二相形示現。此種化身是指佛教中眾神及魔爲了利益有情或是欺騙謀利而變現的幻相，有時甚至魔也能變作佛像，以三十二相示人。在某些特定情況下變現出的化菩薩也可以具有「三十二相」，如爲供養菩提場而化現之菩薩眾皆以三十二相爲莊嚴，

> 爾時東北方世界，有國名金網，其佛號寶蓋光明。彼有菩薩摩訶薩，名金網莊嚴，遇斯光已，與無央數菩薩圍繞而來詣菩提場。爲供養故，住菩薩前。爾時菩薩以神通力，於彼諸來菩薩供養具中，化出無量無邊大菩薩眾，皆有殊勝三十二相莊嚴其身，執持花鬘，曲躬稽首。〔註11〕

菩提場乃是成就佛教最高智慧之道場，對此道場之供養亦當用最高級別。詣菩提場之眾菩薩都以神通化出具三十二相莊嚴之無量無邊大菩薩來爲供養，其供養之排場眞非同凡響。可見佛教是以殊勝三十二相這樣的美好形象作爲最高級別之供養的，也是佛教藝術美的最高層次表現。

「三十二相莊嚴」是佛教審美理論的要素之一，佛與轉輪聖王之三十二相莊嚴才是眞正意義上的三十二相。轉輪聖王畢竟是教外人物，非佛教造像、繪畫所表現的主要對象，佛經中對轉輪聖王的「三十二相莊嚴」亦較少提及。釋迦牟尼也沒有去作轉輪聖王而是出家終成正覺，

> 昨夜光明自然現，光明中說此偈言：釋種太子今出家，三十二相莊嚴體。〔註12〕

「三十二相莊嚴」是佛色身形象的外在標誌，換言之，只有成佛才能以三十二相爲莊嚴。聲聞、辟支、菩薩乃至眾生經過修行一旦成佛則將獲得「三十二相莊嚴」作爲成佛之果證之一，

> 忍辱是菩薩淨土，菩薩成佛時，三十二相莊嚴眾生，來生其國。〔註13〕

> 過聲聞、辟支佛地，住菩薩地；道種智，一切種智，知一切法，斷一切煩惱及習，成佛轉法輪，三十二相莊嚴，世界度無量眾生，

〔註11〕〔唐〕地婆訶羅譯：《方廣大莊嚴經》卷3，《大正藏》第15冊，頁307上～中。

〔註12〕〔隋〕闍那崛多譯：《佛本行集經》卷26，《中華大藏經》第35冊，頁805上。

〔註13〕〔姚秦〕釋僧肇撰：《注維摩詰經》卷1，《大正藏》第38冊，頁336上。

無量壽命，皆如先論議中説。〔註14〕

爾時，東方度是佛土恒沙等刹，其世界名不退轉音，佛號最選
光明蓮華開剖。……於無上正眞之道不退轉，以得總持五通自樂成
就法忍，三十二相莊嚴其身。〔註15〕

以上幾例都說明佛必然有三十二相莊嚴，這是一種內在屬性，天生有三十
二相者，非佛即是轉輪聖王，菩薩、眾生等亦無有成佛而不得三十二相莊
嚴者。

除「三十二相莊嚴」以外，佛同時還有「八十種好莊嚴」，即八十種比較
微細隱密難以驟見的美好相貌特徵，這是轉輪聖王與其他佛教偶像都不具備
的。佛經中對八十種好有詳細記述，可謂繁複。「相好莊嚴」共同展現了佛的
色身形象，佛經中言及佛像往往相好並提：

復次，佛身功德，身力勝於十萬白香象寶，是爲父母遺體力；
若神通功德力，無量無限。佛身以三十二相、八十隨形好莊嚴，內
有無量佛法功德故，視之無厭。見佛身者，忘世五欲，萬事不憶；
若見佛身一處，愛樂無厭，不能移觀。佛身功德如是，應當念佛。

〔註16〕

佛外現三十二相、八十隨形好莊嚴之身，內以無量佛法功德爲莊嚴，因而眾
生喜見，愛樂無厭。佛的外貌形象以三十二相、八十種好爲具體表現，佛教
審美觀還包括了對內在佛法功德的審美，是一種內外兼顧的審美觀，也可以
說相好莊嚴是佛功德之外化。三十二相是比較明顯可見者，八十種好相比較
爲隱微，二者亦有內外、顯隱之別，諸相與眾好互相之間還有一些重複，如
此多重內外因果的細膩結構，更加強化了三十二相的莊嚴，並且相好結合以
爲莊嚴也正是體現了佛教對與內在功德相匹配的美好外貌的重視。

二、相好莊嚴之教化作用

本書第二章功能實踐論中已提及佛教美術之教化功能，此處單論顯教莊

〔註14〕〔姚秦〕鳩摩羅什譯：《大智度論》卷 54，《中華大藏經》第 26 冊，頁 49
上。

〔註15〕〔西晉〕竺法護譯：《佛說阿惟越致遮經》卷 1，《大正藏》第 9 冊，頁 198
下。

〔註16〕〔姚秦〕鳩摩羅什譯：《大智度論》卷 21，《中華大藏經》第 25 冊，頁 476
中。

嚴之美審美論的教化作用。

> 佛告阿難及韋提希：見此事已，次當想佛。所以者何？諸佛如
> 來是法界身，遍入一切眾生心想中，是故汝等心想佛時，是心即是
> 三十二相、八十隨形好。是心作佛，是心是佛。諸佛正遍知海從心
> 想生，是故應當一心繫念諦觀彼佛多陀阿伽度阿羅呵三藐三佛陀，
> 想彼佛者。先當想像，閉目開目見一寶像如閻浮檀金色坐彼華上。
> 像既坐已，心眼得開，了了分明，見極樂國七寶莊嚴寶地寶池寶樹
> 行列……〔註17〕

心想佛時，其心已然是佛，即是佛之相好莊嚴。這句話就奠定了顯教，尤其
是大乘空宗「心生萬物」，「一切佛畫皆心畫」之審美觀的基礎。想像佛即是
想像佛的莊嚴形象，如來法界身就在眾生心中。從這段經文中可以看出如來
法界身在一切眾生心中，而三十二相、八十隨形好是法界身的外在表象，即
是如來身相。法界，指眾生之心法；此心能生世間、出世間等一切諸法，故
稱為法界。法界能生諸佛相好之身，故稱佛身為法界身，亦即法界所生之身，
如來色身形象即是佛身，此身所現之相即為身相。法相指諸法之相狀，即事
物之本來、內在規律，如來身相與法相之關係問題在佛經中也有論述。

> 佛是眾生，菩提是法，云何言：佛即是菩提？答曰：先有三十
> 二相莊嚴身、六波羅蜜等功德莊嚴心，而不名為佛；得菩提故，名
> 之為佛。是故言：佛與菩提不異。〔註18〕

以三十二相莊嚴身，以六波羅蜜等功德莊嚴心，但僅是二者兼備還不能成為
佛，只有得菩提才能真正成為佛。菩提是法，法相者即菩提所現之相狀。因
法相而顯佛之身相，顯佛之身相則說明已得菩提法相。同時，有三十二相與
六波羅蜜等未必是佛，佛則必有三十二相與六波羅蜜等。在具備法相的基礎
上方顯現出三十二相等莊嚴，則三十二相莊嚴實為法相之外在可見之表象。既
明身相與法相之關係，便可從審美的角度來探討佛像莊嚴之教化作用。

> 有人言：佛以三十二相莊嚴身身者，端正不亂故。若少者身不
> 端正，若多者佛身相亂；是三十二相端正不亂，不可益，不可減。
> 猶如佛法不可增、不可減，身相亦如是。」「問曰：菩薩何以故以相

〔註17〕 〔劉宋〕畺良耶舍譯：《佛說觀無量壽佛經》，《中華大藏經》第 18 冊，頁 665
上。

〔註18〕 〔姚秦〕鳩摩羅什譯：《大智度論》卷 92，《中華大藏經》第 26 冊，頁 589
下～590 上。

嚴身？答曰：有人見佛身相，心得信淨，以是故以相嚴身。〔註19〕

　　一切無漏法，十六行，三三昧相應故，皆名無相；佛欲令眾生解故，種種分別說。說一切諸佛法，以空、無相、無作印故，皆入如、法性、實際；而爲見色歡喜發道心者，現三十二相莊嚴身。〔註20〕

首先，佛以三十二相莊嚴身是因爲三十二相符合佛教審美主體的審美觀，是不可增減的標準之美，因佛法之不可增減，其外現之身相亦當如此。既然這種形象是美，就能直接帶給人們審美的愉悅感受，從引起審美主體的審美注意開始，經過審美體驗、品味、領悟直至達到審美淨化的境界。所引經文中的「有人」二字也絕非無意而下，而是專指本性善良、內心和順，精神浸潤過宗教之陽光雨露的人，對他們來說，莊嚴之美的感召力量才是無窮大的。因而他們見到相好莊嚴的佛像很快就會進入審美狀態，被這種美調伏身心，達到「心得信淨」的程度。相好莊嚴之美的教化是直觀而深刻的，是審美功能的集中體現。

　　莊嚴之美的教化作用之具體表現還有很多，譬如身具三十二相是得菩提成佛的外在可見標誌，因眾生諸根器不同，對大眾而言，若無明示則不能開悟。若法相者，眾生所不見，只有以可見之色身的莊嚴來體現，才可知佛之爲佛。

　　是菩薩欲令眾生眼見其身得度故，以三十二相莊嚴身。諸根淨利者，眼等諸根明利，出過餘人；信、慧根諸心數根等，利淨第一；見者歎其希有：我無此事！愛敬是菩薩，信受其語，世世具足道法，以三乘道入涅槃。是三十二相、眼等諸根，皆從身、口業因緣清淨得，以是故，佛說：菩薩應當淨身、口業。〔註21〕

菩薩若不示現三十二相莊嚴，則眾生不知其已得度成佛。唯其有相好莊嚴，方顯成佛之果證，爲眾生樹一眞實可見的奮鬥目標，引發其踐行佛教之決心與信心。三十二相由身、口業因緣清淨而得，佛順其因緣而教化菩薩及眾生

〔註19〕〔姚秦〕鳩摩羅什譯：《大智度論》卷4，《中華大藏經》第25冊，頁181上～中。

〔註20〕〔姚秦〕鳩摩羅什譯：《大智度論》卷29，《中華大藏經》第25冊，頁590中。

〔註21〕〔姚秦〕鳩摩羅什譯：《大智度論》卷39，《中華大藏經》第25冊，頁739中。

當淨身、口業。從顯見之外在形象引發審美感受，爲大眾樹立了目標，得到此境界之因爲淨身、口業，這就要靠修行才能實現，一個完整而嚴謹的邏輯推理過程，展示了莊嚴之美實現其教化作用的途徑。

> 一切無漏法，十六行，三三昧相應故，皆名無相；佛欲令眾生解故，種種分別說。說一切諸佛法，以空、無相、無作印故，皆入如、法性、實際；而爲見色歡喜發道心者，現三十二相莊嚴身。復次，爲一切眾生中顯最勝故，現三十二相而不破無相法。〔註22〕

這裡「現三十二相而不破無相法」，說的是佛教言本質是空、相空法亦空，一切無漏法等皆是無相，但卻有所謂的三十相等莊嚴，由此看來，就不應再有有形的三十二相。經文中這樣解釋，認爲佛是爲了能讓眾生明白無相之眞理而現方便分別，爲能夠受到相好莊嚴之審美教化者而化現出三十二相莊嚴之身。又因此種莊嚴在一切眾生中最爲殊勝，其審美作用最易體現，因而現此相好身是爲了教化眾生，令其得知無相之道，以此化解了三十二相與無相之矛盾。也正是因爲莊嚴之美本身對審美主體有教化作用，佛才會選擇其爲教化之方便法門。

三、莊嚴之審美意義

> 一時佛遊舍衛祇樹給孤獨園，與千二百五十比丘俱。爾時世尊，晨旦著衣持缽，入舍衛城分衛，次第求食，實時轉行到梵志舍。時彼梵志，遙見世尊——威神巍巍，諸根寂定，其心湛靜，降伏諸根，無復衰入，如日之升出於山崗、如月盛滿眾星獨明、如帝釋宮處於忉利、如梵天王在諸梵中、如高山上而大積雪現於四遠、如樹華茂其心淡泊、如水之清，三十二相莊嚴其身，八十種好遍佈其體，威神光光不可稱限，睹之如日。〔註23〕

三十二相每一種都是獨立的一種相貌特徵，這些特徵有機結合在一起構成佛色身的形象，這種形象帶給審美主體的審美體驗並非是針對其中某一種相的，而是對這種有機組合形象總體特徵的把握和感受。審美批評活動離不開審美描述，審美描述與對藝術品特徵的描述是不同的，如分別介紹三十二相就是對審美對象特徵的單純敘述，而審美描述則需要反映出審美主體的感情

〔註22〕〔姚秦〕鳩摩羅什譯：《大智度論》卷 29，《中華大藏經》第 25 冊，頁 590 中。

〔註23〕〔西晉〕竺法護譯：《生經》卷 5，《中華大藏經》第 34 冊，頁 786 上。

體驗與聯想活動。三十二相莊嚴本是殊勝獨特，無可比擬的，但審美描述要求一定要把對這種美的體驗表達出來，這就要求盡量以與審美主體之感受最爲接近者爲言。這段經文中就將如來形象描繪成如日昇於山，如眾星拱月，如高山積雪，如華樹清水，處處最尊最勝，這樣的審美描述帶給人較爲眞切的體驗，是審美解釋和審美評價等審美活動得以開展的基礎。

審美乃是審美主體對審美對象的體驗、欣賞、品鑒等主觀心理活動，是一個接受審美對象的主觀過程。審美主體和審美對象都是審美活動中不可或缺的要素。佛像以三十二相、八十種好莊嚴，這可以說是追求美、創造美的具體方法，即爲審美活動提供審美對象的過程。審美主體對這種佛像莊嚴之美的欣賞與認同就是佛教（此處指顯教）的審美取向，審美主體的審美接受實踐令佛教莊嚴之美得以顯現，成爲形象的美的體驗。這種審美取向又反作用於美術的創作，正是因爲佛教莊嚴之美適應了審美主體的審美實踐，才能爲其接受。作爲一種宗教藝術，佛教美術創作與一般的美術創作還有所不同。因其可以通過宗教心理來影響審美主體的情感，所以一旦經過宗教的解說，披上宗教的外衣，莊嚴之美的審美意義也就在信眾心目中打上烙印，從而影響著他們的欣賞、品鑒。這種由宗教認同感與信仰力樹立起來的審美方式與普通的審美過程略有不同，這個過程相對來說更爲複雜、微妙。不僅僅是美術創作爲美術審美提供物質基礎，審美活動反作用於創作，還包括了社會環境，宗教哲學、教義對美術創作及審美主體審美心理的雙重影響。莊嚴之美的教化作用通過審美活動具體體現出來，審美主體之宗教情感及人性自身非自覺的審美取向都是這種教化活動得以實現的基礎。只有當審美主體與審美對象在心理情感與客觀規律的互相作用下，達到默契和諧的狀態，審美主體自覺地通過一系列審美活動過程而從審美對象中得到審美領悟這種體驗以後，審美體驗才有機會進一步昇華。審美的教化作用最終在審美主體身上得到體現，令審美主體獲得精神的享受與靈魂的淨化。

顯教之三十二相、八十種好可以說集中了人類所普遍認同的各種美好相貌特點，包括對現實中美好相貌的完美化以及對理想境界的想像和誇張。可謂完美的「人相」與理想的超自然的「佛相」的結合體，有些想像與誇張的形象甚至不能完全以美術的形式來表現。佛教之所以能將這麼複雜的相好之說集於一身，還在於這種種看似各不相同的相貌特徵都有一個共同點，即圓滿和諧、寬容慈祥，這也是相好莊嚴的總體特點。

前引薛道衡與鍾山開善寺小僧的對話也指出了佛像的這種特點及之所以形成這種特點之因緣。此例中僅「菩薩低眉」這樣一個小小細節就概括出了顯教中正面偶像的形象特徵。正是因為這樣一種「低眉」的神情，符合了中國傳統審美觀中對「慈眉善目」的認可，而成為種種相好中最能體現圓滿和諧、寬容慈祥這一總特徵的形象。同時這種特徵也與顯教之以慈悲濟世為懷正相契合，佛教相好莊嚴之美的審美意義也在於此。

在佛教審美論中，三十二相莊嚴只是其中較為顯見的一個組成部分，莊嚴之美還有很多種。

> 是故諸菩薩摩訶薩，欲得種種莊嚴堅牢故，發不可思議願，增益不可思議知見，以自莊嚴，以三十二相莊嚴故，得八十隨形好，以妙音莊嚴故，隨諸眾生所喜說法，令聞法者滿足知見；以心莊嚴故，得諸三昧，不生退轉；以念莊嚴故，不失一切諸陀羅尼；以心莊嚴故，得分別諸法；以念莊嚴故，得解微塵等義；以善心莊嚴故，得堅固誓願，牢堅精進，如其所願到於彼岸；以專心莊嚴故，次第過住；以布施莊嚴故，於諸所須，悉能放捨；以持戒莊嚴故，令心善白，清淨無垢；以忍辱莊嚴故，於諸眾生，心無障閡；以精進莊嚴故，一切佐助，悉得成就；以禪定莊嚴故，於一切三昧中得師子遊戲；以智慧莊嚴故，知諸煩惱習；以慈莊嚴故，專心念於一切眾生；以悲莊嚴故，悉能拔出眾生之苦；以喜莊嚴故，於一切法，心無疑惑；以捨莊嚴故，得離憍慢心，心無高下；以諸通莊嚴故，於一切法得師子遊戲；以功德莊嚴故，得不可盡藏寶手；以智莊嚴故，知諸眾生所有諸心；以意莊嚴故，方便惺悟一切眾生；以光明莊嚴故，得智慧眼明；以諸辯莊嚴故，令眾生得法義應辭；以無畏莊嚴故，一切諸魔不能留難；以功德莊嚴故，得諸佛世尊所有功德；以法莊嚴故，得無閡辯，常為眾生演說妙法；以光明莊嚴故，得一切佛法光明；以照明莊嚴故，能遍照於諸佛世界；以他心莊嚴故，得正智無亂；以教誡莊嚴故，得如所說護持禁戒；以神足莊嚴故，得如意足到於彼岸；以受持一切諸如來莊嚴故，得入如來無量法藏；以尊法莊嚴故，得不隨他智慧；以隨行一切善法莊嚴故，得如說而行，欲令如是眾生悉得如是等功德利益。若有無量無邊阿僧祇菩薩摩訶薩修集大乘，以我說一句法故，悉俱如是白淨善法，皆使充足，

> 以是故，諸菩薩摩訶薩於諸法中所得智慧，不從他聞，得成就大法
> 光明，成阿耨多羅三藐三菩提。〔註24〕

莊嚴並非只是一種表面的修飾、強化，還與其所莊嚴有著十分重要的因果關係，在本質上符合審美規律。如眾生喜歡美妙音聲，佛便以妙音莊嚴而令聞其說法者欣賞滿足，進而得到知見領悟，達到審美淨化的最高境界。這種審美主體與審美對象之間互相促進，作用與反作用的關係顯而易見。莊嚴也不僅僅是指外在可見形象的裝飾，相好、妙音是莊嚴，心、念、意是莊嚴，慈、悲、喜、捨、智慧、光明、神通等是莊嚴，尊法、隨行一切善法等亦是莊嚴。種種莊嚴各有不同作用，如以智慧莊嚴則可知諸煩惱習，以光明莊嚴則可得智慧眼明，以受持一切諸如來莊嚴便可入如來無量法藏……精進、智慧等內在的莊嚴雖不明顯可見，但卻可說是更高層次、精神層面上的莊嚴，是莊嚴之美的更高境界，是修行佛法得成佛道的必由之路。莊嚴雖然是表象，但莊嚴卻受審美理想的制約，體現審美觀，並有教化等作用，令審美主體得到精神上的昇華。

第二節　以醜爲美、以惡爲美

顯教以慈眉善目爲代表的三十二相莊嚴爲美，而密教恰恰相反，其美術造型中以較爲典型的「大忿怒相」爲代表的形象則體現了醜惡、怪奇的審美觀。前章以幾種較爲典型的曼荼羅爲中心介紹了密教美術題材，指出密教尊聖形象多表現出新奇怪異的面目，如多頭多臂、獸首人身等醜惡形象。本章不再重述，僅以「大忿怒相」爲中心分析密教美術之審美特徵。

一、大忿怒相

忿怒意爲忿恨瞋怒，忿怒相亦作瞋怒相、奮怒相等。這類形象多作瞋目、舉腕之形，呈現忿怒威猛狀，面部表情及手足動作都變化豐富，體態顯現多種動態。密教中的明王等，秉受如來教令，爲攝召眾生而示現忿怒形。密教尊聖中現忿怒相者於諸經軌中多稱爲明王，如不動尊現奮怒之形相，教令法界，故稱之爲不動明王。密教尊聖中的明王數量很多，如不動明王、降三世明王、軍荼利明王、大威德明王、金剛夜叉等明王稱爲五大明王，還

有八大明王等說法。明王以外，如菩薩、金剛、夜叉等也都有以忿怒形象示現者。

　　密教曼荼羅中，忿怒尊也在諸尊之中佔有一席之地，如唐不空譯《法華曼荼羅威儀形色法經》中這樣描述曼荼羅中的忿怒尊形：「髮髻繞自地，身相大青色，金剛寶瓔珞，甚大忿怒相。」〔註 25〕還有以忿怒形象示現的菩薩亦可列於曼荼羅諸尊中，如忿怒鉤觀世音菩薩是安置於胎藏曼荼羅虛空藏院外列北第二位之菩薩。此菩薩係正觀音入忿怒三摩地助虛空藏化道之形，因其持鉤輪故名忿怒鉤菩薩。

　　密教經典中有關忿怒相者比比皆是，要之，有些總述忿怒相的諸種表現特徵，有些專門描繪某一明王形象，有些單講怒目之態或手印與忿怒相之配合，還有一些涉及到以忿怒之聲誦咒時的音聲特點。

　　忿怒相給人以嗔怒威猛的形象感受，其具體表現多種多樣，唐輸波迦羅譯《蘇悉地羯羅經》中有一段文字較全面地概括了忿怒之諸種表現。

　　　　阿毗遮嚕迦者，心懷瞋怒，瞋彼所治，自無恐怖。應作此法，以忿怒真言而念誦之。或作護摩，不擇時日，亦不作齋。忿怒之時，應當起首。若看時日，以黑月八日或十五日於日中時，或於時日，毗舍諸鬼及與部多羅剎等眾集會一處，或遊歷於方所。於此之時，作阿毗遮嚕迦者。忿怒心生，易得成就。諸餘鬼類助持誦者，使忿怒增。所作之事速得成就，身著赤衣或青色服，水灑令濕而以著之。作極忿事，以自血灑令濕之。以右腳踏左腳上，面向南住，怒目不齊，精眉閒瞋皺齧其牙齒，作大聲音。自想己身，此部之主身意勞苦堪能忍之。如依此法次第，作阿毗遮嚕迦。……〔註 26〕

阿毗遮嚕迦是梵音，意譯作調伏，降伏，縛一切萬物使不自在之意。這段經文意為調伏或降伏萬物的前提是心懷瞋怒，因能無所恐怖。達到這種狀態時，做法相應要以忿怒真言誦咒，情緒忿怒，一旦忿怒之心生成，就容易取得成功。如果有眾鬼類相助念誦真言，更易於增加忿怒之情，成功會更快。有時還要作出一些令人恐怖之事及怪異表情以表現忿怒至極，如此勞苦堪忍方能調伏萬物。文中述及了「忿怒真言」、「忿怒時」、「忿怒心」與忿怒的表情動

〔註 25〕〔唐〕不空譯：《法華曼荼羅威儀形色法經》，《大正藏》第 19 冊，頁 605 中。
〔註 26〕〔唐〕輸波迦羅譯：《蘇悉地羯羅經》卷 2，《中華大藏經》第 23 冊，頁 798上～中。

作等種種忿怒之表象，基本上概括了忿怒相的特徵。

具體描繪某一種忿怒相者，如馬頭明王之忿怒相，其在大聖吉祥菩薩秘密八字陀羅尼修行曼荼羅中的地位與形象是：

> 東北角畫馬頭明王而有三面，六臂各執器仗：左上手執蓮華，
> 一手執瓶，一手執棓當心，二手結印契，右上手執鉞斧，一手執數
> 珠，一手執索輪。王坐在蓮華中，大忿怒相現極惡猛利勢。〔註27〕

馬頭明王之三面六臂本已令人驚詫，其六手又各執不同器仗，此忿怒相表現出極惡猛利之勢，能強烈地震撼觀像者，令其降伏。

馬頭明王舞

圖像來源：王惕《佛教藝術概論》。

再如提頭攞宅善神與毗盧勒叉善神之忿怒相分別表現爲：

> 提頭攞宅善神：「綠青色，開口現忿怒相貌，被甲冑著赤衣。右
> 手持大刀，左手捧鉾，發紫色也。」毗盧勒叉善神：「赤紫色，忿怒
> 相現，閉唇之形。右拔折囉，左押腰，被甲冑著白青色衣，鬢髮紺
> 色。」〔註28〕

〔註27〕〔唐〕菩提仙譯：《大聖吉祥菩薩秘密八字陀羅尼修行曼荼羅次第儀軌法》，
《大正藏》第20冊，頁785下。

〔註28〕〔唐〕金剛智譯：《般若守護十六善神王形體》，《大正藏》第21冊，頁378
上。

二神一綠青色，一赤紫色，頭髮顏色也特別，一紫色，一紺色，這些都頗不能合自然的人體髮膚之色。經文中對這兩種現忿怒相之神的描寫，最引人注目的就是其中眩目的色彩。二神髮膚顏色亮麗，衣著也特別鮮明，體綠青者著赤色衣，體赤紫者著白青色衣，對比色的應用令其形象分外醒目。觀者未見其忿怒之表情已先被這種種亮色所吸引，為其怪異所攝服，色彩之美是怪奇之美的一種表現。

　　色彩豔麗是二神忿怒相之共同點，但他們忿怒的表情動作則不同，一者張口，一者閉口。可見忿怒之神態不在于口的動作，最能體現忿怒神情者應在於目。密教經文中多有以「大瞋怒相」來表述忿怒相，如「次於四角各依本位畫四天王神，皆令面目大瞋怒相。」〔註29〕「大瞋怒」與「大忿怒」同義，瞋者張目瞪眼之謂，薛道衡亦將「金剛努目」之態舉出作為密教形象之代表，「努目」與「怒目」同義，顯見密教之忿怒神情主要是由怒目來表現的。

　　　　若於一切天龍八部形象做法者，皆當奮怒，努目猛視。〔註30〕

　　　　奮怒王印：合腕相著豎開掌，二中指二無名指二小指，頭各並
　　　　相著似屈，相去半寸。……置印頂上，頻眉努目，作大瞋怒，左顧
　　　　右視。〔註31〕

眼睛最善於傳情達意，努目之態正是瞋怒心的表象，努目形象雖為密教忿怒相之典型。同時，忿怒也不僅表現於像，還要配合相應的手印。如奮怒王印相中詳細介紹了奮怒王手印與努目相配合表現其瞋怒之狀的情形。再如大自在天作忿怒相時，其手印為：

　　　　大自在天兒印：右手頭指直申，大拇指橫屈掌中，以中指無名
　　　　指小指急握作拳。左手亦同右手，其右手拳側挂腰上，頭指向前。
　　　　其左手拳，側置心上，以頭指向外指之，怒目大瞋。〔註32〕

〔註29〕〔唐〕菩提流志譯：《千手千眼觀世音菩薩姥陀羅尼身經》，《中華大藏經》第19冊，頁761中。

〔註30〕〔唐〕菩提流志譯：《不空罥索神變真言經》卷20，《中華大藏經》第19冊，頁546上。

〔註31〕〔唐〕菩提流志譯：《不空罥索神變真言經》卷4，《中華大藏經》第19冊，頁376中。

〔註32〕〔唐〕菩提流志譯：《不空罥索神變真言經》卷4，《中華大藏經》第19冊，頁378下。

這種拄腰申指的大自在天手印顯示出一種動態的力量與忿怒心的噴湧之勢，這樣的手印與顯教尊像常用的與願印、施無畏印等有著明顯的不同。再者，從以上馬頭明王、提頭擺宅善神與毗盧勒叉善神等忿怒相所執器仗可以看出其與顯教也有所不同，如馬頭明王之六手分別執蓮花、瓶、棓、鉞斧、數珠和索輪，還有一手結印契，二善神則分別執大刀、鉾和金剛杵（拔折囉）等。如蓮花、瓶與數珠這些也都是顯教常用的法器，而棓、鉞斧、索輪、刀、鉾、金剛杵這些則是兵器類的法器，是密教鎮壓邪惡、降伏魔怪的法寶。兵者不祥之器，而密教正是以此類器仗配合忿怒形象來達到以惡制惡的目的，這與顯教之以慈悲力感化有情截然不同。

上揭法器、音聲、怒目之狀等都是忿怒相之種種具體表現，「左手持金剛，右執光明磬。門戶稱吽字，怒目除不祥。」〔註 33〕忿怒相具有祛除不祥的作用，這種作用在密教儀軌中有著廣泛的應用和具體表現。

二、密教形象的特點

密教很重視宗教儀式的實踐活動，尊聖形象也是密教儀軌中的組成部分，密教典籍中對畫像法有具體的規定。如《陀羅尼集經》中介紹了「作何耶揭唎婆像法」：

> 復次更有畫作像法。取淨白氎，不得截割。請一畫師最巧能者，勿違其價。香湯灑浴，著新淨衣，與受八戒。日日如是。於清淨處作一水壇，縱廣四肘。（水壇之法，如餘部說。）咒師護身結界畢已，與彼護身。於其壇中，燒種種香，散種種華，供養已訖。於此壇內畫作菩薩，其菩薩身，長佛一搩，（長短正當次人一肘。）總有四面。中菩薩面，極令端正，作慈悲顏，顏色赤白，頭髮純青。左邊一面，作大瞋怒，黑色之面，狗牙上出，頭髮使豎，如火焰色。右邊一面作大笑顏，赤白端正，似菩薩面，頭髮純青。〔註 34〕

畫像之法包括了繪畫材料，對畫師的要求，壇場的做法，供養之法等。壇場內的菩薩是一尊四面像，其中左邊之面作忿怒相。此像面色黑，髮色如火焰，狗牙上出，頭髮豎立，顯得怪異恐怖。此是安置於壇場中的尊像具體畫法之一種，壇場有很多種，忿怒像在其中也有不同作用。

〔註 33〕〔唐〕不空譯：《五字陀羅尼頌》，《中華大藏經》第 66 冊，頁 56 下。
〔註 34〕〔唐〕阿地瞿多譯：《陀羅尼集經》卷 6，《中華大藏經》第 20 冊，頁 101 下
　　　　～102 上。

依法修飾壇場，至心受持讀誦，一切災難皆悉消滅，不能爲害。

若太白火星入於南斗，於國於家及分野處作諸障難者，於一忿怒像

前，畫彼設都嚕形，屬聲念此陀羅尼加持。其災即除移。〔註35〕

這裡講述了一種設立壇場的情況，當天象運行到太白火星入南斗之時，古人認爲這是不祥之征，要想除此災障須安置一尊忿怒相，屬聲念熾盛光大威德消災吉祥陀羅尼咒語以爲祈禱，這也是前揭以惡制惡之意。

又法：對忿怒像前，取屍林中燒屍灰，捏作彼人鬼形，書彼名

於彼形心上，置於忿怒像前坐劫波羅，燒安息香，護摩七夜，每誦眞

言一千八遍，一遍一擲火中，即召得諸類鬼神來隨意驅使。〔註36〕

這是以忿怒相之恐怖威靈之勢來降伏驅使鬼神，這也是密教作壇場的目的之一。再如祈雨壇中做法時須以忿怒之聲誦咒。

若天無雨往湫池邊，大瞋怒聲加持七遍，吹螺七聲，則令雨

下。〔註37〕

大瞋怒聲是誦咒音聲之特色，以此種忿怒之音誦咒才能得雨。總之，各種應用忿怒相之壇場皆以忿怒之形或音聲來體現佛教除惡袪邪的能量威力，以顯而易見的形象表現佛教超越自然、超越一切的宗教感召力，展現出正義力量的不可抗拒性。

畫迦樓羅像者，應肘量渼善圖畫之。……於花臺中雙膝而跪，

或合掌恭敬，或持花散之。首光外各有數個蛇。頭多不過土，少不

減五蛇。色各依本狀圖之。於尊左右各各四龍王，左邊惹野天王，

即大自在天王也，通身青色。三面正面作天王形，右邊頭如夜叉形，

而見忿怒相，露出牙齒。〔註38〕

密教形象中常常出現一些怪異兇猛或是醜陋惡毒的動物形象，如此例中伴隨在忿怒相首光中的蛇，其它還有龍、夜叉、羅刹等，如《不空羂索神變眞言經》中描繪根本蓮花頂觀世音菩薩像時，言其蓮花座下的海水中有龍王及各

〔註35〕〔唐〕不空譯：《佛說熾盛光大威德消災吉祥陀羅尼經》，《中華大藏經》第66冊，頁372中。

〔註36〕〔唐〕不空譯：《聖迦柅忿怒金剛童子菩薩成就儀軌經》卷下，《中華大藏經》第66冊，頁186上。

〔註37〕〔唐〕菩提流志譯：《不空胃索神變眞言經》卷27，《中華大藏經》第19冊，頁614中。

〔註38〕〔唐〕般若力譯：《迦樓羅及諸天密言經》，《大正藏》第21冊，頁334上～中。

種動、植物：

其蓮花下畫大海水，七
寶岸泝，二九頭蛇龍王水中
出身左右繳蓮花幹，其蓮花
若水中難陀龍王出現半身，
合掌瞻仰，其蓮花左水中跋
難陀龍王出現半身合掌瞻
仰，水中白鶴、孔雀、命命
鳥、鴛鴦，諸鳥魚獸，雜色
眾花。〔註39〕

密教還有獸首人身的尊聖形象，如
象頭神，牛頭人身的大威德金剛與
閻摩像，還有馬頭人身的馬頭觀音
與馬頭明王等形象，如「（馬頭觀世
音菩薩）中面頂上作碧馬頭，仍令
合口。」〔註40〕

除了以怪奇的動物形象來烘托
神秘氣氛以外，密教中還大量描寫
恐怖場景。

閻摩像

圖像來源：
拉薩布達拉宮管理處藏（攝影：侯艷）。

觀世音菩薩面首頭戴寶冠，繞頭冠上發火光焰，左第二手下舒
五指雨出七寶，手上繞發火焰。〔註41〕

次南方四手不動尊，色紺髮垂，水波甚可怖畏相。正手右持
煉，左持索。次左手持蓮華，次右手持寶珠。須彌座，火光繞身。
〔註42〕

〔註39〕〔唐〕菩提流志譯：《不空羂索神變眞言經》卷19，《中華大藏經》第19冊，頁528上。

〔註40〕〔唐〕阿地瞿多譯：《陀羅尼集經》卷6，《中華大藏經》第20冊，頁102上。

〔註41〕〔唐〕菩提流志譯：《不空羂索神變眞言經》卷19，《中華大藏經》第19冊，頁528上。

〔註42〕〔唐〕金剛智譯：《吽迦陀野儀軌》卷上，《大正藏》第21冊，頁235下～236上。

這位四手不動尊，其髮色狀皆奇，令人生怖，不動尊與觀世音菩薩頭上，手上，身上各有火光圍繞。密教之火焰與顯教之佛身光明表現出不同的審美效果，顯教之佛光令人適意安慰，密教之火焰則帶給人恐慌與威攝。密教之曼荼羅也常以火焰分隔環繞內外各院，與形象怪奇的聖眾一起營造出恐怖的氣氛。

怪奇動物與恐怖場景是密教形象突出的特點，與顯教美術造型相比，密教更重視對動態美的表現，這種現象也是由密教以醜為美、以惡為美的審美觀造成的。

> 又大圓明下右邊，畫降三世明王。半月輪漫拏攞中，身色奧青，三眼四牙，大瞋怒形，屈左腳向前，拽右腳向後，於輪中如走勢。〔註43〕

空行母像

圖像來源：
拉薩羅布林卡藏（攝影：侯艷）。

密教動態之美的表現主要在於足部之形狀、姿勢的多種動態變化。此降三世明王屈左腳向前，拽右腳向後，在半月輪中顯現出走的動勢。顯教偶像多是端坐或正立的正面靜態形象，這種走勢明王像真是新人耳目，豐富的肢體動作也加強了忿怒情態的表現力。

造成密教這種以醜為美、以惡為美的審美觀的原因有很多。密教是佛教經過千年實踐與演變，在受到外來宗教衝擊的情況下，結合了印度婆羅門教等發展形成的。現實中有很多無法以慈悲感化調伏之人，必須要對他們採取鎮壓的措施，若非善柔之心則只能強迫其皈依。從宗教內涵來說，密教在總結對佛教以往教化作用與效果的基礎上，以一種非凡的魄力對傳統審美觀進行了改造，以全新的面貌展示佛教之美。

密教形象誇張炫目，令人驚悚而振奮，激勵著人們探索新異的熱情，審

〔註43〕〔唐〕善無畏譯：《慈氏菩薩略修愈誐誐念誦法》卷下，《大正藏》第20冊，頁595下。

美主體受到感觀刺激的同時產生豐富的審美聯想，得到審美淨化。密教形象外表的醜惡與內在的眞善形成強烈對比，以戰勝邪惡、申張正義爲己任，更加強化了內在美的本質。

「（南方四手不動尊）三十二相具足，忿怒相無比。」〔註44〕三十二相莊嚴與忿怒相在本質上並不矛盾，三十二相是固有的形象物質基礎，忿怒是表情動作，是可以同時存在的。密教以忿怒相爲代表的審美觀是以醜爲美、以惡爲美，而非對醜與惡本身的認同，只有當醜與惡的表情之下蘊藏著深刻的內在美時，才會眞正引起審美認同與昇華。從總體上看，忿怒相強調的是動態之美，而莊嚴慈悲之相更突出靜態肅穆之美，二者只是美的兩種不同表現類型。正因爲這兩種類型的美的同時存在，佛教審美才顯現出包容豐富的內涵，在多種審美觀的對比與互補中展示了強烈的感染力，強化了審美效果。

〔註44〕〔唐〕金剛智譯：《吽迦陀野儀軌》卷上，《大正藏》第 21 冊，頁 235 下～236 上。

第五章 結 論

第一節　漢譯佛經美術理論之影響

佛教入華是世界文化交流史上的一件大事，這不僅是佛教發展宣傳的需要，也對中國的本土文化產生了很大的衝擊與影響。從漢明帝夜夢金人，差人去西域求取經像時起，佛教美術對中國美術的影響就隨之開始了。佛教美術是外來文化，與中國固有文化相互吸收融合，形成了獨特的中國佛教美術風格。這種風格的形成過程是漫長而複雜的，中國的藝術家們從最初對印度佛教繪畫造像的逐步認識學習，到以中國傳統文化來理解改造佛教藝術，再到後來佛教思想與西方美術技法理念同中國美術理論實踐相結合，形成了成熟的中國佛教美術風格。這種隨佛經漢譯帶來的美學思想與美術技法，兩千年來對中國產生了重大的影響，包括美術、音樂、文學等在內的多種藝術門類都或多或少地受其濡染，在本身已取得成就的基礎上，汲取外來文化的精華，淘汰糟粕，向更加符合藝術規律的方向不斷前進。

一、漢譯佛經與中古佛教美術思潮

漢澤佛經對中國佛教美術的影響是多層面的，首先因佛教的傳播而帶來了一系列的社會思潮，與美術密切相關者包括了開窟、祈願、供養等繪像、造像思潮。

印度開窟繪像、造像早已有之，佛教重視禪修，這就需要有一個安靜的環境，以便入定默想。最初就是選擇一處遠離塵囂的山林，在其中合適的地

方開鑿一個僅能容身的小洞,修行者就在洞中打坐。後來爲了加強禪修之功,又在打坐的洞壁上繪上佛像及佛教故事圖來幫助觀想。後來又發展成多種樣式,如我國敦煌石窟中就有中心塔柱型、覆鬥頂型、殿堂型等多種形式。前揭印度笈多時代的阿旃陀石窟即迄今可見最早的石窟壁畫。我國自東漢以來就開始開窟造像,魏晉南北朝時期更加盛行,直到中唐以後才逐漸衰落,歷時千載。西域的絲綢之路是佛教最初傳入中國的通路之一,早期的石窟多在新疆、甘肅,如著名的克孜爾石窟和敦煌莫高窟。還有眾所周知的女皇武則天出資擴建龍門石窟之事。武則天在一定程度上曾借釋家之力登上皇帝寶座,她在位期間大興佛教,捐出脂粉錢二萬貫擴建龍門石窟,據說龍門最著名的盧舍那大佛就是依照她的模樣設計的。石窟與寺廟和信徒在家中供養的佛像不同,石窟一般開鑿於深山之中,依山而建往往規模很大,像雲岡石窟曇曜五窟中的大佛如山巍峨,莫高窟中亦有不少大像,而且石窟壁面處處都可作畫,成爲美術創作的廣闊天地。

盧舍那大佛,龍門石窟奉先寺　　　雲岡石窟第二十窟佛像

「盧舍那大佛」圖像來源:閻文儒:《中國雕塑藝術綱要》。
「雲岡石窟第二十窟佛像」圖像來源:梁思成:《中國雕塑史》。

佛經中關於造像祈福、得福報之說極多,如前已述及《佛說造像功德經》等即是,經中明言造立任何形制的佛像或是佛塔等供養獻祭,就能得無量福報,其內容甚多,此不再煩引。佛教造像、繪畫都是藝術範疇,但佛教藝術卻非純粹為藝術而藝術,祈願與供養思潮使佛教藝術染上了鮮明的目的性、功利性。上至帝王、下至庶民都積極地為了那些虛無縹緲的理想弘願而出資出力,造立各種佛像。他們造立佛像的誓願與目的也不盡相同,這些在各式各樣的造像碑文中反映得最為明顯。造像往往是有針對性的,是因事而發願,如前揭李淵因為李世民生病而在滎陽大海寺造石像祈願祛病消災之例。還有出家僧眾如北魏有比丘尼法衍是為了「生生世世見佛聞法」〔註1〕而發願造像,又是別一境界。

開窟造像與祈願供養造像思潮對中國佛教美術影響很大,佛教造像的熱情遍佈大江南北,涉及各個階層。全國有大大小小難以計數的石窟,保留了優秀的佛教美術作品及祈願碑刻文字,寺廟及信眾家中供養的各種佛像、畫像更是豐富多彩,展現了不同的個性與藝術風格。這些佛教造像、繪畫數量巨大,藝術成就極高,是中國美術史上不可或缺的組成部分。

二、漢譯佛經對美術創作主體思想之影響

漢譯佛經影響中國美術之途徑首先要從佛教思想對中國社會各階層人士的思想認識之影響說起。在中國,佛教美術創作的主體包括了最高統治階級、文人士夫、塑工畫匠、普通信眾及僧眾等,幾乎涵蓋了社會各階層。他們接受佛教思想影響的途徑及實踐目的都不同,因而佛教思想對他們精神層面的影響也有很大差別。相應地各不同階層所創作之佛教美術作品也存在著差異,這也是漢譯佛經對中國佛教美術創作的影響在創作主體思想行為中的具體表現。

「不依國主,則法事難立。」是東晉釋道安所宣揚的一種弘道之法,他就是這樣實踐的,並讓他的弟子們也要這麼做。事實證明,最高統治者對佛教的興衰有著舉足輕重的作用。帝王扶持則佛教興,如梁武帝晚年佞佛,四次捨身同泰寺,大力弘揚佛教,興建佛寺,形成「南朝四百八十寺」的局面。若帝王反佛滅佛則教門必遭劫難,如「三武一宗」的滅佛,給佛教造成了很多難以挽回的損失,包括眾多佛教藝術品的毀損。帝王對佛教的信仰

〔註1〕 〔清〕王昶:《金石萃編》卷27,頁8。

與推崇抑或壓制，都必然與政治有關，但拋開這個因素，單看帝王與佛教美術之關係，也不難發現佛教是如何通過其對國主的影響進而影響中國美術發展的。

據《歷代名畫記》記載：

> （晉）明帝司馬紹，字道幾，（下品上）元帝長子，幼異，有對日之奇。及長，善書畫，有識鑒，最善畫佛像。蔡謨集雲，帝畫佛於樂賢堂，經歷寇亂，而堂獨存。〔註2〕

歷史上像晉明帝這樣喜愛佛像，親自動手繪佛像的帝王雖然不多，但支持佛教造像、繪畫者卻難以勝數。如梁武帝曾召當時著名畫家張僧繇給寶誌禪師畫像，

> 帝嘗召畫工張僧繇寫師像，僧繇下筆輒不自定。師遂以指剺面，分披出十二面觀音，妙相殊麗，或慈或威，僧繇竟不能寫。他日與帝臨江縱望，有物泝流而上。師以杖引之，隨杖而至，乃紫栴檀也。
>
> 即以屬供奉官俞紹，令雕師像，頃刻而成，神采如生。〔註3〕

這個故事頗有些神化意味，但梁武帝佞佛，尤其尊崇寶誌禪師，他誠心欲為誌公繪像、雕像之事當非虛無。還有如前揭之武則天擴建龍門石窟，所造盧舍那佛像，不僅形體巨大，而且造型優美高貴，被譽為「東方維納斯」。再如眾多皇家興建的寺院，能傾國家之力而為，多恢宏壯觀，彙聚了諸多佛教藝術珍品，其建築也多為佛教建築及園林藝術的代表。如唐代中宗皇帝為高宗與武后在東都洛陽所建的敬愛寺，《歷代名畫記》載其寺佛像壁畫莊嚴輝煌，眾多高手畫師在此一展風采，如王玄策親自指揮良工以西域所圖菩薩樣為藍本塑像，張智藏、竇弘果等人塑彌勒像，吳道子、武靜藏、劉行臣等畫佛像、經變，精彩紛呈，蔚為大觀。佛教與統治權力的結合，使得佛教美術呈現出高雅富麗、奢華雄壯的面貌。

> 中國美學的主幹之四，嚴格地說，不是廣義的「釋」（佛教），而是禪。佛教傳入中國激蕩起各種學派，南北朝就有六家七宗，入唐後又有唯識宗、法相宗、華嚴宗、天台宗等，但其文化功能與美學影響，一是面向大眾的宗教功能，在這點上與道教相通；二是理論思維上的哲學功能，在這點上與道家相通，因此，佛教雖然與道

〔註2〕〔唐〕張彥遠：《歷代名畫記》，頁107。

〔註3〕〔宋〕普濟編：《五燈會元》卷6，《中華大藏經》第75冊，頁364上。

家（教）有許多不同，如神的譜系，概念術語，視覺形象，等等，但在文化作用的性質上，與道家（教）基本上是一樣的。在這一意義上，釋基本上可以歸於道。但從佛教的中國化而產生出來的禪宗，卻產生了與道家完全不同的功能。禪宗的「教外別傳，不立文字，直指人心，見性成佛」，把莊子哲學作了進一步的推進。在禪宗看來，佛不是外在於人的，佛就在人的心中，就是人的本心。因此，成佛主要不是求人，而是求己。禪宗是一種回到本心的修行。佛教造就的，是一種在世俗世界之外的超世俗世界，是完完全全出世的，過的是一種出世的純宗教生活，類似於道家之流的隱居。而禪宗追求的，卻是一種現世的生存，不離現實而超世，不離此世而成佛，過的是一種現世的日常生活。因此，禪宗的智慧，其核心，就在於如何在面對一個看似矛盾、也確實矛盾的現象——在世與超世，做人與成佛，求佛與求己——中超越這一對立矛盾。這種特殊的超越，是既兼有二者，又合二者成爲一種統一。正是禪宗的平常心使士人從老莊式的田園山水回到了都市的庭院。如果說，儒家重廟堂，道家尚江湖，那麼禪宗則向人揭示了，只要具有一顆禪心，廟堂即是江湖；若沒有一顆禪心，江湖也如廟堂。是禪宗，使中國美學的理想境界從王維的山林之樂轉向了白居易的都市之隱。可以說，沒有禪宗，中唐以後的美學就不能得到深刻的說明。〔註4〕

禪宗思想影響中國佛教美術的典型表現當數文人畫。文人士夫的藝術修養與文化底蘊深厚，氣質溫和內斂，而內心卻渴望個性的張揚。佛教禪宗思想與這種心理最爲契合，對中國文人及中國美學思想產生的影響也最大。禪宗思想影響著中國的文人士夫，文士們又在很大程度上掌握著文化話語權，他們的推崇與追捧令禪宗在中國走得更遠，禪宗美學思想也隨之給中國藝術史冊打上了深深的烙印。文人士夫一般會同時接受儒、釋、道三家思想的影響，他們對佛教美術的態度很特殊，往往是在尋求精神慰藉的同時也欣賞佛教美術帶來的審美體驗。文人士夫具有多方面的藝術修養，像王維這樣的「詩佛」也善於畫佛，當時僧眾就極爲推崇他，多以其爲善畫之例。如道寧禪師有偈云：「千眼大悲看不足，王維雖巧畫難成。」〔註5〕中國文人畫追求淡雅寧靜

〔註4〕 張法：《中國美學史》，上海：世紀出版集團，2000年，頁339。
〔註5〕 〔宋〕正受編：《嘉泰普燈錄》卷11，《中華大藏經》第75冊，頁101下。

的境界，尤其是水墨畫堪稱代表。

> 水墨畫使士人的禪道傾向在繪畫上有了最完美的表現。在中國
> 文化中，儒家思想是支持文化的大構架，這在於它理想的文化設
> 計，即它的形而上層面。然而儒家思想一進入實際的操作，即進入
> 禮法，就受到皇權的牽制而往往出現變味，這就破壞了文化設計中
> 士人作為獨立整合力量的正位。禪道境界的出現，既不破壞士人對
> 皇權的忠心，又確保著士人的獨立性和理想性。從山水畫到水墨畫，
> 不但標誌著中國繪畫各主要因素（構圖、線、墨）的最後完成，同
> 時也是士人性格中禪道境界的最後完成。〔註6〕

因文士對佛教美術的學習與改造，中國佛教美術呈現了淡雅悠遠、靜逸灑脫
的面貌。

　　普通的佛教信徒與社會底層的畫匠塑工有著與文人士夫不盡相同的審美
取向，走出一條不同於文人畫家的藝術道路。民間畫工的創作多為壁畫及工
藝美術等實用性較強的藝術門類，這類作品多因長期使用而難以保存，且這
些民間畫工社會地位極低，能流傳下來的作品很少。宋元以來，中國美術史
長期以文人畫為正宗，而視民間畫工之畫為工藝，甚至不把這類創作當作是
藝術。直到豐富完美的敦煌壁畫重新走進人們的視野，大家才意識到應該重
新審視我們的美術史。敦煌這座大畫廊中所陳列的大量兩晉到元代的精彩畫
作，正提供了古代繪畫的珍貴實物資料。與文人畫相比，壁畫才是最早的和
應用最廣泛的繪畫形式，是中國畫的正宗。敦煌這種淳樸渾厚、生動明快的
畫風才是中國畫的真正代表。一千多年間在敦煌繪畫的絕大多數都是沒有社
會地位的民間畫工或謂畫匠，他們中很多人有著精湛的畫技，更重要的是他
們憑著對宗教的虔誠和對繪畫的熱情，以自然山水和社會生活為藍本，傾畢
生精力從事壁畫與彩塑的創作，描繪了廣闊的現實場景與理想中的佛國世
界。這些壁畫不僅為佛教信徒營造了莊嚴神秘的宗教氣氛，也為廣大勞動人
民所喜聞樂見。這種以民間工匠為創作主體的壁畫，形式活潑自由，即使是
對同一經典作品的表現，不同的工匠就會有不同的表達方式，他們充分發揮
創造力與想像力，把自己鮮明的個性烙印在作品中。他們可能沒有留下姓名，
但卻能讓每一位有緣來欣賞這些畫作的人被他們的付出所感動並在對藝術美
的感悟中與他們悠然神交。《歷代名畫記》中就採錄了唐代眾多工匠畫家的作

〔註6〕張法：《中國美學史》，頁187。

品，記錄了如王陀子、張愛兒、陳靜心、陳靜眼、李蠻子、董好子等民間畫工與石匠的名字。佛教信眾與民間畫工對佛教美術的認識與重新創造，使得中國佛教美術呈現了質樸敦厚、生動明快的面貌。

三、漢譯佛經對中國佛教美術技法之影響

中國畫起源很早，有自己獨特的一套技法，佛教入華後，西方佛教美術的技法對本土固有的技法產生了較大的衝擊。本土畫家經過一段時間的學習吸收，融合中國畫技法之長，探索出了更加成熟的繪畫技法。如西域傳入的凹凸畫技法是其中較為典型的一例，研究此種技法的論文有魯粲《西域凹凸畫法的源流及其中原繪畫的影響》〔註7〕。中國美術學習外國繪畫技法的方面有很多，如中國畫重視線描，而西方繪畫多以排布色彩來渲染形體，最顯著的例子就是南朝張僧繇在建康一乘寺以印度技法繪出有立體感的花卉，其寺因之被稱為「凹凸寺」，可見這種新畫法在當時引起的重視。據文獻記載，張僧繇用「天竺遺法」，以紅綠等色分深淺明暗渲染出花朵，利用光影透視技巧而使所畫花卉呈現出立體效果，遠看凹凸不平如真花，近看則平。印度早期壁畫即是用淺深渲染之法為光線暗處打上陰影烘托明處，即以不同色調染出深淺不同的陰影來分明暗，以此證之，張僧繇之凹凸畫法根源在於印度繪畫，這種技法隨佛教入華而影響了中國繪畫。一乘寺門上的凹凸花現在雖已不可見，但敦煌壁畫中的人物花卉還鮮明地體現出這種繪畫技法，足資參考。唐時還有西域畫家尉遲乙僧亦是兼通中西畫法，段成式《寺塔記》載其為武則天的梳洗堂普賢堂作精美壁畫。

> 今堂中尉遲畫頗有奇處，四壁畫像及脫皮白骨，匠意極險。又變形三魔女，身若出壁。〔註8〕

這裡尉遲畫的是釋迦修苦行之事及魔王的三個女兒因擾亂佛修行而被變成老太婆的故事，這裡強調說「變形三魔女，身若出壁」也是表現此畫的立體感，彷彿凸出於牆壁之外，其畫法與效果都和張畫一乘寺一樣。

另一個顯著的例子是，中國畫多採用散點透視法繪圖，如山水畫採用平遠、高遠、深遠等形式表現層次感、空間感。而西方繪畫則以科學視角，焦

〔註7〕 魯粲：《西域凹凸畫法的源流及其中原繪畫的影響》，《南京藝術學院學報》，2007.04。
〔註8〕 〔唐〕段成式撰，方南生點校：《酉陽雜俎》，北京：中華書局，1981年，頁257。

點透視法來繪圖，視線固定在一個點上觀察物象，以近大遠小按比例繪製出來的圖像具有更強的眞實感。這兩種透視法各有所長，也與特定的民族心理文化等相關。總地來說，中國畫的散點透視可以容千里於尺幅，現實生活中不可能出現在一起的場景也可以納於一圖，豐富了畫面的表現力也更易引起聯想。焦點透視符合人觀察事物的眞實，表現了空間的物理規律特性，寫實性強。中國畫一直保持著散點透視的繪畫傳統，但也接受焦點透視的影響，學習科學方法，豐富了中國畫的表現手法，不斷促進繪畫技法的發展。在敦煌佛教壁畫中就存在不少同時採用多種透視方法繪畫的例子，如俯視與平視結合，散點透視與焦點透視結合等，還有模糊透視法圖例，引起了研究者的廣泛關注，目前專門研究敦煌壁畫透視法的專論已有數種。無論採用何種透視法繪圖，都是爲了整體的藝術效果，整體與局部的透視關係可以不同，但整體與局部要和諧，整個畫面還要符合洞窟中的統籌調度，以達到最好的裝飾效果。更重要的一點是，在處理透視關係時，創作主體的內心感受與情感表達有時也起到一定的支配作用。中國畫重視心靈表現，「以形傳神」的傳統也是美術創作中不可忽視的一個因素，情之所至，筆端變幻，形成了富於情感、多視角觀照下的藝術世界。

四、漢譯佛經對中國佛教美術理論之影響

中國畫論受佛教影響是多方面的，譬如中國藝術理論有時借用佛教中的一些概念，如大家所熟知的「境界」一詞，就來源於佛教。

　　在形象層中有三個概念：景、象、境。景指的是由多種事物組合成的一個知覺整體。象，同樣是這樣一個整體性知覺。但如把景與象相比較，則景更重於實，象偏於虛、景象一詞連用，也是一重實，一重虛。境，本義是界、域，運用於形象層，指一個範圍內的獨自的世界。按佛學的觀點，境是人同眼、耳、鼻、舌、身、意去感受外界的色、聲、香、味、觸、法而產生的。前六者爲六根，後六者爲六識，二者相接，產生六境。強調的也是客觀外界因主體的觀照而產生出的只與主體相接而生的境。境，突出了現實與藝術之間的一條界線，現實中物，進入藝術之境，就成爲藝術中的景，藝術中的象。景、象、境，都是指的形象層，但各有所強調。景，強調諸物的聯繫組合，象，重在組合整體的虛靈性，境，強調這種組

合構成一個獨立的整體世界。這三個詞所包含的內容都比「形象」
一詞要豐富、深刻，更接近藝術的審美特質。〔註9〕

佛教深刻的哲學思想正是文藝理論、美學理論可以借鑒的寶庫，有些佛教理
論本身就包括了美學意義，如眼根識外界之色而生境，為美學理論提供了恰
當的比附概念，也豐富了美學理論的內涵。

　　還有某些具體問題上，佛教理論思想與中國畫論也有著密切的關聯，有
些畫論或是直接受佛教理論的啓發，聯繫藝術實踐的內在規律而總結出來
的。譬如中國畫論史上的不朽名言「外師造化，中得心源」就與漢譯佛經中
的一些思想理論有著一定的淵源。《歷代名畫記》卷十有唐代畫家張璪小傳，
這句千年來一直指導著中國傳統繪畫創作的名言就出自其口。

> 張璪，字文通，吳郡人。初，相國劉晏知之。相國王縉奏檢校
> 祠部員外郎，鹽鐵判官。坐事貶衡州司馬，移忠州司馬。尤工樹石
> 山水，自撰《繪境》一篇，言畫之要訣，詞多不載。初，畢庶子宏
> 擅名於代，一見驚歎之。異其唯用禿毫，或以手摸絹素，因問璪所
> 受。璪曰：外師造化，中得心源。〔註10〕

張璪善畫水墨山水，松石尤勝，極受時人推崇，他不僅畫功了得，其《繪境》
對繪畫理論的貢獻也很大。其書在彥遠時已「詞多不載」，今早已不傳，但僅
此「外師造化，中得心源」一語就足以奠定其在中國畫論史上的地位，對後
世的影響歷久不衰。這句話包含了深刻的美學思想並具有很強的實踐指導意
義，簡言之就是要在美術創作時融通客觀物色與主觀情感，心與境諧才能下
筆有神。張璪能歸納出這樣經典的藝術規律自然與他長期的創作實踐有關，
同時也應當是有一定理論基礎的，早期的漢譯佛經中就有類似的理論。佛教
典籍中對這種主客觀關係的分析是十分深入的，如後漢安世高所譯的佛教早
期經典《長阿含十報法經》中有一段對內想色，外觀色的解說。

> 　內想色，外觀色，若少好醜所色自在，知自在見，意想亦如有，
> 是為一解脫。或時行道者，內思色，外見色，是為二解脫。……八
> 法當知，八法知為何等，內想色，外見色，少端正，不端正得攝色
> 知自在，亦自在見意念計，是為一自在。內念色，外見色，見色不
> 嘗在所行，自在知自在見，如是想，是為二自在。內無有色想，外

〔註9〕 張法：《中國美學史》，頁198。
〔註10〕 〔唐〕張彥遠：《歷代名畫記》，頁198。

見色，少端正，不端正，所色在所行自在知自在見，如是想，是爲
三自在。內不念色，外見色，不甞端正不端正，所色在所行自在知
自在見，如是想，是爲四自在。內念色想，外見色，青青色青明青
見，譬如華名爲鬱者，青青色青明青見，如是內色想，外見色，青
青色青明青見，如是想，是爲五自在。內知色想，外見色，黃黃色
黃明黃見，譬如加尼華最明色衣，黃黃色黃明黃見，如是內色想，
外見色，黃黃色黃明黃見，如是想，是爲六自在。內色想，外見色，
赤赤色赤明赤見，譬如絳色華亦最色絳衣，赤赤色赤明赤見，如是
行者，內色想，外見色，赤赤色赤明赤見，如是色在所行，自在知
自在見，如是想，是爲七自在。內色想處見色，白白色白明白見，
譬如明星亦最成白衣，白白色白明白見，如是行者，內色想，外見
色，白白色白明白見，如是色在所行，自在知自在見，有如是想，
是爲八自在。〔註11〕

外色固然存在，但須與內想結合相互爲用，如青之所以爲青，黃之所以爲黃，
都離不開心識對外色的分辨。只有內外融通時才能達到「自在」之最高境界。
繪畫同樣先要精心觀察外色，心中不斷思索分辨，才能在腦海中形成外物之
映像，內心明瞭之後才能再形諸於外，以繪畫的形式表現物象，但絕非簡單
地再現，而是經過主體再創造的物象。這種內外融通的理論與佛教之「兩路
雙遣」即中道觀相通。佛教之中道含義豐富，本指離開二邊、不偏不倚的中
正之道、觀點或方法，簡稱中。在中土影響最大的是大乘中觀派，它以思想
爲根本立場，把遠離一切執著、分別而無所得者視作中道，這種雙遣法突出
了緣起性空的重要性。從這一點來看，佛經中的相關美術理論與中國畫論之
間應存在一定的淵源關係。

　　總之，漢譯佛經的影響在中國佛教美術及各藝術門類都有其具體的表
現，這些影響又是通過多種不同的途徑而產生的，絕非簡單的傳播與接受之
關係。本書僅以漢譯佛經對中國佛教美術的影響爲重點作了簡要的介紹。佛
教文化包括佛教美術理論對中國藝術方方面面的影響還會繼續發展，對其研
究也有待進一步地深入。

〔註11〕〔後漢〕安世高譯：《長阿含十報法經》卷下，《中華大藏經》第 75 冊，頁
　　　　1002 下～1003 中。

第二節　佛教美術的性質及研究意義

一、佛教美術的性質

> 如來本無，如來無像，歸斯本無，是則名曰如來。形象普見一
> 切諸所色像，是故形象、如來形象，一切本空，是則名曰如來之像。
> 是故菩薩現一切像，如來未曾造現形象，無像無諍，爾乃普現一切
> 眾相。不以本無有所成立，以本無業自觀其身，諸身本無，自察法
> 身，一切諸身，皆無有身。觀如來身，曉一切身從因緣生，以了法
> 身本所從行，因與法身，乃成法身，無陰種諸入則曰法身，行平等
> 業，消除眾生所見之緣。〔註12〕

在佛教理念中，物質世界本性是空，有形的存在不過是因緣和合。有形與性
空，物質與法理，形象與神韻，都在不即不離之間統一於中道般若思想之中。
佛教美術的產生是「緣起」，佛教美術的本質是「性空」。如來本是空，如來
所現之身及眾相亦皆是空，一切身包括法身都是從因緣而生的。

　　然而各種色相本質雖空，但卻能產生實際的社會作用，如耆域醫王以
藥草所作的虛幻的童子之形，竟能真實地令病人得到精神安慰而得以安隱
痊愈。

> 若有所聞，所更粗細，猶如寂意，耆域醫王，合集諸藥，以取
> 藥草，作童子形，端正姝好，世之希有，所作安諦，所有究竟，姝
> 異無比，往來周旋，住立安坐，臥寐經行，無所缺漏。所顯變業，
> 或有大豪國王，太子大臣，百官貴姓，長者來到耆域醫王所，視藥
> 童子，與共歌戲，相其顏色，病皆得除，便致安隱，寂靜無欲。
>
> 〔註13〕

色雖為空，而又不能離色，因而表現形色之美術就要擔當起一些實際的職責，
集實用性與審美性於一身，佛教美術還有某些特有的宗教特質，如宗教所建
構的幻想世界對人們精神的慰藉或曰麻痹，這是非宗教美術的形式與內涵都
很難達到的境界。

　　美術作品是美術創作的最終成果，其內容包含作品的題材、主題和意

〔註12〕　〔唐〕菩提流志等譯：《大寶積經》卷8，《中華大藏經》第8冊，頁459上～
　　　　　中。
〔註13〕　〔唐〕菩提流志等譯：《大寶積經》卷8，《中華大藏經》第8冊，頁459中。

義，其形式則是通過技法等實際造作出的物質形態。自漢晉以來，我國佛教美術的創作不斷發展，在吸收學習國外藝術理論與技法經驗的同時，又多有創造，留下了無數優秀的佛教美術作品，這些都是我們研究佛教美術創作的堅實基礎。

佛教美術的創作往往要符合佛教教義，並與一定的佛教行儀相配合，受到宗教內涵的制約，其內容與技法都與一般的美術作品有所異同。佛教美術的題材包括了佛教的各種偶像、佛經故事等，佛教美術的技法雖然受繪畫材料與用途的限制，並要嚴格按照佛經中的規定來製作，但美術的基本規律仍然對其適用。佛教美術技法的所謂特殊亦是在一般規律基礎上的特殊，比如繪畫顏料需以膠質調和固定，但繪製佛教畫則不能以皮膠調色，須以木膠、香汁等來替代。以膠調色可以使彩色易於於基質結合，並能固定色彩，反之就會影響繪畫藝術的表現效果，因而繪製佛教畫調色時可以尋性質相近的替代物，卻不能不用膠，佛教典籍對此都有詳細的說明。

從審美理念來看，佛教造像中最主要的兩種審美風格，分別是「菩薩低眉」式的莊嚴慈悲之美與「金剛怒目」式的以醜惡爲美。這兩種風格分別代表了顯教和密教形象的特徵，二者形成鮮明對比，同時又在某種程度上是相通互補的。兩種審美觀都是基於對真、善、美的熱情探索與不懈追求而產生的，在漫長而艱苦的宗教實踐過程中，顯教與密教形成了看似矛盾而又可以和諧共存的審美理念。莊嚴肅穆的靜態美與誇張忿怒的動態美皆是宗教理想中的正義眞純本質的外現，是審美理想的更高境界。

佛教入華就是中外文化交流的過程，佛教美術理論對中國美術及文學等各藝術門類的影響是通過漢譯佛典的傳播而產生的。佛教美術理論與中國固有文化相互影響，形成了獨具特色的中國佛教美術。漢譯佛經傳播了佛教思想，佛教教義逐漸滲入到社會各個層面，影響了藝術創作主體的思想。佛經中所包含的美術理論與技法實踐等又直接引導了中國佛教美術創作的審美取向。同時這些藝術接受者也以其各自固有的文化修養改造著佛教美術，形成了新的藝術風格，如文人佛教畫表現出淡雅悠遠、靜逸灑脫的面貌，民間畫工的創作則體現出質樸敦厚、生動明快的一面。

總之，通過對漢譯佛經中美術理論的研究，我們從美術本體、美術功能、美術創作及佛教美術理論對中國佛教美術之影響這四個方面研究了佛經中的美術理論。得出了如下結論：一，佛教美術的本體是空，以緣起的形式表現

爲有形之色。二，佛教美術同一般美術一樣具有認識、教育和審美功能，同時還在佛教的某些儀式和教團生活中具有幫助僧伽修行、撫慰精神、弘揚佛法等重要作用。三，佛教美術的創作有其特定的內容與技法，其內容題材是對現實社會的宗教反映，其偶像也是根據現實的人或物來創造出來的。內容決定了形式，佛教美術往往採用金銀、玉石、水晶等珍貴材料製作佛像，以體現佛的尊崇地位，令人瞻仰膜拜。四，「莊嚴之美」與「以醜爲美、以惡爲美」兩種審美觀的同時存在，佛教審美顯現出了包容豐富的內涵，在多種審美觀的對比與互補中展示了強烈的感染力，強化了審美效果。五，佛教通過對美術創作主體思想的影響，而引導著中國佛教美術創作的審美取向。又因佛教從印度傳來，其美術技法也隨之對中國美術產生了巨大影響，佛教美術成爲中印美術交流的媒介與物質基礎。同時，中國美術理論與技法同樣對佛教美術的發展起到一定的推動作用，可以說這種影響也是相互的，是一個交流的過程。

二、佛教美術研究的意義

　　早期佛教美術、大乘佛教美術和密教美術構成了佛教美術的三大體系。佛教來華時已進入大乘佛教時期，後來密教在一定範圍內也長期興盛，我國的佛教美術以顯教和密教美術這兩大體系爲主。

　　中國佛教美術在顯密兩大體系之中還可以細分爲很多類，依據不同的標準又可以產生不同的分類結果。顯教較常用的是以歷史朝代來分期，這樣便於考察總結美術作品的時代特徵。如果以佛教宗派來分則有淨土宗美術、法華宗美術、禪宗美術、密宗美術等。如以題材分，可以包括佛像、菩薩像、明王像、羅漢像、高僧像、供養人像、佛傳圖、經變圖、本生圖、佛教故事畫、水陸畫等十餘類。如以藝術表現形式來分，則有建築、雕塑和繪畫等。我國佛教美術在這些方面都取得了較高的成就。中國開窟造像的興盛期長達千載，是世界上石窟藝術最爲發達的國家，其它各種類別的佛教美術作品也數量豐富，成果斐然，在中國美術史上佔據著顯要地位，是中國美術研究中一個不可迴避的課題。

　　佛教經典中涉及到很多美術問題。在佛教傳入中國之前，中國美術已經歷了較長時期的發展，形成了自己的風格和理論，從漢魏時期開始佛教經典的傳譯爲中國美術帶來了新的精神理念，對中國美術產生了多方面的影響。

對中國佛教美術的研究不能只著眼於美術作品本身，還應以漢譯佛典爲依據。換言之，對佛教美術的研究也是佛教文獻研究的一個組成部分，是佛教文獻研究中有待繼續開發的一個新領域。

關於佛教美術的價值，呂澂先生有這樣一段精彩的論述：

佛教美術特質之所在，亦即其價值之所在，今試分兩點詳之。

第一，美術之極致本不拘於美之本身，美術只是人生一種文化現象，而以文化言，尚有科學之眞、道德之善、政治之利、宗教之聖。此等與美術之美並不對立，更不排斥，乃應由美出發，透過眞善利，以迄於聖，使各種價值融和合一，而後乃達美術境界之極致。凡眞正美術品，無一不能爲此種境界之啓示，但莫若佛教美術所啓示者深切著明，故有其獨特之價值。

其次，一種美術境界，非但能與人以安慰憧憬而已，必使與生活打成一片，而見之於現實。美術史上曾有唯美主義之主張，美術哲學者亦嘗有「爲人生之美術」與「爲美術而美術」之論辯，實則此種問題已成過去，眞美不離主觀，即不能由人生游離。又美術即是一種人生，又何從與人生對立？美術之用，亦只有使美的境界實現於人生中而已。此一實現，但憑鑒賞活動與創作活動，猶病不足，更須由美透過一切，獲得宗教的情感，乃有切實之憑藉。宗教的感情亦不徒爲虔敬的、歸仰的而已，實應爲「任重的」，即是有擔當、能負荷，由此憑藉，方有力量，可以發揮，以達理想之實現。凡眞正美術品，無一不能引導此種踐行，但總不如佛教美術之直截了當。能鑒賞佛教本生題材者，極易發心犧牲自己千百度而不辭。又得筏多佛像寂靜安寧之感化者，亦不自覺與佛境相融而同一無窮之悲願。此種引發踐行之功用，實佛教美術最大之價值也。吾人何幸，生此時地，接受佛教美術之薰陶，極多方便，顧可不特加之意哉？〔註14〕

呂澂先生這段話論及眞正的美術作品所應具備的特質，揭示出在所有美術作品中，佛教美術最能深切著明地體現美術境界之極致，佛教美術最能直截了當地引導實現理想之踐行。佛教美術以宗教理論與情感爲基礎，又受到美

〔註14〕「呂澂先生一九四八年七月二日、五日講於丹陽正則藝專，鄭草風記，肖永明整理，由本刊首次發表。」《法音》，2005.01。

術規律的制約。佛教美術研究關涉了佛教哲學、美術理論及漢譯佛典文獻
等多個學科，在這些領域的科學研究中都佔有重要地位，其價值是不可估
量的。

　　我國佛經傳譯的興盛期在漢唐期間，佛教美術對中國美術的影響主要是
通過佛經傳譯而產生的，本書對此階段漢譯佛經中的美術理論作了較爲全面
的整理歸納。從佛教美術的本體、功能實踐、創作、審美及其對中國佛教美
術之影響等幾個方面來論述了中國佛教美術的性質與實踐，解析了漢譯佛經
與中國佛教美術之關係。佛教美術博大精深，而佛教美術理論研究也僅是漢
譯佛典研究的一部分，本書所論不過滄海一粟，限於筆者學識，文中觀點及
論據都還存在很多不足之處，有待日後完善。

參考文獻

一、中文文獻

（一）原始文獻與原典

1. 〔西漢〕司馬遷撰：《史記》，北京：中華書局，1959 年。
2. 〔東漢〕班固撰：《漢書》，北京：中華書局，1962 年。
3. 〔南朝宋〕范曄撰：《後漢書》，北京：中華書局，1965 年。
4. 〔西晉〕陳壽撰：《三國志》，北京：中華書局，1959 年。
5. 〔唐〕房玄齡等撰：《晉書》，北京：中華書局，1974 年。
6. 〔南朝梁〕沈約撰：《宋書》，北京：中華書局，1974 年。
7. 〔梁〕蕭子顯撰：《南齊書》，北京：中華書局，1972 年。
8. 〔唐〕姚思廉撰：《梁書》，北京：中華書局，1973 年。
9. 〔北齊〕魏收撰：《魏書》，北京：中華書局，1974 年。
10. 〔唐〕魏徵等撰：《隋書》，北京：中華書局，1973 年。
11. 〔後晉〕劉昫等撰：《舊唐書》，北京：中華書局，1975 年。
12. 〔宋〕歐陽修、宋祁撰：《新唐書》，北京：中華書局，1975 年。
13. 〔唐〕杜佑撰：《通典》，北京：中華書局，1984 年。
14. 〔宋〕司馬光編著，〔元〕胡三省音注：《資治通鑑》，北京：中華書局，1956 年。
15. 〔宋〕宋敏求編：《唐大詔令集》，北京：商務印書館，1959 年。
16. 〔宋〕李昉等編：《太平廣記》，北京：中華書局，1961 年。
17. 《中華大藏經》編輯局編：《中華大藏經》（漢文部分）第一冊至第一〇六冊，北京：中華書局，1984 年。

18. 大藏經刊行會編:《大正新修大藏經》卷一至卷五五、卷八五,臺北:新文豐出版股份有限公司,1996 年。

19. 藏經書院編:《卍續藏經》,臺北:新文豐出版股份有限公司,1993 年。

20. 〔東晉〕法顯撰,章巽校注:《法顯傳校注》,上海:上海古籍出版社,1985 年。

21. 〔北魏〕楊衒之撰,范祥雍校注:《洛陽伽藍記校注》,上海:上海古籍出版社,1978 年。

22. 〔南朝宋〕傅亮、張演,〔齊〕陸杲譯注:《〈觀世音應驗記三種〉譯注》,南京:江蘇古籍出版社,2002 年版。

23. 〔南朝宋〕宗炳,王微原著,陳傳席譯解,吳焯校訂:《畫山水序・敘畫》,北京:人民美術出版社,1985 年。

24. 〔梁〕釋僧祐撰,蘇晉仁、蕭煉子點校:《出三藏記集》,北京:中華書局,1995 年。

25. 〔梁〕釋慧皎撰,湯用彤校注:《高僧傳》,北京:中華書局,1992 年。

26. 〔唐〕玄奘、辯機原著,季羨林等校注:《大唐西域記校注》,北京:中華書局,1995 年。

27. 〔唐〕玄奘、辯機原著,宋強譯:《大唐西域記——隱藏〈西遊記〉的原始密碼》,上海:上海社會科學院出版社,2003 年。

28. 〔唐〕義淨撰,王邦維校注:《大唐西域求法高僧傳校注》,北京:中華書局,1988 年。

29. 〔唐〕釋道世撰,周叔迦、蘇晉仁校注:《法苑珠林校注》,北京:中華書局,2003 年。

30. 〔日本〕圓仁:《入唐求法巡禮行記》,桂林:廣西師範大學出版社,2007 年。

31. 〔唐〕張彥遠:《歷代名畫記》,北京:人民美術出版社,1963 年版。

32. 〔唐〕段成式撰,方南生點校:《酉陽雜俎》,北京:中華書局,1981 年。

33. 〔唐〕朱景玄撰,溫肇桐注:《唐朝名畫錄》,成都:四川美術出版社,1985 年。

34. 〔宋〕贊寧撰,范祥雍點校:《宋高僧傳》,北京:中華書局,1987 年。

35. 〔清〕王昶輯:《金石萃編》,北京:中國書店,1985 年。

36. 〔清〕嚴可均輯校:《全上古三代秦漢三國六朝文》,北京:商務印書館,1999 年。

37. 〔清〕董誥等編:《全唐文》,北京:中華書局,1983 年。

38. 〔清〕彭定求等編:《全唐詩》,北京:中華書局,1960 年。

39. 逯欽立：《先秦漢魏晉南北朝詩》，北京：中華書局，1983 年。

（二）工具書

1. 慈怡主編：《佛光大辭典》，書目文獻出版社據臺灣佛光山出版社，1989 年版影印。

2. 丹巴饒旦、阿旺晉美：《漢藏、藏漢美術辭典》，拉薩：西藏人民出版社，2003 年。

3. 丁福保編：《佛學大辭典》，上海：上海書店，1991 年。

4. 任繼愈主編：《佛教大辭典》，南京：江蘇古籍出版社，2002 年。

5. 邵洛羊：《中國美術大辭典》，上海：上海辭書出版社，2009 年。

6. 沈柔堅主編：《中國美術辭典》，上海：上海辭書出版社，1987 年。

7. 吳汝鈞編：《佛教大辭典》，北京：商務印書館國際有限公司，1992 年臺灣第 1 版，北京 1994 年第 2 次印刷。

8. 吳玉樸、于桂蓮：《日漢美術辭典》，吉林：吉林美術出版社，1991 年。

（三）專著與論文集

1. 〔法國〕阿·福歇著，王平先，魏文捷譯：《佛教藝術的早期階段》，蘭州：甘肅人民出版社，2008 年。

2. 安旭編著：《藏族美術史研究》，上海：上海人民美術出版社，1988 年。

3. 白化文：《漢化佛教與佛寺》，北京：北京出版社，2003 年。

4. 陳傳席：《六朝畫論研究》，南京：江蘇美術出版社，1985 年。

5. 陳寅恪：《金明館叢稿初編》，上海：上海古籍出版社，1980 年。

6. 陳寅恪：《金明館叢稿二編》，上海：上海古籍出版社，1980 年。

7. 陳允吉：《中國古典文學佛教溯源十論》，上海：復旦大學出版社，2002 年。

8. 陳允吉主編：《佛經文學研究論集》，上海：復旦大學出版社，2004 年。

9. 陳垣：《中國佛教史籍概論》，北京：中華書局，1962 年。

10. 陳揚炯：《中國淨土宗通史》，南京：江蘇古籍出版社，2002 年。

11. 陳綬祥：《魏晉南北朝繪畫史》，北京，人民美術出版社，2000 年。

12. 陳江曉：《現代敦煌石窟壁畫繪製》，昆明：雲南民族出版社，2006 年。

13. 常任俠：《印度與東南亞美術發展史》，合肥：安徽教育出版社，2006 年版。

14. 常書鴻、王彩琴：《新疆石窟藝術》，北京：中共中央學黨校出版社，1998 年。

15. 〔日〕村田靖子著，金申譯：《佛像的系譜》，上海：上海辭書出版社，

2002 年版。

16. 〔日本〕大村西崖著，陳彬龢譯：《中國美術史》，北京：商務印書館《萬有文庫》版。

17. 戴蕃豫：《中國佛教美術史》，北京：北京圖書館出版社，1995 年。

18. 段文傑：《敦煌石窟藝術研究》，蘭州：甘肅人民出版社，2007 年。

19. 敦煌文物研究所編：《中國石窟》，北京：文物出版社，1997 年。

20. 敦煌研究院編：《敦煌莫高窟供養人題記》，北京：文物出版社，1986 年。

21. 樊錦詩主編：《心繫敦煌五十春：段文傑臨摹敦煌壁畫》天津人民出版社，1996 年。

22. 樊錦詩、趙聲良：《燦爛佛宮》，杭州：浙江文藝出版社，2004 年。

23. 范明華：《〈歷代名畫記〉繪畫美學思想研究》，武漢：武漢大學出版社，2009 年。

24. 范文瀾：《唐代佛教》，北京：人民出版社，1979 年。

25. 范揚：《中國美術史》，成都：西南財經大學出版社，2003 年。

26. 方立天：《中國佛教哲學要義》（上、下），北京：中國人民大學出版社，2002 年。

27. 方立天：《佛教哲學》，長春：長春出版社，2006 年。

28. 方立天：《魏晉南北朝佛教論叢》，北京：中華書局，1982 年。

29. 豐子愷：《西洋美術史》，上海：上海古籍出版社，2004 年。

30. 〔日本〕岡村繁譯注，俞慰剛譯：《歷代名畫記譯注》，上海：上海古籍出版社，2002 年版。

31. 葛路：《中國畫論史》，北京：北京大學出版社，2009 年。

32. 〔日本〕關衛著，熊得山譯：《西方美術東漸史》，上海：上海書店出版社，2002 年。

33. 〔英國〕哈瑪拉瓦・薩達提沙：《佛教倫理學》，上海：上海世紀出版集團，2007 年。

34. 〔德國〕赫爾穆特・吳黎熙著，李雪濤譯：《佛像解說》，北京：社會科學文獻出版社，2002 年。

35. 〔德〕黑格爾著，朱光潛譯：《美學》，北京：商務印書館，1981 年第 2 版。

36. 洪修平：《中國禪學思想史》，北京：中國人民大學出版社，2007 年。

37. 弘學：《佛教圖像說》，成都：巴蜀書社，1999 年。

38. 侯傳文：《佛經的文學性解讀》，北京：中華書局，2004 年。

39. 黃永川：《六朝時代新興美術之研究》，臺北：國立歷史博物館，1995年。

40. 季羨林：《佛教十五題》，北京：中華書局，2007年。

41. 姜亮夫：《敦煌學概論》，昆明：雲南人民出版社，1999年。

42. 蔣述卓：《佛經傳譯與中古文學思潮》，南昌：江西人民出版社，1990年。

43. 蔣述卓：《宗教藝術論》，北京：文化藝術出版社，2005年。

44. 金申：《中國歷代紀年佛像圖典》，北京：文物出版社，1994年。

45. 金申：《佛教美術叢考》，北京：科學出版社，2004年。

46. 金維諾、羅世平：《中國宗教美術史》，江西美術出版社，1995年6月。

47. 〔日本〕久野健等編，蔡敦達譯：《日本美術簡史》，上海：上海譯文出版社，2000年。

48. 康‧格桑益希：《藏族美術史》，成都：四川民族出版社，2005年。

49. 〔德國〕雷德侯著，張總等譯，黨晟校：《萬物》，北京：三聯書店，2005年。

50. 李富華、何梅：《漢文佛教大藏經研究》，北京：宗教文化出版社，2003年。

51. 李霖燦：《中國美術史稿》，昆明：雲南人民出版社，2002年。

52. 李小榮：《變文講唱與華梵宗教藝術》，上海：三聯書店，2002年。

53. 李小榮：《敦煌密教文獻論稿》，北京：人民文學出版社，2003年。

54. 李小榮：《〈弘明集〉〈廣弘明集〉述論稿》，成都：巴蜀書社，2005年。

55. 李映輝：《唐代佛教地理研究》，長沙：湖南大學出版社，2004年。

56. 李玉珉：《中國佛教美術論文索引1930～1993》，臺中：覺風文化有限公司，1997年。

57. 李玉珉：《中國佛教美術史》，臺北：東大圖書公司，2001年。

58. 李澤厚：《美學三書》，合肥：安徽文藝出版社，1999年。

59. 李最雄：《絲綢之路石窟壁畫彩塑保護》，北京：科學出版社，2005年。

60. 梁啓超：《佛學研究十八篇》，上海：上海古籍出版社，2001年。

61. 梁思成：《中國雕塑史》，天津：百花文藝出版社，2006年。

62. 梁曉鵬：《敦煌莫高窟千佛圖像研究》，北京：民族出版社，2006年。

63. 了廬、凌利中著：《歷代中國畫論通解》，上海：上海書報出版社，2006年。

64. 劉萬鳴：《中國畫論》，石家莊：河北美術出版社，2006年。

65. 〔美〕羅伊‧C‧克雷文著，王鏞、方廣羊、陳聿東譯：《印度藝術簡史》，

北京：中國人民大學出版社，2004 年。

66. 呂澂：《中國佛學源流略講》，北京：中佛書局，1979 年。

67. 呂建福：《中國密教史》，北京：中國社會科學出版社，1995 年。

68. 毛君周：《藏傳佛教美術》，鄭州：河南美術出版社，1996 年。

69. 〔美〕梅維恒著，王邦雄譯：《繪畫與表演——中國的看圖講故事和它的印度起源》，北京：燕山出版社，2000 年版。

70. 〔巴基斯坦〕穆罕默德·瓦利烏拉汗著，陸永林譯：《犍陀羅藝術》，北京：商務印書館，1997 年。

71. 牛龍菲：《敦煌壁畫樂史資料總錄與研究》，蘭州：敦煌文藝出版社，1991 年。

72. 普加琴科娃、列穆佩著，陳繼周、李琪譯：《中亞古代藝術》，烏魯木齊：新疆美術攝影出版社，1994 年。

73. 邱振亮：《中國美術史》，北京：人民美術出版社，2007 年。

74. 饒宗頤：《梵學集》，上海：上海古籍出版社，1993 年。

75. 任半塘編著：《敦煌歌辭總編》，上海：上海古籍出版社，1987 年。

76. 任繼愈主編：《中國佛教史》（第一卷、第二卷、第三卷），北京：中國社會科學出版社，1985～1988 年。

77. 阮榮春：《佛教南傳之路》，長沙：湖南美術出版社，2000 年。

78. 榮新江：《敦煌學十八講》，北京：北京大學出版社，2001 年。

79. 沙武田：《敦煌畫稿研究》，中央編譯出版社，2007 年。

80. 〔日本〕山口益著，肖平、楊金萍譯：《般若思想史》，上海：上海古籍出版社，2006 年。

81. 尚剛：《隋唐五代工藝美術史》，北京：人民美術出版社，2005 年。

82. 沈曾植撰、錢仲聯輯：《海日樓箚叢》，北京：中華書局，1962 年。

83. 孫昌武：《佛教與中國文學》，上海：上海人民出版社，2007 年。

84. 孫昌武：《禪思與詩情》，北京：中華書局，1997 年。

85. 孫昌武：《中國文學中的維摩與觀音》，天津：天津教育出版社，2005 年。

86. 湯用彤：《印度哲學史略》，上海：上海世紀出版集團，2006 年。

87. 湯用彤：《漢魏兩晉南北朝佛教史》，北京：北京大學出版社，1997 年。

88. 湯用彤：《隋唐佛教史稿》，北京：中華書局，1982 年。

89. 湯一介：《佛教與中國文化》，北京：宗教文化出版社，1999 年。

90. 向達：《唐代長安與西域文明》，石家莊：河北教育出版社，2001 年。

91. 王伯敏：《敦煌壁畫山水研究》，杭州：浙江人民美術出版社，2000 年。

92. 王重民、向達等編：《敦煌變文集》，北京：人民文學出版社，1957年。

93. 王宏建、袁寶林主編：《美術概論》，北京：高等教育出版社，1994年。

94. 王惕：《佛教藝術概論》，上海：上海辭書出版社，2009年。

95. 王衛明：《大聖慈寺畫史叢考》，北京：文化藝術出版社，2005年。

96. 王遜：《中國美術史》，上海：上海人民美術出版社，1989年。

97. 王鏞：《印度美術史話》，北京：人民美術出版社，1999年。

98. 王志平：《帝王與佛教》，北京：華文出版社，1997年。

99. 吳光主編：《中華佛學精神》，上海：上海古籍出版社，2002年。

100. 吳焯：《佛教東傳與中國佛教藝術》，杭州：浙江人民出版社，1996年。

101. 伍蠡甫：《中國畫論研究》，北京：北京大學出版社，1983年。

102. 謝繼勝：《西藏藝術研究系列——西夏藏傳繪畫》，石家莊：河北教育出版社，2002年。

103. 徐建融：《佛教與民族繪畫精神》，上海：上海書畫出版社，1991年。

104. 〔荷蘭〕許理和著，李四龍、裴勇等譯：《佛教征服中國》，南京：江蘇人民出版社，1998年。

105. 姚衛群：《印度哲學》，北京：北京大學出版社，1992年。

106. 姚衛群：《佛教般若思想發展源流》，北京：北京大學出版社，1996年。

107. 印順著：《中國禪宗史》，南昌：江西人民出版社，2007年。

108. 嚴耕望：《魏晉南北朝佛教地理稿》，上海：上海古籍出版社，2007年。

109. 嚴耀中：《中國東南佛教史》，上海：上海人民出版社，2005年。

110. 嚴耀中：《漢傳密教》，上海：學林出版社，1999年。

111. 閻文儒：《中國雕塑藝術綱要》，桂林：廣西師範大學出版社，2003年。

112. 閻文儒：《中國石窟藝術總論》，桂林：廣西師範大學出版社，2003年。

113. 閻文儒：《雲岡石窟研究》，桂林：廣西師範大學出版社，2003年。

114. 殷光明：《敦煌壁畫藝術與疑偽經》，北京：民族出版社，2006年。

115. 於向東：《敦煌變相與變文研究》，蘭州：甘肅教育出版社，2009年。

116. 湛如：《淨法與佛塔》，北京：中華書局，2006年。

117. 趙聲良：《敦煌壁畫風景研究》，北京：中華書局，2005年。

118. 趙聲良：《敦煌藝術十講》，上海：上海古籍出版社，2007年。

119. 趙怡元注譯：《古代畫論輯解》，西安：陝西人民美術出版社，1984年。

120. 張法：《中國美學史》，上海：上海人民出版社，2000年。

121. 張光福編著：《中國美術史》，北京：知識出版社，1982年。

122. 張弓：《漢唐佛寺文化史》，北京：中國社會科學出版社，1997年。

123. 張文勳：《儒道佛美學思想探索》，北京：中國社會科學出版社，1988年。

124. 鄭炳林、沙武田：《敦煌石窟藝術概論》，蘭州：甘肅文化出版社，2005年。

125. 鄭汝中：《敦煌壁畫樂舞研究》，蘭州：甘肅教育出版社，2002年。

126. 鄭汝中、臺建群主編《中國飛天藝術》，合肥：安徽美術出版社，2001年。

127. 周積寅編著：《中國畫論輯要》，南京：江蘇美術出版社，2005年。

128. 周青葆：《絲綢之路藝術研究》，烏魯木齊：新疆人民出版社，1994年。

129. 周一良著，錢文忠譯：《唐代密宗》，上海：上海遠東出版社，1996年。

130. 朱光潛等著：《美學和中國美術史》，北京：知識出版社，1984年。

131. 朱國榮、胡知凡：《改寫美術史—— 20 世紀影響中國美術史的重大發現》，上海：文匯出版社，2003年。

132. 宗白華：《美學散步》，上海：上海人民出版社，1981年。

二、外文文獻

（一）英文文獻

1. Asha Das, *Maitreya Buddha in Literature, History and Art*, Punthi Pustak, Kolkata, 2003.

2. Devaprasad Ghosh: *The Development of Buddhist Ast in Sorth India, The Indian Historical Quarterly*, Vol 4:4, December, 1928, p724~740.

3. Dinh, Hong Hai: *Maitreya Images in Asian Buddhist Fine Arts*, Vietnamese Academy lf Social Sciences, 2009.

4. M. Anesaki: *Buddhist Art in Its Relation to Buddhist Ideals*, Kessinger Publishing, 2003.

5. NITTA Tomomichi: *The Significance of the Thirty-two Lskkhanas of a Buddha, Journal of Indian and Buddhist Studies*, Vol.56. No.3, March 2008.

6. Rotman, Andy: *Thus Have I Seen: Visualizing Faith in Early Indian Buddihism*, New York: Oxford University Press, 2008.

7. S. L. Huntington: *Early Buddhist Art and the Theory of Aniconism, Art Journal*, Vol.49 No.4 Winter. 1990, Pp.401~408.

8. Sarah E. Fraser: *Performing the Visual: the Practice of Buddhist Wall Painting in China and Central Asia (618~907)*, Stanford University Press, 2004.

9. Vidya Dehejia: *Discourse in Early Buddhist Art: Visual Narratives of India*, New Delhi: Munshiram Manoharlal Publishers, 1997.

（二）日文文獻

1. 濱田隆、西川杏太郎：《佛教の歷史と美術》，東京：平凡社，1989 年。

2. 川崎一洋：《大理國時代の密教文獻「諸仏菩薩金剛等啓請次第」に收錄される「般若心経法」について》，《印度學佛教學研究》57（1），2008 年。

3. 村田みお：《佛教圖像と山水畫——盧山慧遠〈佛影銘〉と宗炳〈畫山水序〉をめぐつて》，《中國思想史研究》（29），2009 年 3 月，頁 69-10-7。

4. 定金計次：《インド佛教繪畫の成立：古代初期における佛教と繪畫の關係》，《美學》40（4），1990 年 3 月，第 47～59 頁。

5. 宮治昭：《舍衛城の神變と大乘佛教美術の起源——研究史と展望》，《美學美術史研究論集》（20），2002 年，第 1～27 頁。

6. 河波昌：《形相と空》，春風社，2003 年。

7. 菅沼貞三：《禪宗畫の本質》，《史學》30（4），第 417～431 頁。

8. 今井淨圓：《新刊紹介——田中公明著〈世界仏教美術入門〉》，密教資料研究所紀要第 5 號，山川出版社：2001 年 3 月。

9. 杉本卓洲：《Yaksa と菩薩：Mathura の仏教をめぐつて》，《金沢大學文學部論集》（3），第 79～108 頁。

10. 眞鍋俊照：《密教圖像と儀儀軌の研究》，京都：法藏館，2001 年。